TRUMAN CAPOTE

Musik für Chamäleons

Aus dem Amerikanischen
von Gisela Stege

9,35
9,65

Knaur

Die amerikanische Originalausgabe erschien unter dem Titel
Music for Chameleons bei Random House, Inc., New York

Besuchen Sie uns im Internet:
www.droemer-weltbild.de

Vollständige Taschenbuchausgabe Mai 2000
Droemersche Verlagsanstalt Th. Knaur Nachf., München
Dieser Titel erschien bereits unter der Bandnummer 01041.

Umschlaggestaltung: Agentur Zero, München
Umschlagabbildung: Arnold Newman, New York
Druck und Bindung: Elsnerdruck, Berlin
Printed in Germany
ISBN 3-426-61708-0

2 4 5 3 1

Für Tennessee Williams

Inhalt

Vorwort

Mein Leben – wenigstens mein Leben als Künstler – läßt sich genauso präzise aufzeichnen wie eine Fieberkurve: alle Höhen und Tiefen, alle deutlich erkennbaren Perioden.

Zu schreiben begonnen habe ich mit acht Jahren – aus heiterem Himmel, ohne Vorbild. Ich kannte ja niemanden, der selber schrieb; ja, ich kannte sogar nur sehr wenige Menschen, die lasen. Mich dagegen interessierten nur vier Dinge: Bücher lesen, ins Kino gehen, Step tanzen und Bilder zeichnen. Und dann fing ich eines Tages an zu schreiben, ohne zu ahnen, daß ich mich auf Lebenszeit einem noblen, aber erbarmungslosen Handwerk verschrieben hatte. Wem Gott eine Gabe verleiht, dem gibt er auch eine Knute; und diese Knute ist ausschließlich zur Selbstgeißelung bestimmt.

Aber das wußte ich natürlich nicht. Ich schrieb Abenteuergeschichten, Kriminalerzählungen, Satiren und Dinge, die mir ehemalige Sklaven und Bürgerkriegsveteranen berichtet hatten. Es machte mir großen Spaß – anfangs. Der Spaß hörte auf, als ich den Unterschied zwischen guter und schlechter Schriftstellerei erkannte und dann eine sogar noch beunruhigendere Entdeckung machte: den Unterschied zwischen sehr guter Schriftstellerei und wahrer Kunst; der ist zwar subtil, aber gravierend. Und da kam die Knute!

Wie gewisse junge Menschen vier, fünf Stunden am Tag Klavier oder Geige üben, so spielte ich mit Papier und Bleistift. Aber ich sprach mit keinem Menschen über meine Schriftstellerei; wenn man mich fragte, was ich in all den Stunden so treibe, antwortete ich nur, ich mache Hausaufgaben. In Wirklichkeit machte ich

nie Hausaufgaben. Meine literarische Arbeit hielt mich vollauf beschäftigt: meine Lehrzeit am Altar der Technik, des Handwerks; die teuflischen Schwierigkeiten beim Gliedern in Absätze, bei der Interpunktion, der Dialogaufteilung. Ganz zu schweigen vom Gesamtentwurf, dem großen, strengen Bogen von der Mitte zum Anfang und zum Ende. Es gab so vieles zu lernen, und aus so zahlreichen Quellen: nicht nur aus Büchern, sondern auch von der Musik, von der Malerei und aus ganz einfachen, alltäglichen Beobachtungen.

Tatsächlich waren meine interessantesten literarischen Arbeiten in jenen Tagen die einfachen, alltäglichen Beobachtungen, die ich in mein Tagebuch notierte. Beschreibung eines Nachbarn. Lange, wortwörtliche Wiedergabe mitgehörter Gespräche. Stadtklatsch. Eine Art der Berichterstattung, ein Stil des »Sehens« und »Hörens«, der mich für später wesentlich prägen sollte, obwohl ich mir dessen damals noch nicht bewußt war, denn meine sämtlichen »offiziellen« Arbeiten, jene Texte, die ich sorgfältig schliff und abtippte, waren mehr oder weniger frei erfunden.

Mit siebzehn war ich ein perfekter Schriftsteller. Wäre ich Pianist geworden, so wäre das der Zeitpunkt für mein erstes öffentliches Konzert gewesen. So jedoch stellte ich fest, daß ich bereit war, etwas zu veröffentlichen. Ich schickte Erzählungen an die größten literarischen Vierteljahreszeitschriften und an die überregionalen Magazine, die in jenen Tagen die beste sogenannte Literatur-Literatur druckten: »Story«, »The New Yorker«, »Harper's Bazaar«, »Mademoiselle«, »Harper's«, »Atlantic Monthly« – und prompt erschienen in diesen Publikationen Erzählungen von mir.

Im Jahre 1948 veröffentlichte ich dann einen Roman: »Andere Stimmen, andere Räume«. Er wurde von der Kritik gut aufgenommen und ein Bestseller. Und legte dank eines ausgefallenen Fotos des Autors auf dem Schutzumschlag den Grundstein zu einem gewissen Ruf, der mir nach all den Jahren immer noch anhaftet. Ja, viele schrieben den kommerziellen Erfolg des Romans ausschließlich diesem Foto zu. Andere taten das Buch ab,

als sei es durch einen verrückten Zufall entstanden: »Erstaunlich, daß ein so junger Mann so gut schreiben kann.« Erstaunlich? Ich hatte nur vierzehn Jahre lang tagaus, tagein geschrieben! Immerhin war der Roman ein befriedigender Abschluß der ersten Periode meiner Entwicklung.

Die zweite Periode beschloß 1958 ein kurzer Roman: »Frühstück bei Tiffany«. Während der dazwischenliegenden zehn Jahre experimentierte ich mit nahezu jedem Aspekt des Schreibens; ich wollte mir eine große Palette von Techniken erarbeiten, eine technische Virtuosität erreichen, die so stark und flexibel sein sollte wie das Netz eines Fischers. Natürlich versagte ich auf manchem Terrain, auf das ich mich vorwagte, doch trifft es zu, daß man aus seinen Fehlern mehr lernt als aus seinen Erfolgen. Ich weiß, ich habe daraus gelernt, und ich konnte später das, was ich gelernt habe, mit großem Erfolg anwenden. Jedenfalls verfaßte ich in diesem Jahrzehnt des Erkundens Sammlungen von Kurzgeschichten (»Baum der Nacht«, »Eine Weihnachtserinnerung«), Essays und Porträts (»Local Color«, »Observations«, die Arbeiten, die in »Wenn die Hunde bellen« enthalten sind), Theaterstücke (»Die Grasharfe«, »Das Blumenhaus«), Filmdrehbücher (»Schach dem Teufel«, »Schloß des Schreckens«) und eine Menge Reportagen, die meisten davon für »The New Yorker«.

In der Tat erschien auch die unter dem Gesichtspunkt meiner kreativen Entwicklung interessanteste Arbeit, die ich während dieser zweiten Phase schrieb, zuerst in »The New Yorker« als Artikelserie und anschließend als Buch mit dem Titel »The Muses Are Heard«. Es ging dabei um den ersten Kulturaustausch zwischen der UdSSR und den USA, um die Rußlandtournee eines Ensembles schwarzer Amerikaner mit »Porgy and Bess« im Jahre 1955. Ich gestaltete das ganze Abenteuer als einen kurzen, komischen »Tatsachenroman«; es war der erste. Einige Jahre zuvor hatte Lillian Ross »Picture« veröffentlicht, ihren Bericht über die Arbeit an dem Film »Die rote Tapferkeitsmedaille«; mit seinen schnellen Schnitten, den Vor- und Rückblenden, wirkte ihr Bericht selber wie ein Film, und als ich

ihn las, fragte ich mich, was wohl geschehen wäre, wenn die Autorin die streng lineare, reine Berichterstattung aufgegeben und ihr Material wie einen Roman behandelt hätte – hätte das Buch gewonnen oder verloren? Ich beschloß, einen Versuch zu wagen, sobald das richtige Thema auftauchte: »Porgy and Bess« und Rußland mitten im tiefen Winter schienen der richtige Gegenstand zu sein.

»The Muses Are Heard« wurde hervorragend besprochen; selbst jene Organe, die mich sonst unfreundlich behandelten, sahen sich veranlaßt, mich zu loben. Dennoch erregte das Buch keine besondere Aufmerksamkeit, und der Absatz war eher bescheiden. Für mich dagegen stellte es ein wichtiges Ereignis dar, denn während ich daran arbeitete, wurde mir klar, daß ich möglicherweise eine Lösung für das gefunden hatte, was schon immer mein größtes kreatives Dilemma gewesen war.

Mehrere Jahre lang hatte ich mich in zunehmendem Maße zum Journalismus als eigenständiger Kunstform hingezogen gefühlt. Dafür hatte ich zwei Gründe: Erstens war ich der Meinung, daß sich in der Prosadichtung oder überhaupt in der Literatur seit den zwanziger Jahren nichts wirklich Neues mehr getan hatte; und zweitens war der Journalismus als Kunst ein nahezu jungfräuliches Territorium – aus dem einfachen Grund, daß sich sehr wenige Literaten jemals auf dem Gebiet des erzählenden Journalismus betätigt hatten und weil dieser, wenn sie es dennoch taten, stets die Form des Reiseberichts oder der Autobiographie annahm. »The Muses Are Heard« lenkte meine Gedanken in eine völlig neue Richtung. Ich wollte einen journalistischen Roman schreiben, eine großangelegte Arbeit, welche die Glaubwürdigkeit des Tatsachenberichts, die Unmittelbarkeit des Films, die Tiefe und Freiheit der Prosa und die Präzision der Lyrik in sich vereinte.

Erst 1959 ließ mich dann ein geheimnisvoller Instinkt das Thema finden – einen obskuren Mordfall in einem abgelegenen Teil von Kansas –, und erst 1966 konnte ich das Ergebnis vorlegen: »Kaltblütig«.

In einer Erzählung von Henry James, ich glaube, es waren »The

Middle Years«, lamentiert der Held, ein Schriftsteller im Schatten der Reife: »Wir leben im Dunkeln, wir tun, was wir können, der Rest ist der Wahnsinn der Kunst.« Oder so ähnlich formuliert. Wie dem auch sei, Henry James legt hier die Karten auf den Tisch; er sagt die Wahrheit. Und der dunkelste Teil der Dunkelheit, der wahnsinnigste Teil des Wahnsinns ist das unbarmherzige Vabanquespiel, das damit verbunden ist. Schriftsteller, wenigstens jene, die ein echtes Risiko auf sich nehmen, die bereit sind, einiges zu riskieren, aufs Spiel zu setzen, haben eine Menge gemeinsam mit einer anderen Spezies von einsamen Männern: jenen, die sich den Lebensunterhalt mit Poolbillard und Kartenspielen verdienen. Viele hielten mich für verrückt, weil ich sechs Jahre lang durch die Ebenen von Kansas zog; andere lehnten mein gesamtes Konzept des »Tatsachenromans« ab und erklärten es als eines »seriösen« Schriftstellers nicht würdig; Norman Mailer bezeichnete es als »Versagen der Vorstellungskraft«, was vermutlich bedeuten sollte, ein Romancier solle lieber über etwas Erfundenes schreiben als über Reales.

Jawohl, es war wie beim Pokern mit hohen Einsätzen; sechs nervenzermürbende Jahre lang war mir nicht klar, ob ich ein Buch hatte oder nicht. Es waren lange Sommer und eisige Winter, doch ich gab einfach weiter Karten aus und spielte so gut, wie ich nur konnte. Dann stellte es sich heraus, daß ich tatsächlich ein Buch hatte. Mehrere Kritiker reklamierten, »Tatsachenroman« sei ein reißerischer Ausdruck, ein Hokuspokus, und an dem, was ich da geschaffen hätte, sei überhaupt nichts Originelles oder gar Neues. Doch da waren auch jene, die anders dachten, Schriftstellerkollegen, die den Wert meines Experimentes erkannten und sich beeilten, ihren Nutzen daraus zu ziehen – der Schnellste war Norman Mailer, der mit seinen Tatsachenromanen (»Heere aus der Nacht«, »Auf dem Mond ein Feuer«, »Gnadenlos«) viel Geld verdiente und eine Menge Preise gewann, obwohl er es stets sorgfältig vermied, sie als »Tatsachenromane« zu bezeichnen. Was soll's; er ist ein guter Schriftsteller und ein feiner Kerl, und ich bin dankbar, daß ich ihm einen kleinen Dienst erweisen konnte.

Die Zickzacklinie meiner Reputation als Schriftsteller hatte bereits eine gesunde Höhe erreicht, auf der ich sie ruhen ließ, bevor ich in meine vierte und, wie ich erwarte, letzte Periode eintrat. Vier Jahre lang, ungefähr von 1968 bis 1972, verbrachte ich fast die ganze Zeit damit, meine eigenen Briefe, die Briefe anderer Leute, meine Tagebücher und Aufzeichnungen (in denen detaillierte Schilderungen Hunderter von Szenen und Konversationen enthalten sind) aus den Jahren 1943 bis 1965 zu lesen und zu sichten, umzuschreiben und zu katalogisieren. Ich wollte vieles von diesem Material in einem Buch verwenden, das ich bereits seit langem plante: eine Variation des Tatsachenromans. Ich nannte das Buch »Answered Prayers«, nach einem Ausspruch der heiligen Theresia, die gesagt hat: »Es werden mehr Tränen über erhörte Gebete vergossen als über nicht erhörte.« 1972 nahm ich die Arbeit an diesem Buch auf, indem ich das letzte Kapitel zuerst schrieb (es ist immer gut zu wissen, wohin man geht). Dann schrieb ich das zweite Kapitel: »Unspoiled Monsters«. Anschließend das fünfte: »A Severe Insult to the Brain«. Dann das siebente: »La Côte Basque«. Und so ging es weiter, schrieb ich die verschiedenen Kapitel unabhängig von jeglicher Reihenfolge. Das konnte ich jedoch nur, weil der Plot oder vielmehr die Plots der Realität entsprachen und alle vorkommenden Personen echt waren: So fiel es mir nicht schwer, alles im Gedächtnis zu behalten, denn ich hatte ja nichts erfunden. Und dennoch sollte »Answered Prayers« kein gewöhnlicher Schlüsselroman sein, jene Form, bei der Fakten als Fiktion getarnt werden. Ich beabsichtigte das Gegenteil: Tarnungen zu entfernen, statt sie zu fabrizieren.

In den Jahren 1975 und 1976 veröffentlichte ich vier Kapitel dieses Buches in der Zeitschrift »Esquire«. Das rief den Zorn gewisser Kreise hervor, die das Gefühl hatten, ich mißbrauche Vertrauen, enttäusche Freunde und/oder Feinde. Darüber möchte ich nicht diskutieren; hier stünden gesellschaftspolitische Fragen, nicht künstlerische Meriten zur Debatte. Ich möchte lediglich sagen, daß ein Schriftsteller nur mit jenem Material arbeiten kann, das er aufgrund seiner eigenen Bemü-

hungen und Beobachtungen gesammelt hat, und daß niemand berechtigt ist, ihm die Verwendung dieses Materials zu verbieten. Verurteilen kann er sie, aber nicht verbieten.

Dennoch stellte ich die Arbeit an »Answered Prayers« im September 1977 ein, eine Tatsache, die nichts zu tun hatte mit den Reaktionen der Öffentlichkeit auf die bereits veröffentlichten Teile des Buches. Ich hörte vielmehr auf, weil ich in einer höllischen Situation steckte: Ich durchlebte zugleich eine kreative und eine persönliche Krise. Da die letztere mit der ersteren gar nichts oder sehr wenig zu tun hatte, brauche ich hier nur das kreative Chaos zu vermerken.

So quälend dieses für mich auch war, heute bin ich froh, daß ich es erlebte; denn schließlich veränderte es meine gesamte Auffassung von der Schriftstellerei, meine Einstellung zur Kunst, zum Leben und zum Gleichgewicht zwischen den beiden sowie meinen Begriff vom Unterschied zwischen dem, was wahr ist, und dem, was *wirklich* wahr ist.

Zunächst glaube ich, daß die meisten Schriftsteller, sogar die besten, beim Schreiben zuviel hineinpacken. Ich ziehe es vor, in dieser Hinsicht zu untertreiben. Schlicht und klar wie ein Gebirgsbach. Doch ich hatte das Gefühl, daß mein Stil zu schwerfällig wurde, daß ich drei Seiten brauchte, um eine Wirkung zu erzielen, die ich in einem einzigen Absatz hätte erzielen sollen. Immer wieder las ich alles durch, was ich in »Answered Prayers« geschrieben hatte, und mir kamen allmählich Zweifel – nicht am Material oder an meiner Einstellung dazu, sondern an der strukturellen Gesetzmäßigkeit des Geschriebenen selbst. Ich las »Kaltblütig« noch einmal durch und machte dieselbe Erfahrung: Da wimmelte es von Stellen, an denen ich nicht so gut geschrieben hatte, wie ich es wirklich konnte, an denen ich nicht alles gegeben hatte, was mir zur Verfügung stand. Langsam, jedoch mit zunehmender Beunruhigung, las ich jedes Wort, das ich jemals veröffentlicht hatte, und kam zu der Einsicht, daß ich niemals in meinem ganzen Schriftstellerleben die volle Energie, den vollen ästhetischen Reiz des Materials komplett erschlossen hatte. Selbst wenn das Ergebnis gut war, erkannte ich, daß ich

niemals mehr als die Hälfte, manchmal auch nur ein Drittel des mir verliehenen Talents eingesetzt hatte. Warum?
Die Antwort, die mir nach Monaten des Nachdenkens zuteil wurde, war einfach, aber nicht sehr zufriedenstellend. Auf jeden Fall war sie nicht geeignet, mich aus meiner Depression zu entlassen; im Gegenteil, sie verschlimmerte sie noch. Denn diese Antwort schuf ein scheinbar unlösbares Problem, und wenn ich das nicht lösen konnte, so konnte ich auch gleich aufhören zu schreiben. Das Problem lautete: Wie kann ein Autor in einer einzigen literarischen Form – sagen wir, in einer Kurzgeschichte – alles vereinigen, was er über sämtliche anderen literarischen Formen weiß? Denn das war es, warum es meiner Arbeit häufig an Glanz mangelte; die elektrische Spannung war da, weil ich mich jedoch auf die Techniken derjenigen literarischen Form beschränkte, in der ich arbeitete, brachte ich nicht alles ein, was ich vom Schreiben verstand – alles, was ich aus Drehbüchern, Theaterstücken, Reportagen, Gedichten, Kurzgeschichten, Novellen und Romanen gelernt hatte. Als Schriftsteller sollte man alle Farben, alle Fähigkeiten auf ein und derselben Palette zum Mischen bereit haben (und bei passender Gelegenheit zur gleichzeitigen Anwendung). Aber wie?
Ich nahm mir noch einmal die »Answered Prayers« vor. Ich strich ein Kapitel und schrieb zwei weitere um: eine Verbesserung, eindeutig eine Verbesserung. In Wahrheit aber mußte ich in den Kindergarten zurück. Da saß ich – wieder einmal bei einem dieser vertrackten Vabanquespiele! Aber ich war aufgeregt; ich spürte, daß mir eine unsichtbare Sonne schien. Dennoch waren meine ersten Versuche ungeschickt. Ich kam mir wahrhaftig vor wie ein Kind mit einer Schachtel Malstifte.
In technischer Hinsicht hatte die größte Schwierigkeit bei der Niederschrift von »Kaltblütig« für mich darin bestanden, daß ich mich selbst vollkommen heraushalten mußte. Normalerweise muß der Berichterstatter, um Glaubwürdigkeit zu erzielen, sich selbst als handelnde Person, als Beobachter und Augenzeuge einsetzen. Ich dagegen hatte das Gefühl, es sei für den distanzierenden Ton dieses Buches wesentlich, daß der Autor

nicht persönlich darin vorkommt. Ich hatte ja auch in all meinen Reportagen versucht, mich selbst so unsichtbar wie nur möglich zu machen.
Nun jedoch stellte ich mich mitten auf die Bühne und rekonstruierte in strenger, knapper Form alltägliche Gespräche mit alltäglichen Menschen: mit dem Hausmeister meines Wohnhauses, mit einem Masseur im Sportstudio, mit einem alten Schulfreund, mit meinem Zahnarzt. Nachdem ich Hunderte von Seiten mit diesen schlichten Dingen gefüllt hatte, entwickelte ich schließlich einen Stil. Ich hatte einen Rahmen gefunden, in den ich alles einfügen konnte, was ich vom Schreiben verstand.
Später schrieb ich mit Hilfe einer modifizierten Version dieser Technik einen kurzen Tatsachenroman (»Handgeschnitzte Särge«) und eine Anzahl Kurzgeschichten. Das Ergebnis ist der vorliegende Band: »Musik für Chamäleons«.
Und wie hat sich das alles auf meine andere im Entstehen begriffene Arbeit ausgewirkt, auf »Answered Prayers«? Beträchtlich. Inzwischen sitze ich hier allein in meinem dunklen Wahn, ganz allein mit meinem Spiel Karten – und natürlich der Knute, die Gott mir gegeben hat.

I. Musik für Chamäleons

Musik für Chamäleons

Sie ist groß und schlank, ungefähr siebzig, hat silberweißes Haar, ist soigniert, weder schwarz noch weiß, sondern von der blaßgoldenen Farbe des Rums. Sie ist eine Aristokratin von Martinique, lebt in Fort de France, hat aber auch in Paris eine Wohnung. Wir sitzen auf der Terrasse ihrer Villa, einer luftigen, eleganten Villa, die aussieht, als sei sie aus hölzernen Spitzen gemacht: Sie erinnert mich an gewisse alte Häuser in New Orleans. Wir trinken geeisten, leicht mit Absinth versetzten Pfefferminztee.

Drei grüne Chamäleons jagen einander über die Terrasse; eines macht zu Madames Füßen halt, läßt seine gespaltene Zunge spielen, und sie bemerkt: »Chamäleons. Außergewöhnliche Tiere. Wie sie die Farbe verändern. Rot. Gelb. Lindgrün. Rosa. Lavendel. Wußten Sie, daß sie auch Musik lieben?« Sie betrachtet mich mit ihren schönen, schwarzen Augen. »Sie glauben mir nicht?«

Im Laufe des Nachmittags hatte sie mir schon so manches Merkwürdige erzählt. Daß ihr Garten bei Nacht voll riesiger Nachtfalter sei. Daß ihr Chauffeur, ein sehr würdevoller Mann, der mich in einem dunkelgrünen Mercedes abgeholt hatte, ein von der Teufelsinsel entsprungener Mörder sei, der seine Ehefrau vergiftet habe. Und auch ein Dorf hoch in den Bergen im Norden hatte sie mir beschrieben, das ausschließlich Albinos beherbergte: »Kleine Menschen mit roten Augen, weiß wie Kreide. Gelegentlich begegnet man einigen von ihnen in Fort de France auf der Straße.«

»Aber ja, selbstverständlich glaube ich Ihnen.«

Sie neigt den silberweißen Kopf. »Das tun Sie nicht. Aber ich werde es Ihnen beweisen.«
Damit schreitet sie in ihren kühlen, karibischen Salon hinüber, einen abgedunkelten Raum mit gemächlich rotierenden Dekkenventilatoren, und setzt sich an ein gut gestimmtes Klavier. Ich bleibe auf der Terrasse sitzen, verliere sie aber nicht aus den Augen, diese elegante ältere Dame, Produkt der verschiedensten Rassen. Sie beginnt eine Mozart-Sonate zu spielen.
Nach einer Weile fanden sich die Chamäleons ein: ein Dutzend, noch ein Dutzend, die meisten grün, einige scharlachrot, lavendelfarben. Sie huschten über die Terrasse, flitzten in den Salon: Empfindsam, ganz versunken lauschten sie der Musik, die für sie gespielt wurde – und dann abbrach. Denn unvermittelt erhob sich meine Gastgeberin, stampfte mit dem Fuß auf, und die Chamäleons stoben auseinander wie die Funken eines explodierenden Sterns.
Jetzt sieht sie mich an. »*Et maintenant? C'est vrai?*«
»Tatsächlich. Aber es ist doch sonderbar.«
Sie lächelt. »*Alors*. Die ganze Insel quillt über von sonderbaren Dingen. In diesem Haus spukt es sogar. Hier wohnen viele Geister. Und nicht nur im Dunkeln. Manche erscheinen im hellsten Mittagslicht, frech und dreist. Impertinent.«
»Das gibt es auf Haiti auch. Die Geister dort wandeln oft am hellichten Tag umher. Einmal sah ich eine ganze Horde auf einem Feld arbeiten. Sie lasen Ungeziefer von den Kaffeesträuchern.«
Sie nimmt das als Tatsache hin und fährt fort: »*Oui. Oui*. Die Haitianer lassen ihre Toten arbeiten. Dafür sind sie bekannt. Wir überlassen die unseren ihrem Kummer. Und ihren Possen. Sie sind so ungehobelt, die Haitianer. So kreolisch. Und man kann da auch nicht baden, dazu sind die Haie viel zu gefährlich. Und die Moskitos: so groß, so frech! Hier auf Martinique haben wir keine Moskitos. Überhaupt keine.«
»Das ist mir aufgefallen; es wundert mich.«
»Uns auch. Martinique ist die einzige Insel der Karibik, die nicht damit geschlagen ist, und niemand kann sich das erklären.«

»Vielleicht fressen die Nachtfalter sie auf.«
Sie lacht. »Oder die Geister.«
»Nein. Die Geister würden, glaube ich, Nachtfalter vorziehen.«
»Ja, Nachtfalter sind wahrscheinlich eher Geisterfutter. Wenn ich ein hungriger Geist wäre, würde ich wirklich alles andere lieber verspeisen als Moskitos. Möchten Sie noch Eis ins Glas? Absinth?«
»Absinth. Das ist etwas, das man bei uns zu Hause nicht bekommt. Nicht einmal in New Orleans.«
»Meine Großmutter väterlicherseits stammte aus New Orleans.«
»Meine auch.«
Während sie mir aus einer funkelnden, smaragdgrünen Karaffe Absinth einschenkt: »Dann sind wir möglicherweise verwandt. Mit Mädchennamen hieß sie Dufont. Alouette Dufont.«
»Alouette? Wirklich? Sehr hübsch. Ich kenne zwar zwei Familien Dufont in New Orleans, aber ich bin mit keiner verwandt.«
»Schade. Es wäre amüsant gewesen, Sie mit Cousin anzureden. *Alors.* Claudine Paulot sagte mir, daß Sie zum erstenmal auf Martinique sind.«
»Claudine Paulot?«
»Claudine und Jacques Paulot. Sie haben sie neulich abends beim Governor's Dinner kennengelernt.«
Ich erinnere mich: Er war ein hochgewachsener, gutaussehender Mann, Präsident des Appellationsgerichts für Martinique und Französisch-Guayana, zu dem auch die Teufelsinsel gehört.
»Die Paulots. Ja. Sie haben acht Kinder. Er tritt entschieden für die Todesstrafe ein.«
»Da Sie offensichtlich weitgereist sind, warum sind Sie nicht schon früher hierhergekommen?«
»Nach Martinique? Nun, es widerstrebte mir ein wenig. Ein Freund von mir ist hier ermordet worden.«
Madames schöne Augen blicken um eine Nuance weniger freundlich drein als zuvor. Langsam gibt sie eine Erklärung ab: »Hier kommen nur selten Morde vor. Wir sind kein gewalttätiges Volk. Ernst, aber nicht gewalttätig.«

»Ernst. Ja. Die Menschen in den Restaurants, auf der Straße, sogar die am Strand tragen so ernste Mienen zur Schau. Sie wirken sehr nachdenklich. Wie die Russen.«
»Man muß bedenken, daß es hier noch bis 1848 Sklaven gab.« Ich sehe zwar keinen Zusammenhang, erkundige mich aber nicht danach, denn sie fährt bereits fort. »Außerdem ist Martinique *très cher*. Ein Stück Seife, für das man in Paris fünf Franc bezahlt, kostet hier zweimal soviel. Die Preise sind hier durchweg doppelt so hoch, wie sie eigentlich sein sollten, weil alles importiert werden muß. Falls sich diese Unruhestifter hier durchsetzen und Martinique von Frankreich unabhängig würde, das wäre das Ende. Ohne Frankreichs Subventionen könnte Martinique nicht existieren. Wir würden einfach zugrunde gehen. *Alors* – machen einige von uns ein ernstes Gesicht. Im großen und ganzen jedoch – finden Sie die Menschen hier anziehend?«
»Die Frauen schon. Ich habe ein paar erstaunlich schöne Frauen gesehen. Geschmeidig, sanft, mit einer herrlich stolzen Haltung und einem feinen Knochenbau – wie Katzen. Außerdem besitzen sie eine gewisse bezaubernde Aggressivität.«
»Das ist das Senegalesenblut. Wir haben hier viele Senegalesen. Aber die Männer – die finden Sie nicht so attraktiv?«
»Nein.«
»Ich stimme Ihnen zu. Die Männer sind nicht attraktiv. Im Vergleich zu unseren Frauen wirken sie irrelevant, ohne Persönlichkeit: *vin ordinaire*. Auf Martinique, müssen Sie wissen, herrscht eine matriarchalische Gesellschaftsform. Und wo das der Fall ist, wie etwa zum Beispiel in Indien, da wird aus den Männern nie was Rechtes. Wie ich sehe, interessieren Sie sich für meinen schwarzen Spiegel.«
Das stimmt. Mein Blick wandert immer wieder beunruhigt zu ihm hin – wird gegen meinen Willen von ihm angezogen wie manchmal vom sinnlosen Flackern eines schlecht eingestellten Fernsehbildes. Er besitzt die gleiche oberflächliche Macht über mich. Darum werde ich ihn sehr detailliert beschreiben – nach Art jener »avantgardistischer« französischer Romanciers, die

sich entschlossen haben, auf Erzählung, Charakter und Struktur zu verzichten, und sich auf seitenlange Passagen beschränken, in denen sie bis ins kleinste die Umrisse eines einzigen Gegenstandes, den Mechanismus einer einzigen Bewegung schildern: eine Wand, eine weiße Wand, über die eine Fliege ihren Mäanderweg zieht.

Also: Besagter Gegenstand in Madames Salon ist ein schwarzer Spiegel. Er ist acht Zentimeter hoch und fünf Zentimeter breit. Er ist in ein abgegriffenes schwarzes Lederetui versenkt, das wie ein Buch gestaltet ist. Und tatsächlich liegt dieses Etui aufgeschlagen auf einem Tisch wie eine Luxusausgabe, die darauf wartet, daß sie zur Hand genommen und durchgeblättert wird, nur daß es hier nichts zu lesen oder zu sehen gibt außer dem Geheimnis des eigenen Bildes, auf die Fläche des schwarzen Spiegels projiziert, ehe es in seine unendlichen Tiefen, in seine Korridore der Dunkelheit versinkt.

»Er hat früher Gauguin gehört«, erklärt sie mir. »Wie Sie natürlich wissen, hat Gauguin, bevor er sich bei den Polynesiern niederließ, hier gelebt und gemalt. Das da war sein schwarzer Spiegel. Sie waren bei den Künstlern des letzten Jahrhunderts ein recht gebräuchliches Hilfsmittel. Van Gogh hat auch einen benutzt. Renoir ebenfalls.«

»Ich verstehe nicht ganz. Wozu haben sie ihn benutzt?«

»Um ihr Sehvermögen aufzufrischen. Um ihre Reaktionsfähigkeit auf Farben, auf Variationen der Tönung zu regenerieren. Nach längeren Arbeitsphasen, wenn ihre Augen müde wurden, erholten sie sich, indem sie in diese dunklen Spiegel blickten. Genauso wie Gourmets bei einem Bankett zwischen exquisiten Gängen ihren Gaumen mit einem *sorbet de citron* neutralisieren.« Sie nimmt den dünnen Buchband mit dem Spiegel vom Tisch und reicht ihn mir. »Ich benutze ihn oft, wenn meine Augen zuviel Sonne erwischt haben. Es wirkt lindernd.«

Lindernd – und beunruhigend. Schaut man länger hinein, hört die Schwärze auf, schwarz zu sein, und wird zu einem merkwürdigen Silberblau, zur Schwelle zu geheimen Visionen; wie Alice im Wunderland komme ich mir vor, als würde ich eine

Reise durch den Spiegel antreten, eine Reise, zu der ich mich nur zaudernd entschließe.

Aus der Ferne höre ich Madames Stimme – rauchig, gelassen, kultiviert: »Und Sie hatten also einen Freund, der hier ermordet wurde?«

»Ja.«

»Ein Amerikaner?«

»Ja. Ein sehr begabter Mensch. Musiker. Komponist.«

»Ach ja, ich erinnere mich – der Mann, der Opern schrieb! Ein Jude. Mit Schnurrbart.«

»Er hieß Marc Blitzstein.«

»Aber das ist lange her. Mindestens fünfzehn Jahre. Oder noch länger. Soviel ich weiß, sind Sie in dem neuen Hotel abgestiegen: La Bataille. Wie finden Sie es?«

»Sehr angenehm. Ein bißchen chaotisch, weil sie gerade ein Spielkasino eröffnen. Der Mann, dem das Kasino untersteht, heißt Shelley Keats. Zunächst hielt ich das für einen Witz, aber er heißt wirklich so.«

»Im Le Foulard, diesem kleinen, sehr guten Restaurant für Meeresfrüchte in Schoelcher, dem Fischerdorf, arbeitet Marcel Proust. Als Kellner... Sind Sie von unseren Restaurants enttäuscht?«

»Ja und nein. Sie sind besser als sonstwo in der Karibik, aber zu teuer.«

»*Alors*. Ich sagte ja schon, daß alles importiert wird. Wir ziehen nicht mal unser eigenes Gemüse. Die Eingeborenen sind zu träge.« Ein Kolibri kommt auf die Terrasse und schwebt mühelos in der Luft. »Aber was aus dem Meer kommt, ist exzellent.«

»Ja und nein. Ich habe noch nie so riesige Hummer gesehen, richtige Wale; prähistorische Kreaturen. Ich habe mir einen bestellt, aber er schmeckte nach nichts und war so zäh, daß mir beim Kauen eine Plombe rausgefallen ist. Wie das kalifornische Obst: wunderschön anzusehen, aber ohne jeden Geschmack.«

Sie lächelt, keineswegs glücklich: »Nun, ich entschuldige mich dafür« – und ich bereue meine Kritik, merke, daß ich nicht gerade sehr höflich war.

»Letzte Woche habe ich in Ihrem Hotel zu Mittag gegessen. Auf der Terrasse am Swimmingpool. Ich war schockiert.«

»Wie das?«

»Von den Badegästen. Die ausländischen Damen, die sich am Pool aufhielten, trugen oben gar nichts und unten sehr wenig. Ist das in Ihrer Heimat erlaubt? Daß sich Frauen praktisch splitternackt produzieren?«

»Nicht an einem so öffentlichen Ort wie dem Swimmingpool eines Hotels.«

»Genau. Und ich glaube, daß man es auch hier nicht gestatten sollte. Aber wir können es uns natürlich nicht leisten, die Touristen zu verärgern. Haben Sie schon die eine oder andere unserer Touristenattraktionen besucht?«

»Wir haben uns gestern das Haus angesehen, in dem Kaiserin Josephine geboren wurde.«

»Ich rate allen ab, es zu besichtigen. Der alte Mann, der Aufseher, was für ein Plappermaul! Und ich weiß wirklich nicht, was schlimmer ist: sein Französisch, sein Englisch oder sein Deutsch. Solch ein Langweiler! Als wäre die Fahrt dorthin nicht schon anstrengend genug!«

Unser Kolibri fliegt davon. In der Ferne hören wir Steelbands, Tamburine und trunkene Chorgesänge (›*Ce soir, ce soir nous danserons sans chemise, sans pantalons*‹: Heute abend, heute abend tanzen wir ohne Hemd, ohne Hose), Klänge, die uns daran erinnern, daß auf Martinique Karneval ist.

»Gewöhnlich«, erklärt sie, »verlasse ich die Insel während des Karnevals. Es ist einfach unmöglich. Dieser Lärm, dieser Gestank.«

Als ich diese Reise nach Martinique plante, bei der mich drei Freunde begleiteten, hatte ich nicht gewußt, daß unser Besuch in die Karnevalswoche fiel; als Einwohner von New Orleans hatte ich wirklich keinen Bedarf an derartigen Festivitäten. Die Spielart auf Martinique erwies sich jedoch als überraschend lebendig, spontan und sprühend wie eine Explosion in einer Feuerwerksfabrik. »Uns macht es Spaß, meinen Freunden und mir. Gestern abend sahen wir einen phantastischen Umzug: fünfzig Männer,

die schwarze Regenschirme und Seidenzylinder trugen und sich den Körper mit phosphoreszierenden Skelettknochen bemalt hatten. Ich finde auch die alten Damen bezaubernd, mit ihren Perücken aus Goldlametta und den mit Pailletten beklebten Gesichtern. Und die Männer in den weißen Brautkleidern ihrer Frauen! Und die unzähligen Kinder mit Kerzen in der Hand, die leuchten wie Glühwürmchen. Dabei hätte es fast eine Katastrophe gegeben. Wir liehen uns einen Wagen vom Hotel, und gerade, als wir in Fort de France ankamen und langsam mitten durch das Menschengewühl krochen, platzte uns ein Reifen. Sofort waren wir von roten Teufeln mit dreizackigen Gabeln umringt...«

Madame zeigt sich amüsiert: »*Oui. Oui.* Die kleinen Jungen, die sich als rote Teufel verkleiden – das geht einige Jahrhunderte zurück.«

»Ja, aber sie tanzten auf unserem Wagen herum. Und richteten großen Schaden an. Das Dach war die reinste Samba-Tanzfläche. Aber wir konnten ihn nicht stehen lassen, weil wir befürchten mußten, daß sie ihn vollkommen demolieren. Also erbot sich Bob MacBride, der ruhigste von meinen Freunden, den Reifen an Ort und Stelle zu wechseln. Das Dumme war nur, daß er einen neuen weißen Leinenanzug trug, den er nicht ruinieren wollte.«

»Also hat er ihn ausgezogen. Sehr vernünftig.«

»Wenigstens war es sehr komisch. Mitanzusehen, wie MacBride, ein relativ seriöser Mensch, sich bis auf die Unterhosen auszog und einen Reifen zu wechseln versuchte, während rings um ihn her Mardi-Gras-Ausgelassenheit herrschte und rote Teufel mit ihren Gabeln nach ihm stachen – zum Glück Gabeln aus Pappe.«

»Aber Mr. MacBride hat es geschafft.«

»Hätte er es nicht, könnte ich jetzt kaum Ihre Gastfreundschaft genießen.«

»Gar nichts wäre Ihnen geschehen. Wir sind keine gewalttätigen Menschen.«

»Bitte. Ich will keineswegs behaupten, daß wir uns in Gefahr

befanden. Es war nur ... nun ja, es gehörte eben zum Vergnügen...«
»Absinth? *Un peu?*«
»Einen winzigen Schluck. Danke.«
Der Kolibri kommt wieder.
»Ihr Freund, der Komponist?«
»Marc Blitzstein.«
»Mir fällt ein, er war einmal zum Dinner hier. Madame Derain brachte ihn mit. Und auch Lord Snowdon war an jenem Abend da. Mit seinem Onkel, dem Engländer, der all die Häuser auf Mustique gebaut hat ... «
»Oliver Messel.«
»*Oui. Oui.* Damals war mein Mann noch am Leben. Mein Mann hatte ein gutes musikalisches Gehör. Er bat Ihren Freund, Klavier zu spielen, und der spielte ein paar deutsche Lieder.« Sie steht jetzt, geht hin und her, und ich sehe, wie zierlich ihr Körper gebaut ist, wie ätherisch seine Umrisse in dem zarten, grünen Pariser Spitzenkleid wirken. »Daran erinnere ich mich, aber ich weiß nicht mehr, wie er umgekommen ist. Wer hat ihn ermordet?«
Während der ganzen Zeit hat der schwarze Spiegel auf meinem Schoß gelegen, und wieder forschen meine Augen in seinen Tiefen. Seltsam, wohin uns unsere Leidenschaften führen, wohin sie uns geißelnd treiben und welch unerwünschte Träume sie uns aufzwingen, welch böses Geschick.
»Zwei Matrosen.«
»Von hier? Von Martinique?«
»Nein. Zwei portugiesische Matrosen von einem Schiff, das im Hafen lag. Er lernte sie in einer Bar kennen. Er arbeitete hier an einer Oper und hatte sich ein Haus gemietet. Er nahm sie mit zu sich ... «
»Jetzt erinnere ich mich. Sie raubten ihn aus und schlugen ihn tot. Es war furchtbar. Eine gräßliche Tragödie.«
»Ein tragischer Unfall.« Der schwarze Spiegel höhnt: Warum hast du das gesagt? Es war kein Unfall.
»Aber unsere Polizei hat die Matrosen gefaßt. Sie wurden vor

Gericht gestellt, verurteilt und nach Guayana ins Gefängnis geschickt. Mich würde interessieren, ob sie noch dort sind. Vielleicht frage ich mal Paulot. Er muß es wissen. Schließlich ist er der Präsident des Appellationsgerichts.«
»Es ist wirklich nicht so wichtig.«
»Nicht so wichtig? Diese Verbrecher hätten auf die Guillotine gehört.«
»Nein. Aber ich hätte nichts dagegen, ihnen in den Feldern auf Haiti zu begegnen, wenn sie Ungeziefer von den Kaffeesträuchern lesen.«
Ich hebe den Blick vom dämonischen Glanz des Spiegels und sehe, daß meine Gastgeberin sich für einen Augenblick von der Terrasse in ihren verdunkelten Salon zurückgezogen hat. Ein Klavierakkord erklingt, ein zweiter. Madame variiert spielerisch dieselbe Melodie. Und schon versammeln sich die Musikliebhaber: Chamäleons, scharlachrote, grüne, lavendelfarbene, ein Publikum, das, auf dem Terracottaboden der Terrasse verteilt, einem beschriebenen Notenblatt gleicht; einem Mosaik von Mozart.

Mr. Jones

Während des Winters 1945 wohnte ich mehrere Monate lang in einer Pension in Brooklyn. Es war kein schäbiges Quartier, sondern ein freundlich eingerichtetes, älteres Sandsteinhaus, das die Besitzerinnen, zwei unverheiratete Schwestern, krankenhauspenibel in Ordnung hielten.

Mr. Jones hatte das Zimmer neben dem meinen. Mein Zimmer war das kleinste im Haus, seines das größte, ein hübsches, geräumiges, sonniges Zimmer, und das war gut so, denn Mr. Jones verließ es nie: Für seine sämtlichen Bedürfnisse, für Mahlzeiten, Einkäufe und Wäsche, sorgten die nicht mehr ganz jungen Pensionswirtinnen. Außerdem hatte er häufig Besuch; im Durchschnitt kamen pro Tag ein halbes Dutzend verschiedene Personen zu ihm, Männer und Frauen, jung, alt und dazwischen, vom frühen Morgen bis spät in die Nacht. Er war weder Rauschgifthändler noch Wahrsager; nein, sie kamen einfach, um mit ihm zu sprechen, und machten ihm für diese Gespräche und seine Ratschläge anscheinend kleine Geldgeschenke. Falls nicht, hatte er keine ersichtlichen Einkünfte.

Ich selbst habe nie ein Gespräch mit Mr. Jones geführt, eine Tatsache, die ich später oftmals bedauert habe. Er war ein gutaussehender Mann, ungefähr vierzig. Schlank, schwarzhaarig, mit markanten Zügen; einem bleichen, hageren Gesicht mit hohen Backenknochen und einem Muttermal auf der linken Wange, einem kleinen, roten, sternförmigen Hautfehler. Er trug eine Goldrandbrille mit pechschwarzen Gläsern: Er war blind – und außerdem verkrüppelt. Den Schwestern zufolge versagten ihm seit einem Kindheitsunfall beide Beine den Dienst, und er

konnte sich ohne Krücken nicht fortbewegen. Gekleidet war er stets mit einem tadellos gebügelten, dunkelgrauen oder -blauen dreiteiligen Anzug mit gedeckter Krawatte, als befinde er sich auf dem Weg in ein Wall-Street-Büro.
Wie ich jedoch schon sagte, verließ Mr. Jones niemals das Haus. Saß einfach in einem bequemen Sessel inmitten seines freundlichen Zimmers und empfing die Besucher. Ich hatte keine Ahnung, warum sie zu ihm kamen, diese eher durchschnittlich wirkenden Leute, oder worüber sie sprachen, und war zu sehr mit meinen eigenen Angelegenheiten beschäftigt, um viel darüber nachzudenken. Tat ich es doch einmal, stellte ich mir vor, daß seine Freunde in ihm einen intelligenten, gütigen Menschen sahen, einen guten Zuhörer, dem man sich anvertrauen, mit dem man über seine Sorgen sprechen konnte: eine Mischung aus Priester und Therapeut.
Mr. Jones hatte ein Telefon. Er war der einzige Mieter mit eigenem Anschluß. Es klingelte ständig, häufig sogar noch nach Mitternacht und bereits um sechs Uhr morgens.
Ich zog nach Manhattan. Einige Monate später kam ich noch einmal zurück, um eine Bücherkiste abzuholen, die ich zur Aufbewahrung in der Pension gelassen hatte. Während mir die beiden Besitzerinnen in ihrem »Salon« mit den Spitzengardinen Tee und Gebäck anboten, erkundigte ich mich nach Mr. Jones. Die Damen senkten den Blick. Eine räusperte sich und sagte: »Der Fall liegt in den Händen der Polizei.«
Die andere ergänzte: »Wir haben Vermißtenanzeige erstattet.«
Die erste setzte hinzu: »Vergangenen Monat, vor sechsundzwanzig Tagen, brachte meine Schwester Mr. Jones wie gewöhnlich das Frühstück hinauf. Er war nicht da. Alle seine Sachen waren da. Nur er war fort.«
»Wie sonderbar . . .«
». . . daß ein vollkommen blinder Mann, ein hilfloser Krüppel . . . «
Zehn Jahre sind vergangen.
Es ist ein bitterkalter Dezembernachmittag, und ich bin in Moskau. Ich fahre mit der U-Bahn. Außer mir sind nur wenige

Passagiere im Abteil. Einer sitzt mir gegenüber, ein Mann in Stiefeln, dickem, langem Mantel und russischer Pelzmütze. Er hat leuchtende Augen, blau wie die Augen eines Pfaus.
Nach kurzem Zweifeln starrte ich ihn einfach an, denn selbst ohne die schwarze Brille sind das hagere, markante Gesicht, die hohen Backenknochen und das scharlachrote, sternförmige Muttermal nicht zu verkennen.
Ich wollte gerade den Gang überqueren und ihn ansprechen, als der Zug in eine Station einfuhr und Mr. Jones auf zwei wohlgeformten, kräftigen Beinen aufstand und den Wagen verließ. Rasch schlossen sich die automatischen Türen hinter ihm.

Ein Licht im Fenster

Einmal war ich zu einer Hochzeit geladen; die Braut hatte vorgeschlagen, ich solle mit zwei anderen Gästen, einem Ehepaar namens Mr. und Mrs. Roberts, das ich noch nicht kannte, von New York herüberfahren. Es war ein kalter Apriltag, und die Roberts', beide etwa Anfang vierzig, schienen mir auf der Fahrt nach Connecticut ziemlich nett zu sein – nicht unbedingt Menschen, mit denen man gern ein langes Wochenende verbracht hätte, aber nicht übel.

Auf dem Empfang nach der Trauung jedoch wurde eine Menge Alkohol konsumiert, ein Drittel davon, würde ich sagen, von meinen Chauffeuren. Sie verließen die Party als letzte – schätzungsweise um elf Uhr abends –, und ich hatte die größten Bedenken, zu ihnen ins Auto zu steigen; ich wußte, daß sie betrunken waren, doch *wie* betrunken, das war mir nicht klar. Wir hatten ungefähr zwanzig Meilen zurückgelegt – in Schlangenlinien, während Mr. und Mrs. Roberts sich gegenseitig mit den absonderlichsten Ausdrücken beschimpften (wirklich, man fühlte sich in »Wer hat Angst vor Virginia Woolf?« versetzt) –, als Mr. Roberts höchst verständlicherweise in eine falsche Abzweigung einbog und sich auf einer dunklen Landstraße verfuhr. Ich bat, ja flehte beide schließlich an, zu halten und mich aussteigen zu lassen, aber sie waren so in ihre Schimpfkanonade vertieft, daß sie mich gar nicht beachteten. Schließlich blieb der Wagen (vorübergehend) von selber stehen, weil er einen Baum gestreift hatte. Ich benutzte die Gelegenheit, um aus der hinteren Tür zu springen, und lief in den Wald. Kurz darauf fuhr das verfluchte Vehikel wieder an und ließ mich allein in der eiskalten

Dunkelheit zurück. Ich bin überzeugt, daß meine Fahrer mich nicht mal vermißten; ich vermißte sie weiß Gott nicht.
Aber es war kein Vergnügen, in einer windigen, kalten Nacht dort draußen gestrandet zu sein. In der Hoffnung, einen Highway zu erreichen, machte ich mich auf den Weg. Ich marschierte eine halbe Stunde lang, ohne eine menschliche Behausung zu sehen. Dann entdeckte ich dicht neben der Straße ein kleines Fachwerkhaus mit Veranda; ein Fenster war von einer Lampe erleuchtet. Auf Zehenspitzen schlich ich über die Veranda und spähte vorsichtig zum Fenster hinein: An einem Kamin saß lesend eine ältere Frau mit weichem, weißem Haar und einem runden, freundlichen Gesicht. Auf ihrem Schoß hatte sich eine Katze zusammengerollt, mehrere andere schliefen zu ihren Füßen.
Ich klopfte an die Haustür, und als die Frau öffnete, sagte ich mit klappernden Zähnen: »Verzeihen Sie bitte die Störung, aber ich habe eine Art Unfall gehabt und wollte fragen, ob ich Ihr Telefon benutzen darf, um ein Taxi zu bestellen.«
»Ach, du liebe Zeit!« antwortete sie lächelnd. »Leider habe ich gar kein Telefon. Zu arm. Aber kommen Sie doch herein!« Und als ich über die Schwelle in das gemütliche Zimmer trat, sagte sie: »Meine Güte, junger Mann! Sie erfrieren mir ja. Soll ich Ihnen Kaffee machen? Eine Tasse Tee? Ich habe ein bißchen Whiskey im Haus, den mein Mann hinterlassen hat – er ist vor sechs Jahren gestorben.«
Ich erwiderte, ein Schluck Whiskey wäre mir sehr willkommen. Während sie ihn holen ging, wärmte ich mir die Hände am Feuer und sah mich um. Es war ein freundliches Zimmer, bevölkert von sechs oder sieben Katzen in den verschiedensten Farben der gewöhnlichen Hauskatze. Ich warf einen Blick auf den Titel des Buches, in dem Mrs. Kelly las (so lautete, wie ich später erfuhr, ihr Name): »Emma« von Jane Austen, einer meiner Lieblingsautorinnen.
Als Mrs. Kelly mit einem Glas voll Eis und einer verstaubten Flasche Bourbon wiederkam, forderte sie mich auf: »Setzen Sie sich, setzen Sie sich! Ich bekomme nicht oft Besuch. Gewiß, ich

habe meine Katzen. Wie dem auch sei, wollen Sie hier übernachten? Ich habe ein hübsches kleines Gästezimmer, das schon lange auf einen Gast wartet. Morgen früh können Sie dann zum Highway rübergehen und sich in die Stadt mitnehmen lassen, wo Sie bestimmt eine Werkstatt finden, die Ihren Wagen repariert. Es sind ungefähr fünf Meilen dorthin.«

Ich fragte mich laut, wie sie so einsam leben konnte, ohne Verkehrsverbindungen und Telefon; sie erklärte mir, ihr guter Freund, der Postbote, erledige alle Besorgungen für sie. »Albert. Er ist so lieb und treu. Aber nächstes Jahr geht er in Pension. Dann weiß ich wirklich nicht, was ich machen soll. Nun, es wird sich schon eine Lösung finden. Vielleicht kommt ein netter neuer Postbote. Sagen Sie, was für einen Unfall hatten Sie eigentlich?«

Als ich ihr die Sachlage erklärte, erwiderte sie indigniert: »Das haben Sie ganz richtig gemacht. Ich würde keinen Fuß in den Wagen eines Mannes setzen, der auch nur ein Glas Sherry getrunken hat. So habe ich meinen Mann verloren. Vierzig Jahre verheiratet, vierzig glückliche Jahre, und dann mußte ich ihn verlieren, weil er von einem betrunkenen Autofahrer überfahren wurde. Wenn ich meine Katzen nicht hätte . . . « Sie streichelte eine orangefarben Getigerte, die auf ihrem Schoß lag und schnurrte.

Wir saßen am Feuer und plauderten, bis mir die Lider schwer wurden. Wir unterhielten uns über Jane Austen (»Ach, Jane! Meine Tragödie ist, ich habe all ihre Bücher so oft gelesen, daß ich sie inzwischen auswendig kann.«) und andere bewunderte Autoren: Thoreau, Willa Cather, Dickens, Lewis Carroll, Agatha Christie, Raymond Chandler, Hawthorne, Tschechow, Maupassant – sie besaß einen wachen, vielseitigen Verstand; die Intelligenz leuchtete in ihren haselnußbraunen Augen wie die kleine Lampe auf dem Tisch neben ihr. Wir unterhielten uns über die strengen Winter in Connecticut, über Politiker, ferne Länder (»Ich bin niemals im Ausland gewesen, doch wenn ich die Möglichkeit gehabt hätte, wäre ich nach Afrika gegangen. Zuweilen träume ich davon, von den grünen Hügeln, der Hitze, den wunderschönen Giraffen, den umherziehenden Elefan-

ten.«), Religion (»Ich bin natürlich katholisch erzogen worden, aber jetzt – fast muß ich sagen, leider – bin ich sehr liberal. Möglicherweise habe ich zuviel gelesen.«), Gärtnern (»Ich ziehe und konserviere mein Gemüse selbst – notgedrungen.«). Und schließlich: »Verzeihen Sie meine Schwatzhaftigkeit. Sie haben ja keine Ahnung, wieviel Freude mir das macht. Aber für Sie ist es längst Schlafenszeit. Für mich ebenfalls.«

Sie begleitete mich hinauf, und nachdem ich es mir in einem Doppelbett unter einem behaglichen Berg hübscher Flickensteppdecken bequem gemacht hatte, kam sie noch einmal, um mir gute Nacht und angenehme Träume zu wünschen. Ich lag wach und dachte über sie nach. Was für ein ungewöhnliches Erlebnis – eine alte Frau zu sein, allein hier in der Wildnis zu leben, zu hören, wie mitten in der Nacht ein Fremder an die Haustür klopft, und sie ihm nicht nur zu öffnen, sondern ihn herzlich willkommen zu heißen und ihm ein Obdach anzubieten. Wäre unsere Situation umgekehrt gewesen, ich weiß nicht, ob ich soviel Mut gehabt hätte, von der Großzügigkeit ganz zu schweigen.

Am nächsten Morgen servierte sie mir in ihrer Küche das Frühstück. Kaffee, heißen Haferbrei mit Zucker und Dosenmilch, aber ich war hungrig, und es schmeckte mir großartig. Die Küche war schäbiger eingerichtet als das übrige Haus; der Herd, ein ratternder Kühlschrank, alles schien kurz vor dem Zusammenbrechen zu stehen. Alles – bis auf einen großen, relativ modernen Gegenstand, eine Tiefkühltruhe, die eine Ecke des Raumes einnahm.

Sie plauderte weiter: »Ich liebe Vögel. Ich habe ein so schlechtes Gewissen, weil ich ihnen im Winter keine Brotkrumen hinstreue. Aber ich kann sie doch nicht ständig ans Haus kommen lassen wegen der Katzen. Mögen Sie Katzen?«

»Ja, ich hatte mal eine Siamkatze namens Toma. Sie wurde zwölf Jahre alt, und wir haben alle Reisen zusammen unternommen, um die ganze Welt. Als sie starb, habe ich es nicht übers Herz gebracht, mir eine neue anzuschaffen.«

»Dann werden Sie das hier vielleicht auch verstehen.« Sie führte

mich zu ihrer Tiefkühltruhe und öffnete sie. Die Truhe enthielt nichts als Katzen: stapelweise gefrorene, vollkommen erhaltene Katzen – zu Dutzenden. Der Anblick löste ein ganz merkwürdiges Gefühl in mir aus. »Alle meine alten Freunde. Entschlafen. Ich konnte es einfach nicht ertragen, sie zu verlieren. *Ganz* zu verlieren.« Sie lachte. »Jetzt halten Sie mich sicher für ein bißchen übergeschnappt.«

Ein bißchen übergeschnappt. Jawohl, ein bißchen übergeschnappt, dachte ich, als ich unter grauem Himmel in Richtung Highway davonging, zu dem sie mir den Weg beschrieben hatte. Aber strahlend: ein Licht im Fenster.

Mojave

An jenem Winternachmittag um fünf war sie mit Dr. Bentsen verabredet, vormals ihr Psychoanalytiker, gegenwärtig ihr Liebhaber. Als ihr Verhältnis sich von der analytischen auf die emotionale Ebene verlagert hatte, bestand er – aus ethischen Gründen – darauf, daß sie nicht mehr als Patientin zu ihm kam. Nicht, daß es eine Rolle spielte. Er war als Analytiker keine große Hilfe für sie gewesen, und als Liebhaber – nun ja, sie hatte einmal gesehen, wie er hinter einem davonfahrenden Bus herrannte, ein achtundneunzig Kilo schwerer, relativ kleiner, fünfzigjähriger, kraushaariger, schwerhüftiger, kurzsichtiger Manhattan-Intellektueller, und sie hatte gelacht: Wie war es nur möglich, daß sie einen so mißmutigen, so mißgestalteten Mann wie Ezra Bentsen lieben konnte? Die Antwort lautete: Sie liebte ihn nicht; im Gegenteil, sie mochte ihn nicht einmal. Aber wenigstens brachte sie ihn nicht mit Resignation und Verzweiflung in Verbindung. Ihren Mann fürchtete sie; vor Dr. Bentsen hatte sie keine Angst. Dennoch war es ihr Mann, den sie liebte. Sie war reich; jedenfalls verfügte sie über ein beträchtliches Taschengeld von ihrem Mann, der reich war, und sie konnte sich daher die Atelierwohnung leisten, dieses Liebesnest, wo sie ihren Liebhaber meist einmal pro Woche, manchmal auch zweimal, niemals aber öfter traf. Außerdem konnte sie sich die Geschenke leisten, die er bei diesen Gelegenheiten zu erwarten schien. Nicht, daß er deren Wert zu schätzen gewußt hätte: Manschettenknöpfe von Verdura, klassische Zigarettenetuis von Paul Flato, die obligatorische Cartier-Uhr und (etwas direkter) gelegentlich bestimmte Bargeldsummen, die er sich von ihr »lieh«.

Er hatte ihr noch kein einziges Geschenk gemacht. Doch, eines: einen spanischen Perlmuttkamm, von dem er behauptete, er sei ein Erbstück, ein Andenken an seine Mutter. Selbstverständlich konnte sie ihn nicht tragen, denn ihr Haar stand tabakfarben und kraus wie eine kindliche Aureole um ihr verblüffend naives, jugendliches Gesicht. Dank ständigen Diäthaltens, privater Übungen mit Joseph Pilatos und der dermatologischen Behandlung Dr. Orentreichs sah sie aus wie Anfang Zwanzig; dabei war sie sechsunddreißig.

Der spanische Kamm. Ihr Haar. Dabei mußte sie an Jaime Sanchez denken und an etwas, das sich am Tag zuvor ereignet hatte. Jaime Sanchez war ihr Friseur, und sie waren, obwohl sie einander erst seit einem Jahr kannten, auf ihre Art gute Freunde geworden. Sie vertraute ihm einiges an; er ihr beträchtlich mehr. Bis vor kurzem hatte sie Jaime für einen glücklichen, vom Glück beinahe übermäßig gesegneten jungen Mann gehalten. Er wohnte mit einem attraktiven Liebhaber zusammen, einem jungen Zahnarzt namens Carlos. Jaime und Carlos waren in San Juan zusammen zur Schule gegangen; sie hatten Puerto Rico gemeinsam verlassen, waren zunächst nach New Orleans, anschließend nach New York gegangen, und es war Jaime gewesen, der Carlos mit seiner Arbeit als Haarstylist, eines sehr begabten sogar, den Besuch der Hochschule ermöglicht hatte. Jetzt besaß Carlos eine eigene Praxis und einen Patientenstamm aus wohlhabenden Puertoricanern und Schwarzen.

Bei ihren letzten Besuchen war ihr schon aufgefallen, daß Jaime Sanchez' sonst so klare Augen trüb schienen, gelblich, als habe er einen Katzenjammer, und seine geschickten, ausdrucksvollen Hände, die gewöhnlich ruhig und präzise waren, zitterten.

Gestern, während er ihr die Haare schnitt, hatte er plötzlich innegehalten und keuchend dagestanden, keuchend – nicht, als kämpfe er um Luft, sondern als ringe er einen Schrei nieder.

»Was ist los?« hatte sie ihn gefragt. »Fühlen Sie sich nicht wohl?«

»Nein.«

Er war an ein Waschbecken getreten und hatte sich das Gesicht

mit kaltem Wasser benetzt. Während er sich abtrocknete, sagte er: »Ich werde Carlos umbringen.« Er zögerte, als erwarte er, daß sie ihn fragte, warum. Als sie ihn lediglich anstarrte, fuhr er fort: »Es hat keinen Sinn mehr, noch länger zu reden. Er versteht überhaupt nichts. Meine Worte bedeuten ihm nichts. Die einzige Möglichkeit, mich ihm mitzuteilen, ist jetzt nur noch, ihn umzubringen. Dann wird er verstehen.«

»Ich weiß nicht, ob ich Sie verstehe, Jaime.«

»Habe ich Ihnen gegenüber jemals Angelita erwähnt? Meine Cousine Angelita? Sie kam vor sechs Monaten hierher. Sie war schon immer in Carlos verliebt. Seit sie, ach, seit sie zwölf Jahre alt war. Und jetzt ist Carlos in sie verliebt. Er will sie heiraten und eine Familie gründen.«

Sie war so verlegen gewesen, daß ihr nichts anderes einfallen wollte als die Frage: »Ist Angelita ein nettes Mädchen?«

»Zu nett.« Er hatte die Schere zur Hand genommen und fing wieder an zu schneiden. »Nein, ich meine es ehrlich. Sie ist ein großartiges Mädchen, sehr zierlich, wie ein hübscher Papagei, und viel zu nett; in ihrer Freundlichkeit wird sie grausam, obwohl sie nicht begreift, daß sie grausam ist. Ein Beispiel ... «

Sie warf einen Blick auf Jaimes Gesicht, das sich im Spiegel über dem Waschbecken bewegte; es war nicht das fröhliche Gesicht, das sie so oft bezaubert hatte, vielmehr drückte es deutlich Schmerz und Verwirrung aus.

»Angelita und Carlos wollen, daß ich nach der Hochzeit zu ihnen ziehe; wir alle drei in einer Wohnung. Es war *ihr* Einfall, aber Carlos sagt ja! ja! wir müssen alle zusammenbleiben, und von jetzt an werden er und ich wie Brüder leben. Das ist der Grund, weshalb ich ihn umbringen muß. Er kann mich niemals geliebt haben, sonst könnte er nicht einfach darüber hinwegsehen, daß ich die Hölle durchmache. Er sagt: ›Ja, Jaime, ich liebe dich; aber Angelita – das ist etwas anderes.‹ Es gibt keinen Unterschied. Man liebt, oder man liebt nicht. Man zerstört, oder man zerstört nicht. Aber Carlos wird das nie verstehen. Nichts dringt zu ihm durch, nichts kann zu ihm durchdringen – nur eine Kugel oder ein Rasiermesser.«

Sie wollte lachen, konnte es jedoch nicht, weil sie einsah, daß er es ernst meinte, und auch, weil sie genau wußte, wie wahr es war, daß man bestimmten Menschen die Wahrheit nur begreiflich machen, daß man sie nur zum *Verstehen* bringen konnte, indem man ihnen die extremste Strafe auferlegte.
Trotzdem lachte sie, aber so, daß Jaime es nicht als echtes Lachen auslegen konnte. Ihr Lachen war eher mit einem mitfühlenden Achselzucken zu vergleichen. »Sie könnten nie einen Menschen umbringen, Jaime.«
Er begann, ihre Haare zu kämmen; er zerrte nicht gerade sanft an ihnen, aber sie wußte, daß der damit zum Ausdruck gebrachte Zorn ihm selber galt, nicht ihr. »Scheiße!« Dann: »Nein. Und das ist der Grund für die meisten Selbstmorde. Ein Mensch quält dich. Du willst ihn umbringen. Aber du kannst es nicht. All diese Qual kommt nur davon, daß du ihn liebst und daß du ihn nicht umbringen kannst, weil du ihn liebst. Also bringst du statt dessen dich selber um.«
Als sie ging, erwog sie, ihn auf die Wange zu küssen, begnügte sich aber mit einem Händedruck. »Ich weiß, wie abgedroschen es klingt, Jaime, und im Moment wird es Ihnen bestimmt keine Hilfe sein. Aber vergessen Sie nicht – es gibt immer einen anderen. Versuchen Sie nur nicht, denselben Menschen noch einmal zu finden.«

Das Liebesnest lag in der East Sixty-fifth Street; heute ging sie zu Fuß von ihrem eigenen Heim, einem kleinen Stadthaus am Beekman Place, hinüber. Es war windig, auf dem Gehsteig lagen Schneereste, in der Luft hing die Verheißung von neuem Schnee, aber sie hatte es schön warm in dem Mantel, den sie von ihrem Mann zu Weihnachten bekommen hatte – einem zobelfarbenen, mit Zobel gefütterten Wildledermantel.
Ein Cousin hatte die Wohnung unter seinem Namen für sie gemietet. Dieser Cousin, der mit einer alten Schachtel verheiratet war und in Greenwich wohnte, suchte die Wohnung zuweilen mit seiner Sekretärin auf, einer dicken Japanerin, die sich mit geradezu widerlichen Mengen Mitsouko überschüttete. An die-

sem Nachmittag stank die ganze Wohnung nach dem Parfüm der Dame, woraus sie schloß, daß ihr Cousin sich kürzlich hier aufgehalten hatte. Das hieß, sie mußte das Bett frisch beziehen. Sie tat es; dann traf sie ihre Vorbereitungen. Auf einen Tisch neben dem Bett legte sie eine kleine, in hellblaues Glanzpapier verpackte Schachtel; sie enthielt einen goldenen Zahnstocher, den sie bei Tiffany gekauft hatte, ein Geschenk für Dr. Bentsen, denn es gehörte zu seinen unangenehmen Gewohnheiten, mit einer endlosen Reihe von flachen Streichhölzern in seinen Zähnen zu bohren. Sie hatte gedacht, der goldene Zahnstocher werde das Ganze ein bißchen weniger abstoßend machen. Sie legte einen Stapel Lee-Riley- und Fred-Astaire-Platten auf, schenkte sich ein Glas kalten Weißwein ein, zog sich ganz aus, cremte sich ein und streckte sich auf dem Bett aus; sie summte, sang mit dem göttlichen Fred und lauschte auf das Geräusch des Schlüssels ihres Liebhabers im Schloß der Wohnungstür.

Allem Anschein nach war der Orgasmus ein äußerst schmerzhaftes Ereignis im Leben des Ezra Bentsen: Er schnitt Grimassen, er knirschte mit den Zahnprothesen, er wimmerte wie ein verängstigter Köter. Natürlich war sie jedesmal erleichtert, wenn sie dieses Wimmern hörte; es bedeutete, daß er seinen schweißnassen Korpus gleich von ihr herabwälzen würde, denn er war kein Mann, der noch verweilte, zärtliche Komplimente flüsterte: Er wälzte sich sofort von ihr herunter. Und heute griff er, nachdem das geschehen war, gierig nach der blauen Schachtel, denn er wußte, sie enthielt ein Geschenk für ihn. Als er sie geöffnet hatte, stieß er ein Grunzen aus.

»Das ist ein goldener Zahnstocher«, erklärte sie.

Er kicherte, ein bei ihm ungewohnter Laut, denn sein Sinn für Humor ließ zu wünschen übrig. »Irgendwie niedlich«, sagte er und begann in seinen Zähnen zu stochern. »Weißt du, was gestern abend passiert ist? Ich habe Thelma geohrfeigt. Aber kräftig. Und in den Bauch habe ich sie auch geboxt.«

Thelma war seine Frau, eine Kinderpsychiaterin, und zwar, wie es hieß, eine gute.

»Das Problem bei Thelma ist, daß man nicht mit ihr reden kann.

Sie versteht einfach nichts. Manchmal ist das die einzige Möglichkeit, ihr etwas begreiflich zu machen: ihr eine reinzuknallen.«
Sie mußte an Jaime Sanchez denken.
»Kennst du eine Mrs. Roger Rhinelander?« erkundigte sich Dr. Bentsen.
»Mary Rhinelander? Ihr Vater war der beste Freund meines Vaters. Sie besaßen gemeinsam einen Rennstall. Eines von ihren Pferden hat das Kentucky-Derby gewonnen. Trotzdem, Mary tut mir leid. Sie ist mit einem abscheulichen Scheißkerl verheiratet.«
»Das erzählte sie mir.«
»Ach ja? Ist Mrs. Rhinelander eine neue Patientin?«
»Nagelneu. Komisch, sie kam eigentlich aus demselben Grund zu mir wie du; eure Situation ist praktisch die gleiche.«
Aus demselben Grund? In Wirklichkeit war es eine ganze Reihe von Problemen gewesen, die schließlich zu ihrer Verführung auf Dr. Bentsens Couch geführt hatte, und der wichtigste Grund war, daß es ihr seit der Geburt des zweiten Kindes unmöglich war, geschlechtliche Beziehungen mit ihrem Mann zu unterhalten. Sie hatte mit vierundzwanzig Jahren geheiratet; ihr Mann war fünfzehn Jahre älter als sie. Obwohl sie sich häufig stritten und beide eifersüchtig waren, lebten die ersten fünf Jahre ihrer Ehe als makelloses Bild in ihrer Erinnerung. Die Schwierigkeiten begannen, als er sie bat, ihm ein Kind zu schenken; hätte sie ihn nicht so sehr geliebt, sie hätte niemals zugestimmt – sie hatte sich schon vor Kindern gefürchtet, als sie selbst ein Kind war, und die Nähe von Kindern verursachte ihr noch jetzt Unbehagen. Aber sie hatte ihm einen Sohn geboren, und die Schwangerschaft war ein traumatisches Erlebnis für sie gewesen. Wenn sie nicht tatsächlich litt, bildete sie es sich ein, und nach der Geburt verfiel sie in eine Depression, die über ein Jahr andauerte. Tag für Tag lag sie in einem vierzehn Stunden währenden Seconal-Schlaf, und während der übrigen zehn Stunden hielt sie sich wach, indem sie sich mit Amphetaminen vollstopfte. Das zweite Kind, wieder ein Junge, war ein Alkoholunfall gewesen – obwohl sie

argwöhnte, ihr Mann habe sie reingelegt. Kaum hatte sie gemerkt, daß sie wieder schwanger war, bestand sie auf einer Abtreibung. Er antwortete, wenn sie das tue, werde er sich von ihr scheiden lassen. Nun, das mußte er bald bereuen. Das Kind kam zwei Monate zu früh zur Welt und wäre beinahe gestorben – genau wie sie selbst. Sie erlitt schwere innere Blutungen, und monatelang schwebten beide auf der Intensivstation am Rand des Abgrunds. Seitdem hatte sie nie wieder das Bett mit ihrem Mann geteilt; sie wollte zwar, aber sie konnte nicht, denn seine nackte Nähe, der Gedanke, daß sein Körper in ihr sein könnte, rief unerträgliches Entsetzen hervor.

Dr. Bentsen trug dicke, schwarze Socken mit Sockenhaltern, die er beim »Lieben« niemals ablegte; als er jetzt seine mit diesen Haltern verzierten Beine in einer blauen Serge-Hose mit blankgewetztem Hosenboden verschwinden ließ, sagte er: »Laß mich mal nachdenken. Morgen ist Dienstag. Mittwoch ist unser Jahrestag . . .«

»Unser Jahrestag?«

»Thelmas! Unser zwanzigster Hochzeitstag. Ich möchte sie ausführen . . . Sag mal, welches Restaurant ist im Moment das beste?«

»Was spielt das schon für eine Rolle? Es ist sehr klein und sehr exklusiv, und der Besitzer würde dir nie einen Tisch geben.«

Sein Mangel an Humor machte sich bemerkbar: »Eine verdammt merkwürdige Antwort. Was soll das heißen, er würde mir keinen Tisch geben?«

»Das, was ich sage. Ein Blick, und er wüßte, daß du behaarte Fersen hast. Es gibt nämlich Leute, die Menschen mit behaarten Fersen nicht bedienen. Er gehört auch zu ihnen.«

Dr. Bentsen war mit ihrer Gewohnheit, ausgefallene Redewendungen zu gebrauchen, vertraut und hatte gelernt, so zu tun, als wüßte er, was sie bedeuteten; er hatte von ihrem Ambiente ebensowenig Ahnung wie sie von dem seinen, doch sein labiler Charakter gestattete es ihm nicht, das zuzugeben.

»Also dann«, sagte er, »wäre es dir am Freitag recht? Gegen fünf?«

»Nein, danke«, antwortete sie. Er knotete gerade seine Krawatte, hielt aber nun inne; sie lag noch immer auf dem Bett, nackt, nicht zugedeckt; Fred sang »By Myself«. »Nein, danke, lieber Dr. B. Ich glaube, wir werden uns hier überhaupt nicht mehr treffen.«
Sie sah, daß er erschrak. Selbstverständlich würde er sie vermissen – sie war schön, sie war rücksichtsvoll, es störte sie nicht, wenn er sie um Geld bat. Er kniete neben dem Bett nieder und liebkoste ihre Brust. Auf seiner Oberlippe entdeckte sie einen eisigen Schnurrbart aus Schweißtröpfchen.
»Was ist denn das? Drogen? Drinks?«
Sie lachte. »Ich trinke nur Weißwein, und davon nicht viel. Nein, mein Freund, es sind bloß deine behaarten Fersen.«
Wie viele Analytiker nahm Dr. Bentsen alles wortwörtlich; sekundenlang sah es aus, als würde er sich die Socken ausziehen und seine Füße begutachten. Trotzig wie ein Kind behauptete er: »Ich *habe* keine behaarten Fersen.«
»O doch, die hast du! Wie ein Pferd. Alle gewöhnlichen Pferde haben behaarte Fersen; nur Vollblüter nicht. Die Fersen eines Rassepferdes sind glatt und glänzend. Grüße mir Thelma.«
»Klugscheißerin. Freitag?«
Die Astaire-Platte war zu Ende. Sie trank den letzten Schluck Wein.
»Vielleicht. Ich ruf' dich an«, antwortete sie.
Wie es so geht, rief sie ihn nie mehr an und sah ihn nie wieder – nur einmal, ein Jahr darauf, als sie bei einem Bankett im »La Grenouille« neben ihm saß; er nahm den Lunch mit Mary Rhinelander ein, und sie stellte belustigt fest, daß Mrs. Rhinelander die Rechnung abzeichnete.

Der verheißene Schnee war gefallen, als sie, abermals zu Fuß, in das Haus am Beekman Place zurückkehrte. Die Eingangstür war hellgelb gestrichen und hatte einen Messingklopfer in Gestalt einer Löwenklaue. Anna, eine der vier Irinnen, die das Hauspersonal bildeten, öffnete ihr und berichtete, die Kinder hätten bereits, nachdem sie einen ganzen Nachmittag im Rockefeller

Center Schlittschuh gelaufen waren, ermüdet zu Abend gegessen und seien zu Bett gebracht worden.
Gott sei Dank. Jetzt brauchte sie nicht mehr die halbe Stunde Spielzeit, Geschichtenerzählen und Gutenachtküsse über sich ergehen zu lassen, die gewöhnlich den Tagesablauf ihrer Kinder beschloß; sie war vielleicht keine sehr zärtliche Mutter, aber eine sehr pflichtbewußte – genau wie ihre eigene Mutter auch. Es war sieben Uhr; ihr Mann rief an, er werde erst um halb acht nach Hause kommen; um acht waren sie zu einer Dinner Party bei den Sylvester Hales, Freunden aus San Francisco, eingeladen. Sie badete, parfümierte sich, um die Erinnerung an Dr. Bentsen zu löschen, frischte ihr Make-up auf, von dem sie nur einen bescheidenen Hauch zu tragen pflegte, und zog einen grauen Seidenkaftan sowie graue Seidenpumps mit Perlschnallen an.
Sie setzte sich am Kamin der Bibliothek im ersten Stock in Positur, als sie die Schritte ihres Mannes auf der Treppe hörte. Es war eine graziöse Pose, einladend wie der ganze Raum, ein außergewöhnliches, achteckiges Zimmer mit zimtfarben lackierten Wänden, gelb lackiertem Fußboden, Bücherregalen aus Messing (eine Anleihe bei Billy Baldwin), zwei riesigen Sträußen brauner Orchideen in gelben China-Vasen, einem Marino-Marini-Pferd in einer Ecke, einem Südsee-Gauguin über dem Kaminsims und einem sanft flackernden Feuer im Kamin. Hohe Fenstertüren boten einen Blick auf den dunklen Garten, treibenden Schnee und erleuchtete Schleppdampfer, die wie Laternen auf dem East River vorüberzogen. Eine üppige, mokkabraun bezogene Couch stand vor dem Kamin und davor ein im gleichen Gelb wie der Fußboden lackierter Tisch mit einem eisgefüllten Silberkübel, in dessen Eis eine randvoll mit gepfeffertem rotem Russenwodka gefüllte Karaffe stand.
Ihr Mann zögerte an der Zimmertür, nickte ihr anerkennend zu: Er gehörte zu jenen Männern, welche die Erscheinung einer Frau wirklich wahrnehmen, mit einem Blick die gesamte Atmosphäre erfassen. Er war es wert, daß man sich für ihn schön machte, und das war einer der wenigen wichtigen Gründe dafür, daß sie ihn liebte. Ein bedeutenderer Grund war der, daß er ihrem Vater

ähnelte, dem Mann, welcher *der* Mann in ihrem Leben gewesen war und es auch immer bleiben würde; ihr Vater hatte sich erschossen, obwohl niemand jemals erfuhr, weshalb, denn er war ein beinahe anomal diskreter Gentleman gewesen. Bevor das geschah, hatte sie drei Verlobungen gelöst, doch zwei Monate nach dem Tod ihres Vaters lernte sie George kennen, und sie heiratete ihn, weil er sowohl im Aussehen als auch im Auftreten ihrer großen verlorenen Liebe nahekam.

Sie ging ihrem Mann durchs Zimmer entgegen. Sie küßte ihn auf die Wange, und sein Fleisch war auf ihren Lippen so kalt wie die Schneeflocken vor dem Fenster. Er war groß, ein Ire, mit schwarzen Haaren und grünen Augen, gutaussehend, obwohl er in letzter Zeit einige Pfunde zugenommen hatte und auch im Gesicht ein bißchen schwammig geworden war. Er strahlte eine oberflächliche Vitalität aus; schon das allein wirkte anziehend auf Männer wie auf Frauen. Bei genauerem Hinsehen spürte man allerdings eine verborgene Müdigkeit, einen Mangel an echtem Optimismus. Seine Frau war sich dessen bedrückend bewußt, und warum auch nicht? Schließlich war sie der Hauptgrund dafür.

»Es ist so scheußlich draußen, und du siehst müde aus«, sagte sie. »Laß uns zu Hause bleiben und hier am Kamin zu Abend essen.«

»Würde dir das wirklich nichts ausmachen, Liebling? Ich finde es eigentlich nicht nett, den Hales' gegenüber. Auch wenn sie eine miese Fotze ist.«

»*George!* Du sollst doch dieses Wort nicht gebrauchen. Du weißt, daß ich es hasse.«

»Tut mir leid«, sagte er und meinte es ernst. Er war immer darauf bedacht, sie nicht zu kränken, wie auch sie ihm gegenüber stets Rücksicht nahm: eine Folge des Gleichmuts, der sie aneinanderband und zugleich trennte.

»Ich rufe an und sage, du hättest dich erkältet.«

»Und das wäre nicht einmal gelogen. Ich glaube, es stimmt tatsächlich.«

Während sie mit den Hales' telefonierte und Anna beauftragte, in einer Stunde ein Abendessen aus Suppe und Soufflé zu servieren, kippte er eine erstaunliche Menge des scharlachroten Wodkas und spürte, wie der Alkohol ein Feuer in seinem Magen entfachte; bevor seine Frau zurückkam, schenkte er sich noch einmal kräftig ein und streckte sich lang auf die Couch. Sie kniete nieder, zog ihm die Schuhe aus und massierte seine Füße: *Er* hatte weiß Gott keine behaarten Fersen.

Er stöhnte. »Ahhh. Das tut gut!«

»Ich liebe dich, George.«

»Ich liebe dich auch.«

Sie überlegte, ob sie eine Schallplatte auflegen sollte, aber nein, das Geräusch des Feuers war alles, was das Zimmer brauchte.

»George?«

»Ja, mein Liebling?«

»Woran denkst du?«

»An eine Frau namens Ivory Hunter.«

»Kennst du tatsächlich jemand, der Ivory Hunter heißt?«

»Nun ja, das war ihr Künstlername. Eine ehemalige Nachtclubtänzerin.«

Sie lachte. »Was ist denn das – eines von deinen College-Abenteuern?«

»Ich habe sie nie persönlich kennengelernt. Und nur einmal von ihr gehört. Im Sommer, nachdem ich Yale verließ.«

Er schloß die Augen und leerte sein Wodkaglas. »In jenem Sommer fuhr ich per Anhalter nach New Mexico und Kalifornien. Erinnerst du dich? Damals habe ich mir die Nase gebrochen. Bei einer Kneipenrauferei in Needles, Kalifornien.« Sie mochte seine gebrochene Nase, weil diese die extreme Sanftmut seines Gesichts kompensierte; einmal hatte er erwogen, die Nase noch einmal brechen und richten zu lassen, aber sie hatte es ihm ausgeredet. »Es war Anfang September, die heißeste Jahreszeit in Südkalifornien; fast jeden Tag über vierzig Grad Celsius. Ich hätte mir eine Busfahrt leisten sollen, wenigstens durch die Wüste. Aber da schleppte ich Idiot, tief in der Mojave, einen fünfzig Pfund schweren Rucksack mit mir herum und schwitzte,

bis ich völlig ausgedörrt war. Ich schwöre dir, es waren fünfundsechzig Grad im Schatten. Bloß daß es nirgends Schatten gab. Nur Sand, Mesquite und diesen kochend heißen blauen Himmel. Einmal fuhr ein riesiger Fernlaster vorbei, aber er hielt nicht an. Er fuhr lediglich eine Klapperschlange tot, die über die Straße kroch.

Ich dachte ständig, irgendwann muß doch irgend etwas auftauchen. Eine Tankstelle. Dann und wann kamen Autos vorbei, aber für die war ich anscheinend unsichtbar. Ich begann mich zu bemitleiden, zu begreifen, was es heißt, hilflos zu sein, und zu begreifen, warum es gut ist, daß die Buddhisten ihre jungen Mönche zum Betteln schicken. Es wirkt läuternd. Es reißt einem die letzte Schicht Babyspeck vom Leib.

Und dann begegnete ich Mr. Schmidt. Zuerst hielt ich ihn für eine Fata Morgana. Ein alter, weißhaariger Mann, ungefähr eine Viertelmeile vor mir auf dem Highway. Von Hitzewellen umwabert, stand er am Straßenrand. Als ich näher kam, sah ich, daß er einen Spazierstock bei sich hatte und pechschwarze Brillengläser trug; und gekleidet war er, als wollte er zur Kirche gehen: weißer Anzug, weißes Hemd, schwarze Krawatte, schwarze Schuhe.

Ohne mich anzusehen, rief er laut, während ich noch ein Stück entfernt war: ›Mein Name ist George Schmidt.‹

›Ja. Einen schönen Nachmittag, Sir‹, sagte ich.

›Ist es *Nachmittag*?‹ erkundigte er sich.

›Es ist nach drei.‹

›Dann muß ich mindestens schon zwei Stunden hier stehen. Würden Sie mir bitte sagen, wo ich bin?‹

›In der Mojave-Wüste, achtzehn Meilen westlich von Needles.‹

›Ist das zu glauben?‹ erwiderte er. ›Einen siebzigjährigen blinden Mann allein in der Wüste stehenzulassen! Mit zehn Dollar in der Tasche und sonst nichts außer dem, was ich am Leib trage. Die Frauen sind wie die Fliegen: setzen sich in den Zucker oder in die Scheiße. Ich will ja nicht behaupten, daß ich Zucker bin, aber die hat sich jetzt wirklich in die Scheiße gesetzt. Mein Name ist George Schmidt.‹

›Ja, Sir, das sagten Sie schon‹, gab ich zurück. ›Ich bin George Whitelaw.‹

Er wollte wissen, wohin ich unterwegs war, was ich vorhatte, und als ich ihm erklärte, ich wolle per Anhalter nach New York, fragte er mich, ob ich ihn nicht bei der Hand nehmen und ihm ein bißchen weiterhelfen könnte, vielleicht, bis wir beide eine Mitfahrgelegenheit fänden. Ich vergaß zu erwähnen, daß er mit einem deutschen Akzent sprach und überaus stämmig, beinahe fett war; er wirkte, als hätte er sein Leben in einer Hängematte verbracht. Doch als ich seine Hand nahm, spürte ich ihre Härte, ihre immense Kraft. Zwei solche Hände hätte ich nicht gern an meinem Hals gespürt.

›Ja‹, sagte er, ›ich habe starke Hände. Ich habe fünfzig Jahre lang als Masseur gearbeitet, die letzten zwölf davon in Palm Springs. Haben Sie Wasser?‹ Ich gab ihm meine Wasserflasche, die noch halb voll war. Und er erzählte: ›Sogar ohne einen Tropfen Wasser hat sie mich hier zurückgelassen. Das alles kam für mich ganz überraschend. Obwohl ich zugebe, daß ich es hätte wissen müssen, so gut, wie ich Ivory kannte. Das ist meine Frau: Ivory Hunter heißt sie. Stripperin; sie ist 1932 auf der Weltausstellung von Chicago aufgetreten, und wäre diese Sally Rand nicht gewesen, sie wäre ein Star geworden. Ivory hat den Fächertanz erfunden, und die Rand hat ihn ihr geklaut; sagt Ivory. Wahrscheinlich auch nur wieder eine von ihren Lügen. Vorsicht, achten Sie auf die Klapperschlange, sie muß hier irgendwo in der Nähe sein, ich höre sie richtig singen. Es gibt zwei Dinge, vor denen ich Angst habe: Schlangen und Frauen. Die beiden haben viel gemeinsam. Und eines davon ist: ihre letzten Zuckungen konzentrieren sich auf den Schwanz.‹

Ein paar Autos kamen vorüber, und ich hob den Daumen, während der Alte mit seinem Stock fuchtelte. Aber wir müssen wohl allzu sonderlich ausgesehen haben: ein verdreckter Jüngling in Arbeitskluft und ein fetter blinder Mann im Sonntagsstaat.

Ich nehme an, wir stünden jetzt noch da draußen, wäre nicht dieser Fernfahrer gewesen. Ein Mexikaner. Er parkte am Stra-

ßenrand und wechselte einen Reifen. Er sprach ungefähr fünf Wörter Mexikaner-Texanisch, allesamt Schimpfwörter, aber ich konnte noch eine Menge Spanisch von dem Sommer mit Onkel Alvin in Cuba. Der Mexikaner erzählte mir also, er fahre nach El Paso, und wenn wir ebenfalls dorthin wollten, seien wir an Bord willkommen.
Doch Mr. Schmidt war nicht sehr begeistert. Ich mußte ihn praktisch in die Kabine bugsieren. ›Ich hasse Mexikaner. Ich hab' noch nie einen Mexikaner gesehen, den ich mochte. Wäre dieser Mexikaner nicht gewesen ... Der Bengel war erst neunzehn, und sie, würde ich nach dem, wie sich ihre Haut anfühlte, sagen – na ja, ich würde sagen, Ivory war über sechzig. Als ich sie vor zwei Jahren heiratete, behauptete sie, zweiundfünfzig zu sein. Wissen Sie, ich wohnte in einer Wohnwagensiedlung draußen an der Route 111. In einem von diesen Trailercamps zwischen Palm Springs und Cathedral City. Cathedral City! Schöner Name für ein Drecknest, das nur aus Bumslokalen, Spielsalons und Schwulenkneipen besteht. Das einzige, was für das Kaff spricht, ist, daß Bing Crosby dort wohnte. Falls das wirklich so 'ne Mordssache ist. Jedenfalls, in dem Wohnwagen neben mir hauste meine Freundin Helga. Seit dem Tod meiner Frau – sie starb am selben Tag wie Hitler – hatte Helga mich zur Arbeit gefahren; sie war Kellnerin im selben jüdischen Club, in dem ich als Masseur arbeitete. Alle Kellner und Kellnerinnen in diesem Club sind große, blonde Deutsche. Das mögen die Juden – und halten sie auf Trab. Also Helga erzählte mir eines Tages, daß eine Cousine zu ihr zu Besuch kommen wird. Ivory Hunter. Ihren richtigen Namen hab' ich vergessen, der stand auf dem Trauschein, aber ich hab' ihn vergessen. Sie hatte vorher ungefähr drei Ehemänner; wahrscheinlich weiß sie selbst nicht mehr, mit welchem Namen sie geboren ist. Jedenfalls erzählte mir Helga, ihre Cousine Ivory sei eine berühmte Tänzerin gewesen, komme aber jetzt direkt aus dem Krankenhaus und habe ihren letzten Mann verloren, weil sie ein Jahr mit Tbc in der Klinik lag. Deswegen hatte Helga sie auch nach Palm Springs eingeladen: wegen der Luft. Außerdem wußte sie sonst nicht, wohin. Am

ersten Abend, als sie da war, forderte Helga mich auf rüberzukommen, und ihre Cousine gefiel mir auf Anhieb; geredet haben wir nicht viel, wir hörten meistens Radio, aber Ivory gefiel mir. Sie hatte eine richtig nette Stimme, schön sanft und langsam. Sie sprach, wie Krankenschwestern eigentlich sprechen sollten; sie sagte, sie rauche nicht und trinke nicht und gehöre – wie ich – der Church of God an. Von da an war ich beinahe jeden Abend drüben bei Helga.‹«

George steckte sich eine Zigarette an, und seine Frau schenkte ihm noch einen Pfefferwodka ein. Zu ihrem eigenen Erstaunen füllte sie für sich ebenfalls ein Glas. Mehrere Dinge an der Erzählung ihres Mannes hatten ihre allgegenwärtige, gewöhnlich jedoch von Librium gedämpfte Besorgnis verstärkt; sie konnte sich nicht vorstellen, wohin sein Bericht führen sollte, aber daß es ein Ziel geben mußte, wußte sie, denn George redete selten einfach drauflos. Er hatte als Drittbester seines Jahrgangs die Yale Law School abgeschlossen, aber niemals Jura praktiziert, sondern als Jahrgangserster an der Harvard Business School weiterstudiert; während des letzten Jahrzehnts hatte man ihm einen Job im Kabinett des Präsidenten sowie einen Botschafterposten in England, Frankreich oder wo immer er sonst wollte, angeboten. Was sie jedoch nach rotem Wodka greifen ließ, einem rubinroten, im Feuerschein glühenden Juwel, war die beunruhigende Perfektion, mit der sich George Whitelaw in Mr. Schmidt verwandelt hatte; ihr Mann war ein ausgezeichneter Imitator. Er konnte bestimmte Freunde mit höchst ärgerlicher Präzision nachahmen. Doch dies war kein possenhaftes Imitieren mehr; diesmal schien er völlig darin aufzugehen: ein Mann, in eines anderen Mannes Gedankenwelt versunken.

»›Ich hatte einen alten Chevy, der seit dem Tod meiner Frau nicht mehr gefahren worden war. Doch Ivory ließ ihn instand setzen, und bald darauf war es nicht mehr Helga, die mich zur Arbeit brachte und abholte, sondern Ivory. Rückblickend begreife ich, daß dies alles ein Komplott zwischen Helga und Ivory war, doch damals konnte ich mir das noch nicht zusammenrei-

men. Alle im Trailercamp und alle, die sie kennenlernten, sagten nur immer, was für eine reizende Frau sie sei, mit blauen Augen und schönen Beinen. Ich hielt es einfach für Gutherzigkeit – die Church of God, das sei es, nahm ich an, weshalb sie ihre Abende damit verbrachte, für einen alten blinden Mann zu kochen und ihm den Haushalt zu führen. Eines Abends hörte ich mir die Hitparade im Radio an, da küßte sie mich und strich mir mit der Hand übers Bein. Nicht lange, und wir machten es zweimal am Tag: einmal vor dem Frühstück und einmal nach dem Abendessen – ich mit meinen neunundsechzig Jahren! Aber sie schien ebenso verrückt nach meinem Schwanz zu sein wie ich nach ihrer Fotze . . .‹«

Sie kippte ihren Wodka in den Kamin, ein Guß, der die Flammen zischen und auflodern ließ; aber es war ein müßiger Protest: Mr. Schmidt war für keinen Vorwurf erreichbar.

»›Jawohl, Ivory war ganz und gar Fotze. Egal, wie man diesen Ausdruck verwenden will. Es verging genau ein Monat von jenem Tag an, an dem ich sie kennenlernte, bis zu dem Tag, an dem ich sie heiratete. Sie veränderte sich kaum, sie gab mir gut zu essen, war immer daran interessiert, Neues über die Juden im Club zu hören, und nicht sie, sondern ich war es, der den Sex einschränkte – *stark* einschränkte, wegen meines Blutdrucks und so. Aber sie beschwerte sich nie. Wir lasen zusammen in der Bibel, und Abend für Abend las sie mir aus Zeitschriften vor, aus guten Zeitschriften wie dem ‚Reader's Digest' und der ‚Saturday Evening Post', bis ich einschlief. Sie sagte immer, sie hoffe, vor mir zu sterben, sonst würde ihr vor Kummer das Herz brechen. Natürlich hatte ich nicht viel zu vererben, keine Lebensversicherung, aber ein kleines Sparkonto, das ich in ein gemeinsames Konto umwandelte; und den Wohnwagen ließ ich ihr auch überschreiben. Nein, ich kann mich nicht erinnern, daß zwischen uns jemals ein hartes Wort fiel – bis sie diesen großen Krach mit Helga hatte.

Lange Zeit wußte ich nicht, um was es bei dem Krach eigentlich ging. Ich wußte nur, daß sie nicht mehr miteinander sprachen, und als ich Ivory fragte, was denn los sei, antwortete sie: ‚Gar

nichts.' Was sie betreffe, so habe sie keinen Streit mit Helga: ‚Aber du weißt ja, wieviel sie trinkt.' Das stimmte. Nun, wie gesagt, Helga war Kellnerin im Club, und eines Tages kommt sie in den Massageraum gestürzt. Ich habe einen Kunden auf dem Tisch, splitternackt liegt er da, aber das kümmert sie einen Dreck. Sie roch wie eine ganze Whiskeybrennerei. Konnte kaum stehen. Sie sei gefeuert worden, erzählte sie und fing plötzlich an zu fluchen und zu pissen. Sie schrie mich an und pißte den ganzen Fußboden voll. Sie sagte, die ganze Wohnwagensiedlung lache über mich. Sie sagte, Ivory sei eine alte Hure, die sich an mich gehängt habe, weil sie am Ende gewesen sei und nichts Besseres gefunden habe. Und sie sagte, was für ein Esel ich doch sei. Ob ich nicht wisse, daß meine Frau seit Gott weiß wann Freddy Feo die Eier kaputtbumse.

Freddy Feo, wissen Sie, war ein Mex-Tex-Gelegenheitsarbeiter. Er war gerade irgendwo aus dem Gefängnis gekommen, und der Verwalter des Trailercamps hatte ihn in einer Schwulenbar von Cat City aufgelesen und ihn als Handlanger eingestellt. Ich glaube kaum, daß er ein hundertprozentiger Schwuler war, denn er verpaßte einer ganzen Reihe alter Mädchen aus der Umgebung für gutes Geld eine Runde. Eine von ihnen war auch Helga. Die war ganz meschugge nach ihm. An heißen Abenden saßen er und Helga in der Hollywoodschaukel vor ihrem Wohnwagen, tranken puren Tequila, vergaßen die Zitrone, und er spielte Gitarre und sang Mex-Lieder. Ivory erklärte mir, es sei eine grüne Gitarre mit seinem Namen in Rheinkieselbuchstaben darauf. Ich muß zugeben, der *spic* konnte singen. Aber Ivory behauptete immer, daß sie ihn nicht ausstehen könne; er sei ein billiger, kleiner Schmierlump, sagte sie, nur darauf aus, Helga jeden Penny aus der Tasche zu ziehen, den sie besaß. Ich selbst kann mich nicht erinnern, auch nur zehn Worte mit ihm gewechselt zu haben, aber ich mochte ihn nicht, weil er so roch. Ich habe eine Nase wie ein Spürhund und konnte ihn aus hundert Meter Entfernung riechen, so viel Brillantine hatte er sich ins Haar geschmiert, und noch was anderes, von dem Ivory sagte, es heiße ‚Abend in Paris'.

Ivory schwor hoch und heilig, das sei nicht wahr. Sie? *Sie* sollte sich von einem Tex-Mex-Affen wie Freddy Feo auch nur anfassen lassen? Helga sei ja nur so verrückt und eifersüchtig und glaube, er besteige alles von Cat City bis nach Indio, weil dieser Bengel ihr den Laufpaß gegeben habe. Sie sagte, es sei eine Beleidigung für sie, sich derartige Lügen anhören zu müssen, auch wenn man Helga eher bemitleiden müsse als beschimpfen. Dann zog sie den Ehering vom Finger, den ich ihr geschenkt hatte – er hatte meiner ersten Frau gehört, aber Ivory sagte, das störe sie nicht, weil sie wisse, daß ich Hedda geliebt habe, und das mache es nur noch schöner –, gab ihn mir und sagte, wenn ich ihr nicht glaube, da sei der Ring, und sie würde den nächsten Bus nehmen, irgendwohin. Also steckte ich ihr den Ring wieder an, und wir knieten nieder und beteten zusammen.
Ich glaubte ihr; wenigstens dachte ich das; aber irgendwie ging es in meinem Kopf zu wie auf einer Wippschaukel: ja, nein, ja, nein. Und Ivory hatte ihre Gelöstheit verloren; vorher hatte ihr Körper eine Sanftheit besessen, die an ihre sanfte Stimme erinnerte. Jetzt aber war er wie aus Draht – gespannt wie die Juden im Club, die dauernd jammern und schimpfen, weil man ihnen nicht all ihre Sorgen wegmassieren kann. Helga hatte Arbeit im Miramar bekommen, doch draußen in der Wohnwagensiedlung wandte ich mich immer ab, wenn ich roch, daß sie kam. Einmal flüsterte sie dicht neben mir: ‚Wußtest du, daß deine liebe Frau dem Schmierlapp ein Paar goldene Ohrringe geschenkt hat? Aber sein Freund will nicht, daß er sie trägt.' Ich weiß nicht. Ivory betete jeden Abend mit mir, der Herrgott möge uns zusammenbleiben lassen, gesund an Körper und Seele. Aber ich merkte . . . Nun ja, an diesen warmen Sommerabenden, wenn Freddy Feo irgendwo draußen im Dunkeln sang und Gitarre spielte, dann schaltete sie mitten bei Bop Hope oder Edgar Bergen oder sonstwas das Radio ab und setzte sich ins Freie, um zuzuhören. Sie betrachte die Sterne, behauptete sie: ‚Ich wette, man kann die Sterne nirgends auf der Welt besser sehen als hier.' Doch plötzlich stellte sich heraus, daß sie Cat City und Springs haßte. Die ganze Wüste, die Sandstürme, die Sommer mit

Temperaturen bis zu fünfundfünfzig Grad, und keine Abwechslung, wenn man nicht reich und Mitglied im Racquet Club war. Das verkündete sie mir eines Morgens einfach so. Sie sagte, wir sollten den Wohnwagen nehmen und ihn irgendwo hinstellen, wo es kühler sei. Wisconsin. Michigan. Ich fand die Idee gut; ich machte mir keine Gedanken mehr darüber, was zwischen ihr und Freddy Feo sein mochte.

Also, ich hatte da einen Kunden im Club, einen Mann aus Detroit, und der sagte, er könne mich vielleicht als Masseur im Detroit Athletic Club unterbringen; nichts Definitives, nur eine von diesen vagen Versprechungen. Doch das genügte Ivory. Eins, zwei, drei hatte sie den Wohnwagen losgemacht, Anpflanzungen von fünfzehn Jahren ausgerissen und überall verstreut, den Chevy fahrbereit gemacht und unsere gesamten Ersparnisse in Reiseschecks umgetauscht. Gestern abend schrubbte sie mich dann von Kopf bis Fuß, wusch mir die Haare, und heute morgen, kurz nach Tagesanbruch, fuhren wir los.

Ich spürte, daß etwas nicht stimmte, und ich hätte auch gewußt, was, wäre ich nicht eingeschlafen, sobald wir auf dem Highway waren. Sie muß mir Schlaftabletten in den Kaffee getan haben. Doch als ich aufwachte, roch ich ihn: die Brillantine und das billige Parfüm. Er versteckte sich im Wohnwagen. Lauerte irgendwo da hinten wie eine Schlange. Ich dachte sofort: Ivory und der Kerl werden mich umbringen und den Aasgeiern überlassen. ‚Du bist ja wach, George', sagte sie. Und an der Art, wie sie das sagte, so ein bißchen ängstlich, daran erkannte ich, daß sie wußte, was in meinem Kopf vorging. Daß ich alles erraten hatte. *‚Anhalten'*, befahl ich. Sie wollte wissen, warum. Weil ich mal pinkeln müsse. Sie stoppte den Wagen, und ich hörte, daß sie weinte. Als ich ausstieg, sagte sie: ‚Du bist immer gut zu mir gewesen, George, aber ich wußte nicht, was ich sonst machen sollte. Und du hast deinen Beruf. Du wirst immer irgendwo unterkommen.'

Ich stieg aus und pinkelte wirklich, und als ich dastand, wurde der Motor angelassen, und sie fuhr weg. Ich wußte nicht, wo ich war, bis Sie kamen, Mr. . . . ?‹

›George Whitelaw.‹ Und ich sagte zu ihm: ›Großer Gott, das ist ja Mord! Einen Blinden hilflos mitten im Nichts stehenzulassen. Sobald wir nach El Paso kommen, gehen wir zur Polizei.‹
›Bloß nicht‹, widersprach er. ›Sie hat genug Schwierigkeiten, auch ohne die Cops. Sie hat sich in die Scheiße gesetzt – lassen Sie sie drin sitzen. Ivory ist diejenige, die draußen im Nichts steht. Außerdem liebe ich sie. Die Frauen können einen noch so schlecht behandeln, man liebt sie trotzdem.‹«

George schenkte sich Wodka nach; sie legte ein kleines Scheit aufs Feuer; und das erneute Aufflammen im Kamin leuchtete kaum heller als das heftige Rot, das plötzlich ihre Wangen überflutete.
»*Manche* Frauen«, sagte sie aggressiv, herausfordernd. »Nur Verrückte ... Glaubst du, ich könnte so was tun?«
Der Ausdruck in seinen Augen, eine Art visuelles Schweigen, erschreckte sie und ließ sie den Blick abwenden, die Frage zurückziehen. »Und was ist aus ihm geworden?«
»Aus Mr. Schmidt?«
»Aus Mr. Schmidt.«
Er zuckte die Achseln. »Als ich ihn zuletzt sah, trank er in einem *diner*, einem Fernfahrerlokal bei El Paso, ein Glas Milch. Ich hatte Glück; ein Lastzug nahm mich die ganze Strecke mit hinauf bis nach Newark. Irgendwie hatte ich das alles vergessen. Doch in den letzten Monaten muß ich immer wieder an Ivory Hunter und diesen George Schmidt denken. Wahrscheinlich liegt es am Alter; ich fange an, mich alt zu fühlen.«
Sie kniete sich wieder neben ihn; sie hielt seine Hand, verschlang ihre Finger mit den seinen. »Zweiundfünfzig? Und du fühlst dich *alt*?«
Er hatte sich in sich selbst zurückgezogen; als er jetzt sprach, klang es wie das nachdenkliche Gemurmel eines Mannes, der Selbstgespräche führt. »Ich hatte immer ein so großes Selbstvertrauen. Schon wenn ich die Straße entlangging, fühlte ich mich einfach *beschwingt*. Ich merkte, wie die Leute mich anstarrten – auf der Straße, im Restaurant, bei einem Empfang –, wie sie

mich beneideten, sich fragten, wer der Mann sei. Jedesmal, wenn ich eine Party besuchte, wußte ich, daß ich die Hälfte der Frauen im Raum haben konnte, wenn ich nur wollte. Aber das ist alles vorbei. Wie es scheint, ist der alte George Whitelaw unsichtbar geworden. Keiner dreht sich nach ihm um. Letzte Woche habe ich Mimi Stewart zweimal angerufen, und sie hat keinen Anruf erwidert. Ich habe dir nichts davon gesagt, aber gestern war ich bei Buddy Wilson, er gab so eine kleine Cocktailparty. Es müssen etwa zwanzig relativ attraktive Mädchen dort gewesen sein, und alle sahen sie durch mich hindurch; für die war ich nichts als ein müder, alter Mann, der zuviel lächelte.«

»Aber ich dachte, du wärst noch mit Christine zusammen«, warf sie ein.

»Ich werde dir ein Geheimnis verraten: Christine ist mit dem jungen Rutherford aus Philadelphia verlobt. Ich habe sie seit November nicht mehr gesehen. Er ist okay für sie; sie ist glücklich, und ich freue mich für sie.«

»Christine! Welcher junge Rutherford? Kenyon oder Paul?«

»Der ältere.«

»Kenyon also. Das wußtest du und hast mir nichts davon gesagt?«

»Es gibt so vieles, wovon ich dir nichts gesagt habe, mein Liebes.«

Aber das stimmte nicht ganz. Denn als sie aufgehört hatten, miteinander zu schlafen, hatten sie angefangen, jede seiner Affären miteinander zu diskutieren, ja gemeinsam an ihnen zu basteln. Alice Kent: fünf Monate; beendet, weil sie verlangte, daß er sich scheiden ließ und sie heiratete. Sister Jones: beendet nach einem Jahr, weil ihr Mann ihr auf die Schliche kam. Pat Simpson: ein »Vogue«-Fotomodell, das nach Hollywood ging, fest versprach wiederzukommen, aber nie kam. Adele O'Hara: schön, Alkoholikerin, Inszeniererin lärmender Tragödien; der hatte er selber den Laufpaß gegeben. Mary Campbell, Mary Chester, Jane Vere-Jones. Andere. Und nun Christine.

Ein paar hatte er selbst entdeckt; der Großteil waren »Romanzen«, die sie organisiert hatte, Freundinnen, die sie ihm vorge-

stellt, gute Bekannte, denen sie zugetraut hatte, daß sie ihm ein Ventil verschafften, ohne dabei die Grenze zu überschreiten.
»Na ja«, seufzte sie. »Ich glaube, wir können Christine keinen Vorwurf machen. Kenyon Rutherford ist eine fabelhafte Partie.« Aber ihre Gedanken rasten, suchten hektisch wie die Flammen, die sich bebend durch die Scheite fraßen, einen Namen, der die Lücke füllen konnte. Alice Combs: frei, aber zu langweilig. Charlotte Finch: zu reich, und George fühlte sich bei Frauen – und Männern –, die reicher waren als er, wie kastriert. Vielleicht die Dame Ellison? Die soignierte Mrs. Harold Ellison, die auf Haiti eine schnelle Scheidung erwartete ...
»Zieh deine Stirn nicht so kraus«, ermahnte er sie.
»Ich ziehe meine Stirn nicht kraus.«
»Das bedeutet nur noch mehr Silikon, noch mehr Rechnungen von Orentreich. Ich möchte lieber die menschlichen Falten sehen. Es spielt keine Rolle, wessen Schuld es ist. Wir lassen alle einander zuweilen draußen mitten im Nichts stehen, und wir verstehen niemals, warum.«
Ein Echo, widerhallende Höhlen: Jaime Sanchez, Carlos und Angelita; Helga, Freddy Feo, Ivory Hunter und Mr. Schmidt; Dr. Bentsen und George, George und sie, Dr. Bentsen und Mary Rhinelander ...
Er drückte leicht ihre mit den seinen verschlungenen Finger, hob mit der freien Hand ihr Kinn und zwang sie, ihm in die Augen zu sehen.
Er zog ihre Hand an die Lippen und küßte die Innenseite.
»Ich liebe dich, Sarah.«
»Ich liebe dich auch.«
Doch die Berührung seiner Lippen, die dieser Geste innewohnende Drohung, ließ sie erstarren. Unten hörte sie das Geklapper von Silber auf den Tabletts: Anna und Margaret brachten das Abendessen, das vor dem Kamin serviert werden sollte.
»Ich liebe dich auch«, wiederholte sie mit vorgetäuschter Schläfrigkeit und schritt mit gespielter Müdigkeit zum Fenster, um die Vorhänge zuzuziehen. Die schwere Seide verbarg den nächtlichen Fluß und die beleuchteten Dampfer, die im dichten

Schneegestöber so zart wirkten wie die Zeichnung auf einer japanischen Bildrolle von einer Winternacht.

»George?« Ein flehendes Drängen, bevor die tablettbeladenen, geschickt ihre Gaben balancierenden Irinnen hereinkamen: »*Bitte*, Liebling. Wir werden schon jemanden finden.«

Gastfreundschaft

Früher einmal gab es im ländlichen Süden Farmhäuser mit Farmersfrauen, die eine Tafel unterhielten, an der nahezu jeder vorüberkommende Fremde, ob Wanderprediger, Scherenschleifer oder Saisonarbeiter, freundlich zu einem herzhaften Mittagsmahl willkommen geheißen wurde. Wahrscheinlich gibt es auch heute noch solche Farmersfrauen. Mit Sicherheit gibt es meine Tante, Mrs. Jennings Carter: Mary Ida Carter.

Als Kind lebte ich mehrmals längere Zeit auf der Carter-Farm, die damals noch klein war, heute jedoch ein ansehnlicher Besitz ist. In jenen Tagen wurde das Haus mit Öllampen beleuchtet; das Wasser wurde an einem Brunnen gepumpt und hereingetragen, Wärme spendeten nur die Kamine sowie der Kochherd und als Unterhaltung gab es bloß das, was wir selbst darboten. Abends, nach dem Essen, spielte mein Onkel Jennings, ein gutaussehender, viriler Mann, meistens Klavier und seine hübsche Frau, die jüngere Schwester meiner Mutter, begleitete ihn. Sie waren arbeitsame Menschen, die Carters. Jennings beackerte mit Hilfe einiger an der Ernte beteiligter Landarbeiter den Boden mit Pferd und Pflug. Die Pflichten seiner Frau dagegen waren unbegrenzt. Ich ging ihr bei vielen Arbeiten zur Hand: Schweinefüttern, Kühemelken, Buttern, Mais und Pekannüsse schälen, Erbsen palen – es machte mir Spaß, mit Ausnahme einer Tätigkeit, die ich möglichst zu vermeiden trachtete, und bei der ich, war ich gezwungen, sie doch auszuführen, immer fest die Augen schloß: Es war mir aus tiefster Seele verhaßt, den Hühnern den Hals umzudrehen, obwohl ich etwas später gewiß nichts dagegen hatte, sie zu verzehren.

Das war zwar während der Depression, aber an Mary Idas Tisch gab's eine Menge zu essen, zumal bei der Hauptmahlzeit des Tages, die stets zu Mittag serviert wurde und zu der ihr schwitzender Ehemann samt Hilfskräften mit dem Geläut einer großen Glocke gerufen wurde. Diese Glocke läutete ich sehr gern; ich hatte dabei jedesmal das Gefühl, mächtig und wohltätig zu sein.

Zu diesen Mittagsmahlzeiten, für die der Tisch mit heißen Biskuits, Maisbrot, Wabenhonig, Huhn, Katzenwels oder gebratenen Eichhörnchen, Butterbohnen und Erbsen gedeckt war, erschienen zuweilen Gäste, erwartete und unerwartete. »Also«, seufzte dann Mary Ida wohl, wenn sie einen fußlahmen Bibelverkäufer die Straße heraufkommen sah, »eine neue Bibel brauchen wir nicht, aber wir sollten wohl lieber noch ein Gedeck auflegen.«

Von allen, die wir abfütterten, werde ich drei wahrscheinlich niemals vergessen. Erstens den Presbyterianer-Missionar, der in der Gegend umherzog, um Spenden für seine christliche Sendung in unheiligen Landen zu sammeln. Mary Ida erklärte, einen Bargeldbeitrag könne sie nicht leisten, aber sie würde sich freuen, wenn er mit uns zu Mittag äße. Der Arme, er sah wirklich aus, als könne er eine Mahlzeit gebrauchen. Angetan mit einem schäbigen, verstaubten, schwarzglänzenden Anzug, knarrenden, schwarzen Beerdigungsunternehmerschuhen und einem grünlich-schwarzen Hut, war er so dürr wie eine Zuckerrohrstange. Er hatte einen langen, roten, runzligen Hals mit einem hüpfenden Adamsapfel, groß wie ein Kropf. Nie habe ich einen Menschen gesehen, der so gierig war wie er: Mit drei Schlucken kippte er einen Liter Buttermilch, verdrückte mit links (oder vielmehr mit links und rechts, denn er aß mit beiden Händen) eine ganze Schüssel Huhn und so viele von Butter und Sirup triefende Brötchen, daß ich sie nicht mehr zählen konnte. Trotz dieser Schlingerei schaffte er es jedoch, uns haarsträubende Berichte von seinen Heldentaten in gefährlichen Regionen zu geben. »Ich sag' Ihnen was. Ich hab' gesehen, wie die Kannibalen schwarze und weiße Menschen am Spieß gebraten haben –

genau wie man ein Schwein grillt – und dann alles bis auf den letzten Bissen auffraßen; Zehen, Hirn, Ohren, alles. Einer von den Kannibalen hat mir erzählt, das Beste sei ein gebratener Säugling; der schmeckt wie Lamm, hat er gesagt. Ich glaub', mich haben die nur deshalb nicht aufgefressen, weil ich nicht genug Fleisch auf den Rippen habe. Ich hab' auch gesehen, daß sie Männer bei den Füßen aufgehängt haben, bis ihnen das Blut aus den Ohren schoß. Einmal bin ich von einer grünen Mamba gebissen worden, der gefährlichsten Schlange, die es gibt. Eine Zeitlang war mir wohl ein bißchen übel, aber gestorben bin ich nicht. Deswegen dachten die Schwarzen wohl, ich sei ein Gott, und schenkten mir einen Umhang aus Leopardenfell.«

Als der gefräßige Prediger gegangen war, fühlte Mary Ida sich schwindlig; sie war überzeugt, daß sie noch einen Monat lang Alpträume haben würde. Doch ihr Mann erwiderte tröstend: »Aber Liebling, du glaubst doch wohl nicht diesen Unsinn! Der Mann ist so wenig ein Missionar wie ich. Der ist nichts als ein heidnischer Lügner.«

Ein anderes Mal bewirteten wir einen Gefangenen, der von einem Sträflingstrupp des Alabama State Prison in Atmore geflohen war. Selbstverständlich wußten wir damals noch nicht, daß er ein gefährlicher Verbrecher war, der für zahllose bewaffnete Raubüberfälle eine lebenslängliche Strafe absaß. Er tauchte plötzlich an unserer Haustür auf und sagte zu Mary Ida, er habe Hunger, ob sie ihm etwas zu essen geben könne. »Also, Sir«, antwortete sie, »da sind Sie bei mir an der richtigen Adresse. Ich wollte gerade das Mittagessen auftischen.«

Irgendwie – wahrscheinlich hatte er eine Wäscheleine geplündert – war es ihm gelungen, seine Sträflingskleidung gegen einen Overall und ein abgetragenes blaues Arbeitshemd auszutauschen.

Ich fand ihn sehr nett, die anderen auch; er hatte eine tätowierte Blume auf dem Handgelenk, sein Blick war freundlich, seine Sprache sanft. Er sagte, sein Name sei Bancroft (wie sich herausstellte, hieß er tatsächlich so). Mein Onkel Jennings fragte ihn: »In welcher Branche sind Sie denn tätig, Mr. Bancroft?«

»Ach«, erwiderte er gedehnt, »ich bin gerade auf Arbeitssuche. Wie die meisten. Ich bin ganz geschickt, kann beinahe alles. Hätten Sie vielleicht zufällig was für mich?«
»Ich könnte schon einen Mann gebrauchen«, erklärte Jennings. »Aber ich kann mir das leider nicht leisten.«
»Sie brauchen mir fast gar nichts zu bezahlen.«
»Ja«, sagte Jennings, »aber genau das habe ich: gar nichts.«
Ganz zufällig, denn das war ein Thema, über das in diesem Haus selten gesprochen wurde, kam die Rede auf die Kriminalität. Mary Ida klagte: »Pretty Boy Floyd. Und dieser Dillinger. Überall laufen sie herum und erschießen Leute. Berauben Banken.«
»Ach, ich weiß nicht«, entgegnete Mr. Bancroft. »Ich habe kein Mitleid mit den Banken. Und Dillinger, der ist nun wirklich gerissen, das muß man ihm lassen. Ich könnte immer lachen, so wie der die Banken knackt und sich nie dabei erwischen läßt.« Er fing tatsächlich an zu lachen und zeigte dabei tabakfleckige Zähne.
»Also, Mr. Bancroft«, konterte Mary Ida, »das wundert mich aber ein bißchen, daß Sie das sagen.«
Zwei Tage später fuhr Jennings mit dem Wagen in die Stadt und kam mit einem großen Fäßchen Nägel, einem Sack Mehl und einem Exemplar des »Mobile Register« zurück. Auf der Titelseite prangte ein Foto von Mr. Bancroft – ›Two-Barrels-Bancroft‹, wie ihn die Behörden im Umgangston nannten. Er war dreißig Meilen entfernt in Evergreen geschnappt worden. Als Mary Ida das Foto sah, fächelte sie sich mit einem Papierfächer hektisch Luft zu, als wolle sie einer Ohnmacht vorbeugen. »Himmel hilf!« rief sie aus. »Er hätte uns alle umbringen können.«
Jennings sagte säuerlich: »Es war eine Belohnung ausgesetzt. Daß wir uns die haben entgehen lassen, das bringt *mich* auf die Palme.«
Als nächstes kam ein junges Mädchen namens Zilla Ryland. Mary Ida stieß auf sie, wie Zilla ein zweijähriges Kind, einen rothaarigen Jungen, in dem Bach badete, der hinter dem Haus

durch den Wald floß. Mary Ida schilderte es folgendermaßen: »Ich sah sie, bevor sie mich sah. Sie stand nackt im Wasser und badete diesen hübschen kleinen Jungen. Am Ufer lagen ein Kattunkleid, die Sachen des Kindes und ein alter, mit einem Strick zugebundener Koffer. Das Kind lachte und sie auch. Dann sah sie mich und erschrak. Sie hatte Angst. Ich sagte: ›Schönes Wetter heute. Aber heiß. Das Wasser muß sehr angenehm sein.‹ Aber sie packte den Jungen und kletterte aus dem Bach. Da sagte ich: ›Du brauchst keine Angst vor mir zu haben. Ich bin nur Mrs. Carter und wohne gleich da drüben. Komm mit und ruh dich ein bißchen aus.‹ Da begann sie zu weinen, ein kleines Dingelchen, selber fast noch ein Kind. Ich fragte sie: ›Was ist denn, Kleine?‹ Aber sie wollte nicht antworten. Inzwischen hatte sie ihr Kleid übergeworfen und den Jungen angezogen. Ich sagte: ›Wenn du mir sagst, was dir fehlt, kann ich dir vielleicht helfen.‹ Aber sie schüttelte den Kopf und sagte, ihr fehle nichts, und ich sagte: ›Also, man weint doch nicht wegen nichts und wieder nichts, oder? Jetzt kommst du mit mir zum Haus hinüber, da können wir dann darüber reden.‹ Und das tat sie.«

Ich saß gerade in der Hollywoodschaukel auf der Veranda und las in einer alten »Saturday Evening Post«, als ich sie den Weg heraufkommen sah, Mary Ida mit einem ramponierten Koffer und das barfüßige Mädchen mit einem Kind auf dem Arm.

Mary Ida stellte mich vor: »Das ist Buddy, mein Neffe. Und das ist . . . Entschuldige, Kleine, aber ich hab' deinen Namen nicht verstanden.«

»Zilla«, flüsterte das Mädchen mit gesenktem Blick.

»Tut mir leid, Kleine, aber ich kann dich nicht verstehen.«

»Zilla«, flüsterte sie noch einmal.

»Also«, sagte Mary Ida fröhlich, »das ist nun mal wirklich ein ausgefallener Name.«

Zilla zuckte die Achseln. »Hab' ich von meiner Mama. Die hat auch so geheißen.«

Zwei Wochen später war Zilla noch immer bei uns; sie war, wie sich herausstellte, nicht weniger ausgefallen als ihr Name. Ihre Eltern waren tot, ihr Mann war »mit einer anderen davongelau-

fen. Die war so richtig fett, und er liebte fette Frauen, er sagte immer, ich sei zu knochig. Deswegen ist er mit ihr durchgebrannt, hat sich scheiden lassen und sie in Athens, Georgia, geheiratet.« Ihr einziger lebender Verwandter war ein Bruder: Jim James. »Deswegen bin ich hier nach Alabama runtergekommen. Als ich zuletzt was von ihm hörte, war er irgendwo hier in dieser Gegend.«

Onkel Jennings tat alles, was in seiner Macht stand, um Jim James aufzuspüren. Und zwar aus gutem Grund, denn obwohl er Jed, Zillas Kleinen, recht gern mochte, hatte er ihr gegenüber eine gewisse Feindseligkeit entwickelt – ihre dünne Stimme entnervte ihn, ebenso ihre Gewohnheit, geheimnisvolle, tonlose Weisen vor sich hin zu summen.

Jennings zu Mary Ida: »Verdammt, wie lange will unser Gast eigentlich noch hier herumhängen?« Mary Ida: »Aber Jennings! Pssst! Zilla könnte dich hören. Die Ärmste. Weiß einfach nicht, wohin.« Also verstärkte Jennings seine Bemühungen. Er zog den Sheriff hinzu; ja, er bezahlte sogar eine Annonce im Lokalblättchen – und das wollte wahrhaftig etwas heißen. Aber niemand weit und breit hatte je etwas von einem Jim James gehört.

Schließlich hatte Mary Ida – die Kluge – eine Idee. Sie lud einen Nachbarn, Eldridge Smith, zum Abendessen ein, einer gewöhnlich nur leichten Mahlzeit, die um sechs Uhr eingenommen wurde. Ich weiß nicht, warum sie nicht schon eher daraufgekommen war. Mr. Smith war zwar nicht gerade mit Schönheit gesegnet, aber er war ein frisch verwitweter Farmer von ungefähr vierzig Jahren und hatte zwei Kinder im Schulalter.

Nach jenem ersten Essen machte Mr. Smith es sich zur Gewohnheit, beinahe jeden Tag zur Dämmerzeit vorbeizuschauen. Wenn es draußen dunkel geworden war, ließen wir Zilla mit Mr. Smith allein auf der knarrenden Verandaschaukel, wo sie zusammen lachten, plauderten und flüsterten. Das machte Jennings nahezu wahnsinnig, denn er mochte Mr. Smith ebensowenig wie Zilla; und die wiederholte Ermahnung seiner Frau: »Psst, Liebling! Warte nur ab, du wirst schon sehen«, war ein geringer Trost.

Wir warteten einen Monat lang. Bis Jennings eines Abends schließlich Mr. Smith zur Seite nahm und sagte: »Jetzt hör mal zu, Eldridge. Von Mann zu Mann: Was für Absichten hast du mit dieser netten jungen Frau?« So wie Jennings das aber sagte, klang es schon sehr nach einer Drohung.
Mary Ida nähte das Brautkleid auf ihrer fußbetriebenen Singer-Maschine. Es war aus weißem Baumwollstoff mit Puffärmeln, und Zilla trug in ihrem zur Feier des Tages gelockten Haar eine weiße Seidenschleife. Sie wirkte erstaunlich hübsch. Reverend Mr. L. B. Persons vollzog die Trauung an einem kühlen Septembernachmittag im Schatten eines Maulbeerbaums. Anschließend wurden kleine Napfkuchen und eine mit Muskateller versetzte Obstbowle serviert. Als die Neuvermählten in Mr. Smiths Maultierfuhrwerk aufbrachen, tupfte sich Mary Ida mit dem Rockzipfel die Augen. Jenning aber, dessen Augen so trocken waren wie eine Schlangenhaut, sagte: »Danke, lieber Gott. Und wo Du nun schon mal dabei bist, uns gnädig zu sein, meine Felder könnten ein bißchen Regen brauchen.«

Geblendet

Sie faszinierte mich.
Sie faszinierte jeden, aber die meisten schämten sich dieser Faszination, besonders die stolzen Damen, die über einige der vornehmeren Häuser im Garden District von New Orleans herrschten, jenem Viertel, in dem die großen Plantagenbesitzer wohnten, die Schiffseigner und Erdölspekulanten sowie die reichsten Akademiker. Die einzigen, die aus ihrem Fasziniertsein von Mrs. Ferguson keinen Hehl machten, waren die Dienstboten dieser Garden-District-Familien. Und natürlich einige Kinder, die noch zu jung oder zu arglos waren, um ihre Neugier zu verbergen.
Zu diesen Kindern gehörte auch ich, ein achtjähriger Junge, der vorübergehend bei Verwandten im Garden District lebte. Doch wie es so geht, behielt ich meine Verzauberung für mich, denn mich plagten besondere Schuldgefühle: Ich hatte ein Geheimnis, etwas, das mich belastete, etwas, das mich wirklich quälte, etwas, das ich keinem Menschen, *keinem Menschen* anzuvertrauen wagte – ich wußte nicht, wie man reagieren würde, es war etwas so Absonderliches, das mich beunruhigte, das mich schon fast zwei Jahre lang beunruhigte, und ich hatte noch nie von jemanden gehört, der ein Problem gehabt hätte wie das, mit dem ich mich herumschlug. Einerseits mochte es vielleicht dumm sein, andererseits . . .
Ich wollte mein Geheimnis Mrs. Ferguson anvertrauen. Nein, nicht *wollte* – ich hatte das Gefühl, daß ich es tun *mußte*. Mrs. Ferguson stand nämlich in dem Ruf, Zauberkräfte zu besitzen. Es hieß – und viele ernstzunehmende Leute glaubten es –, sie

könne ungetreue Ehemänner zur Besinnung bringen, zögernden Freiern Heiratsanträge entlocken, ausgefallene Haare nachwachsen lassen und verschleuderte Vermögen wiederbeschaffen. Kurz gesagt, sie war eine Hexe, die Wünsche Wirklichkeit werden lassen konnte. Und ich hatte einen Wunsch.

Mrs. Ferguson wirkte eigentlich nicht clever genug für die Zauberei. Nicht mal für simple Kartentricks. Sie war eine unscheinbare Frau, möglicherweise vierzig, vielleicht aber auch erst dreißig; es war schwer zu sagen, denn ihr rundes Irinnengesicht mit den runden Kuhaugen hatte nur wenige Falten und kaum Ausdruckskraft. Sie war Wäscherin, vermutlich die einzige weiße Wäscherin von New Orleans, und eine Künstlerin in ihrem Fach: Die großen Damen der Stadt ließen sie stets dann kommen, wenn es um ihre feinsten Spitzen, ihr feinstes Leinen, ihre feinste Seide ging. Sie ließen sie aber auch noch aus anderen Gründen kommen–um sich ihre Sehnsüchte erfüllen zu lassen: einen neuen Liebhaber, einen bestimmten Ehemann für die Tochter, den Tod der Geliebten des Ehemannes, einen Nachtrag zum Testament der Mutter, die Wahl zur *Queen of Comus*, der größten Gala des Mardi Gras. Nicht nur als Wäscherin wurde Mrs. Ferguson also hofiert. Die Quelle ihres Erfolges und ihrer Haupteinnahme war jene ihr zugeschriebene Fähigkeit, den Sand der Tagträume zu sieben, bis sie solides Material zutage förderte, die goldene Realität.

Was nun meinen geheimen Wunsch betrifft, die Last, die ich von der ersten Minute des Tages bis zur letzten mit mir herumschleppte: Das war nichts, um was ich sie so rundheraus bitten konnte. Dazu bedurfte es des richtigen Zeitpunktes, eines sorgfältig vorbereiteten Augenblicks. In unser Haus kam sie nur selten, doch dann hielt ich mich stets in ihrer Nähe, gab vor, die äußerst geschickten Bewegungen ihrer plumpen, häßlichen Finger zu beobachten, die mit den spitzenbesetzten Servietten hantierten, während ich in Wirklichkeit nur versuchte, ihre Aufmerksamkeit auf mich zu lenken. Wir unterhielten uns nie; ich war zu nervös, und sie war zu dumm. Jawohl, zu dumm. Das war etwas, das ich intuitiv spürte; mächtige Hexe oder nicht –

Mrs. Ferguson war eine dumme Person. Doch hin und wieder trafen sich unsere Blicke, und so blöd sie auch war, die Intensität, die *Verzauberung*, die sie in meinen Augen las, sagte ihr, daß ich ihr Klient werden wollte. Wahrscheinlich glaubte sie, ich wünschte mir ein Fahrrad oder ein neues Luftgewehr; aber wie dem auch sei, sie dachte gar nicht daran, sich mit einem Kind wie mir abzugeben. Was konnte ich ihr denn schon bieten? Also zog sie die Winkel ihres kleinen Mundes herab und lenkte den Blick ihrer Kuhaugen in eine andere Richtung.

Damals, Anfang Dezember 1932, traf meine Großmutter väterlicherseits zu einem kurzen Besuch bei uns ein. New Orleans hat kalte Winter; der eisige, feuchte Wind vom Mississippi dringt einem bis auf die Knochen. Deswegen war meine Großmutter, die als Lehrerin in Florida lebte, klug genug gewesen, einen Pelzmantel mitzubringen, den sie sich von einer Freundin geborgt hatte. Es war ein schwarzer Persianer, und der gehörte einer reichen Frau, etwas, das meine Großmutter nun gar nicht war. Jung verwitwet, mit drei kleinen Söhnen, hatte sie kein leichtes Leben gehabt, aber geklagt hat sie nie. Sie war eine bewundernswerte Frau und besaß einen regen Verstand, einen sehr nüchternen, gesunden. Aus familiären Gründen sahen wir uns nur selten, aber sie schrieb mir häufig und schickte kleine Geschenke. Sie liebte mich, und ich wollte sie auch lieben, doch bis zu ihrem Tod – sie wurde über neunzig – wahrte ich die Distanz, verhielt mich gleichgültig. Sie spürte das, ahnte aber nicht den Grund für meine scheinbare Gefühlskälte; den ahnte niemand, denn er war Bestandteil eines komplexen Schuldbewußtseins, das so facettenreich war wie der glitzernde, gelbe Stein an der dünnen Goldkette, die sie gern trug. Perlen hätten ihr besser gestanden, sie aber maß diesem etwas theatralischen Klunker großen Wert bei, da ihn ihr Großvater, soviel ich weiß, beim Kartenspiel in Colorado gewonnen hatte.

Die Kette war natürlich nicht wertvoll; wie meine Großmutter jedem, der es wissen wollte, gewissenhaft erklärte, handelte es sich bei diesem Stein, der etwa so groß war wie eine Katzenpfote, um keinen Edelstein, weder um einen gelben Diamanten noch

um einen Topas, sondern um einen geschickt geschliffenen, dunkelgelb getönten Bergkristall. Mrs. Ferguson jedoch hatte keine Ahnung vom eigentlichen Wert dieses Schmuckstücks, und als die rundliche, jung aussehende Hexe eines Nachmittags während des Aufenthalts meiner Großmutter kam, um Wäsche zu stärken, schien sie von dem glitzernden Stück Glas, das an einer dünnen Kette am Hals meiner Großmutter hing, gebannt zu sein. Ihre dummen Kuhaugen glühten, ich übertreibe nicht: Sie glühten wirklich. Jetzt fiel es mir nicht mehr schwer, ihre Aufmerksamkeit zu erringen; sie musterte mich mit einem bisher unbekannten Interesse.

Als sie ging, folgte ich ihr in den Garten zu einem hundertjährigen Glyzinien-Laubengang, einem geheimnisvollen Ort selbst mitten im Winter, wenn das Laub verwelkt und der Blättertunnel seiner lauschigen Schatten beraubt war. Sie trat hinein und winkte mir.

Leise sagte sie: »Hast du vielleicht etwas auf dem Herzen?«

»Ja.«

»Soll ich etwas für dich tun? Eine Gefälligkeit?«

Ich nickte; sie nickte, doch ihre Blicke wanderten unruhig umher: Sie wollte nicht, daß man sie mit mir reden sah.

»Mein Sohn wird kommen«, sagte sie. »Er wird dir alles erklären.«

»*Wann?*«

Aber sie machte nur »pst« und eilte zum Garten hinaus. Ich sah ihr nach, wie sie in der Abenddämmerung davonwatschelte. Mir wurde der Mund trocken bei dem Gedanken, daß sich all meine Hoffnungen an diese dumme Person klammerten. An jenem Abend konnte ich nichts essen; und ich schlief erst bei Morgengrauen ein. Abgesehen von dem Problem, das mich quälte, hatte ich jetzt einen ganzen Berg neuer Sorgen. Wenn Mrs. Ferguson tat, um was ich sie bitten wollte, was sollte dann aus meinen Kleidern, aus meinem Namen werden? Wohin sollte ich gehen, wer würde ich sein? Heiliger Himmel, es war zum Verrücktwerden! Oder war ich vielleicht schon verrückt? Das war auch ein Teil meines Problems: Es war doch verrückt, Mrs. Ferguson

zu bitten, das zu tun, um was ich sie bitten wollte. Das war der Grund, warum ich mich niemandem anvertrauen konnte: Alle hätten mich für verrückt gehalten. Oder für etwas noch Schlimmeres. Ich wußte nicht, worin dieses noch Schlimmere bestehen sollte, instinktiv aber spürte ich, daß die Meinung der Leute – meiner Familie, ihrer Freunde und der anderen Kinder –, ich sei verrückt, wahrscheinlich noch das geringere Übel gewesen wäre.

Aus Angst und Aberglauben, zu denen sich noch die Gier gesellte, sprachen die Dienstboten des Garden District, darunter die versnobtesten Mammies und überheblichsten Diener, die jemals einen Parkettboden betreten haben, von Mrs. Ferguson stets nur respektvoll. Außerdem sprachen sie mit gedämpfter Stimme von ihr, und zwar nicht nur wegen ihrer seltsamen Gabe, sondern auch wegen ihres ebenso seltsamen Privatlebens, über das ich nach und nach die verschiedensten Details gesammelt hatte, indem ich dem Klatsch dieser eleganten Schwarzen, Mulatten und Kreolen lauschte, die sich für den wahren Adel von New Orleans und zweifellos einem jeden ihrer Arbeitgeber für weit überlegen dünkten. Was nun Mrs. Ferguson betraf, so war sie keine Madame, sondern nur eine Mamselle: eine unverheiratete Frau mit einem Haufen Kinder – mindestens sechs –, die aus East Texas stammte, einem jener Nester voll armer weißer Farmer hinter der Grenze bei Shreveport. Mit fünfzehn Jahren war sie von ihrem Vater vor dem Postamt des Dorfes an den zum Festmachen der Pferde dienenden Querbalken gebunden und öffentlich mit einer Peitsche verdroschen worden. Der Grund für diese schreckliche Strafe war ein Kind, das sie geboren hatte, ein Junge mit grünen Augen, aber unverkennbar das Produkt eines schwarzen Vaters. Mit dem Baby, das sie Skeeter nannte – der Junge war inzwischen vierzehn und ein wahrer Satansbraten –, kam sie nach New Orleans und fand Arbeit als Haushälterin eines irisch-katholischen Priesters, den sie verführte, ebenfalls zum Vater machte und wegen eines anderen Mannes verließ. Von da an lebte sie mit einer Reihe gutaussehender Liebhaber zusammen, mit Männern, die sie nur mit Hilfe jener Tränke, die

sie ihnen in den Wein gab, erobert haben konnte, denn was war sie denn schon ohne ihre besonderen Kräfte? Weißer Abschaum aus East Texas, der es mit schwarzen Männern trieb, Mutter von sechs Bastarden und Wäscherin, also selber Dienstbote. Und dennoch hatten sie alle Respekt vor ihr; sogar Mme. Jouet, die Obermammy der Vaccaros, denen die United Fruit Company gehörte, war stets überaus höflich zu ihr.
Zwei Tage nach meinem Gespräch mit Mrs. Ferguson, es war ein Sonntag, begleitete ich meine Großmutter zur Kirche, und auf dem Heimweg, einer Strecke von nur wenigen Häuserblocks, merkte ich, daß uns jemand folgte: ein gutgebauter Junge mit tabakbrauner Haut und grünen Augen. Ich wußte sofort, daß es sich um den berüchtigten Skeeter handelte, den Jungen, wegen dessen Geburt seine Mutter ausgepeitscht worden war, und ich wußte, daß er mir eine Nachricht brachte. Mir wurde übel, aber ich war auch freudig erregt, beinahe beschwipst – so sehr, daß ich laut auflachen mußte.
Munter erkundigte sich meine Großmutter: »Ach, weißt du vielleicht einen neuen Witz?«
Nein, aber ein Geheimnis, dachte ich, antwortete aber: »Mir fiel nur ein, was der Pfarrer gepredigt hat.«
»Wirklich? Freut mich, daß wenigstens du Humor in seinen Worten entdeckt hast. Mir kam seine Predigt reichlich trocken vor. Aber der Chor war gut.«
Ich unterdrückte folgende Bemerkung: Also, wenn die nur ewig von Sündern und von der Hölle quatschen, wo sie doch gar nicht wissen, was die Hölle ist, dann sollten sie mich mal predigen lassen. Ich könnte ihnen schon was erzählen. »Fühlst du dich wohl hier?« erkundigte sich meine Großmutter, als hätte sie diese Frage seit ihrer Ankunft beschäftigt. »Ich weiß, es war eine schwere Zeit für dich. Die Scheidung, mal hier wohnen, mal dort. Ich möchte dir helfen; aber ich weiß nicht, wie.«
»Ach, mir geht's gut. Haut doch alles hin.«
Aber ich wünschte, sie würde den Mund halten, was sie auch tat – stirnrunzelnd. So war wenigstens ein Wunsch in Erfüllung gegangen. Blieb noch der zweite.

Als wir zu Hause ankamen, sagte meine Großmutter, sie fühle eine Migräne kommen und wolle versuchen, ihr mit einer Tablette und einem kleinen Mittagsschlaf zuvorzukommen. Sie küßte mich und ging ins Haus. Ich lief in den Garten zu dem alten Glyzinien-Laubengang, wo ich mich versteckte wie ein Räuber, der in einer Räuberhöhle auf einen Komplizen wartet. Bald darauf kam Mrs. Fergusons Sohn. Er war groß für sein Alter, knapp einen Meter achtzig, und muskulös wie ein Hafenarbeiter. Er sah seiner Mutter überhaupt nicht ähnlich. Das lag nicht nur an der dunklen Hautfarbe; seine Gesichtszüge waren fein ausgeprägt und der Knochenbau sehr klar – sein Vater mußte ein gutaussehender Mann gewesen sein. Und im Unterschied zu Mrs. Ferguson waren seine smaragdgrünen Augen keine stumpfen Comic-Strip-Punkte, sondern schmal und böse, zwei Waffen, drohend auf ein Ziel gerichtete, zum Explodieren bereite Geschosse. Es überraschte mich wenig, als ich einige Jahre später hörte, er habe in Houston einen Doppelmord begangen und sei im Texas State Prison auf dem elektrischen Stuhl gestorben.
Er war stutzerhaft gekleidet wie die erwachsenen, geschniegelten Gangster, die sich in den Hafenkneipen herumtrieben: Panamahut, zweifarbige Schuhe, enger, angeschmutzter, weißer Leinenanzug, den er von einem wesentlich schmächtigeren Mann geerbt haben mußte. In seiner linken Brusttasche steckte eine dicke Zigarre: eine Havanna Castle Moro, die Zigarre der Connaisseurs, welche die Gentlemen des Garden District gewöhnlich zum Nachtischabsinth und Framboise anboten. Mit der Pose eines Kinogangsters setzte Skeeter Ferguson seine Zigarre in Brand, fabrizierte einen makellosen Rauchring, blies ihn mir direkt ins Gesicht und sagte: »Ich wollte dich abholen.«
»*Jetzt?*«
»Sobald du mir die Halskette der alten Lady bringst.«
Es war sinnlos, ihn hinzuhalten, aber ich versuchte es: »Was für eine Halskette?«
»Spar dir die Ausreden. Geh' sie holen, dann bring' ich dich irgendwohin. Sonst nicht. Eine zweite Chance kriegst du nicht.«

»Aber sie trägt sie doch um den Hals!«
Wieder ein Rauchring, meisterhaft geformt, ohne jede Anstrengung hervorgebracht. »Wie du das machst, ist nicht mein Bier. Ich bleibe hier. Und warte auf dich.«
»Aber es kann lange dauern. Und wenn ich's nicht schaffe?«
»Du schaffst es schon. Ich warte solange hier auf dich.«
Das Haus hallte leer, als ich es durch die Küchentür betrat, und es *war* leer – bis auf meine Großmutter waren alle weggefahren, um eine jungverheiratete Cousine zu besuchen, die am anderen Flußufer wohnte. Nachdem ich meine Großmutter beim Namen gerufen und nichts als Schweigen gehört hatte, schlich ich auf Zehenspitzen nach oben, um an ihrer Schlafzimmertür zu lauschen. Sie schien zu schlafen. Ich riskierte es, die Tür behutsam einen Spalt breit zu öffnen.
Die Vorhänge waren zugezogen, das Zimmer war dunkel, nur ein paar Kohlen glühten heiß in einem Porzellanöfchen. Meine Großmutter lag im Bett und hatte sich die Decke bis ans Kinn gezogen; offensichtlich hatte sie ihre Kopfschmerztablette genommen, denn sie atmete tief und regelmäßig. Vorsichtig schlug ich die Steppdecke mit der präzisen Behutsamkeit eines Einbrechers zurück, der am Schloß eines Banksafes hantiert. Ihr Hals war nackt; sie trug nur ihre Wäsche, einen rosa Unterrock. Ich fand die Kette auf einer Kommode; sie lag vor einem Foto ihrer drei Söhne, von denen der eine mein Vater war. Ich war ihm schon so lange nicht mehr begegnet, daß ich vergessen hatte, wie er aussah – und nun würde ich ihn vermutlich nie wiedersehen. Oder wenn doch, würde er nicht wissen, wer ich war. Aber ich hatte keine Zeit, darüber nachzudenken. Skeeter Ferguson wartete auf mich, stand unten im Laubengang, klopfte ungeduldig mit dem Fuß und zog an seiner Millionärszigarre. Trotzdem zögerte ich.
Niemals zuvor hatte ich etwas gestohlen; na ja, ein paar Hershey-Schokoladenriegel vom Süßwarenstand im Kino und einige Bücher, die ich nicht in die Bücherei zurückgebracht hatte. Aber diesmal ging es um etwas so Wichtiges. Meine Großmutter würde mir verzeihen, wenn sie wüßte, weshalb ich die Kette

stehlen mußte. Nein, sie würde mir nicht verzeihen; niemand würde mir verzeihen, wenn man *genau* wüßte, weshalb. Aber mir blieb keine Wahl. Es war, wie Skeeter gesagt hatte: Wenn ich es jetzt nicht tat, würde mir seine Mutter keine zweite Chance mehr geben. Und das Problem, das mich so zermürbte, würde mich weiter und weiter quälen, möglicherweise für immer und ewig. Also nahm ich die Kette. Ich stopfte sie in meine Tasche und floh aus dem Zimmer; nicht einmal die Tür schloß ich hinter mir. Als ich wieder zu Skeeter kam, zeigte ich ihm die Kette nicht, sondern sagte nur, ich hätte sie, und seine grünen Augen wurden noch grüner, noch bösartiger, während er wieder einen Angeberrauchring produzierte und sagte: »Natürlich hast du sie. Du bist eben ein geborener Gauner. Wie ich.«

Zuerst gingen wir zu Fuß, dann nahmen wir den Trolleybus die Canal Street hinunter, die sonst immer so belebt und fröhlich wirkte, jetzt aber, da die Läden geschlossen waren, unheimlich in der sonntäglichen Stille, die wie ein Leichentuch über ihr lastete, dalag. Ecke Canal/Royal Street stiegen wir um und fuhren quer durch das Französische Viertel, eine wohlvertraute Gegend, in der viele alteingesessene Familien wohnten, von denen manche reinerer Abstammung waren als die großen Namen, die der Garden District aufzuweisen hatte. Schließlich gingen wir wieder zu Fuß, meilenweit. Die steifen Sonntagsschuhe, die ich trug, drückten mich, und ich wußte auch nicht mehr, wo wir waren, doch wo es auch sein mochte – es gefiel mir nicht. Skeeter Ferguson zu fragen, hatte keinen Zweck, denn wenn ich das tat, lächelte er nur und pfiff, oder er spuckte aus, lächelte und pfiff. Ich frage mich, ob er auch auf dem Weg zum elektrischen Stuhl gepfiffen hat.

Ich hatte wirklich keine Ahnung, wo wir uns befanden; in diesem Stadtteil war ich noch nie gewesen. Und dennoch hatte er nichts Außergewöhnliches an sich, nur daß hier weniger weiße Gesichter auftauchten, als ich es gewohnt war, und auch die wurden, je weiter wir gingen, immer seltener: hier und da ein Weißer inmitten von Schwarzen und Kreolen. Davon abgesehen handelte es sich um eine ganz normale Ansammlung armseliger

Holzhäuser, Pensionen mit abblätterndem Anstrich, bescheidene Einfamilienheime, die bis auf einige Ausnahmen schlecht instand gehalten waren. Mrs. Fergusons Haus, das wir endlich erreichten, gehörte zu diesen Ausnahmen.
Es war ein altes Haus, aber ein *richtiges* Haus mit sieben bis acht Zimmern; es sah nicht aus, als würde es von der ersten kräftigen Brise vom Golf her umgeblasen. Gestrichen war es in einem häßlichen Braun, doch die Farbe warf wenigstens keine Hitzeblasen und platzte nicht ab. Außerdem stand es in einem gepflegten Garten, in dem ein großer Baum Schatten spendete – ein Seifenbaum, von dessen Ästen an Stricken mehrere alte Autoreifen als Schaukeln für die Kinder herabhingen. Und auch andere Spielsachen lagen im Garten herum: ein Dreirad, Sandeimer und kleine Schaufeln zum Sandkuchenbacken – Spuren von Mrs. Fergusons vaterloser Brut. Eine Promenadenmischung von jungem Hund, mit einer Kette an einen Pfahl gebunden, begann, kaum daß er Skeeter entdeckt hatte, aufgeregt herumzuspringen und zu hecheln.
»Da wären wir«, sagte Skeeter. »Du brauchst nur die Tür aufzumachen und reinzugehen.«
»Allein?«
»Sie erwartet dich. Tu, was ich dir sage. Geh einfach rein. Und wenn du sie beim Bumsen erwischst, halt deine Augen nur schön offen; auf diese Weise hab' ich's zum Meisterbumser gebracht.«
Die letzte Bemerkung war mir unverständlich und ging in einem Kichern unter, doch ich befolgte seine Anweisung und sah mich, als ich mich zur Haustür in Marsch setzte, noch einmal nach ihm um. Es schien unmöglich, aber er war bereits wieder verschwunden, und ich habe ihn nie wieder gesehen – jedenfalls kann ich mich nicht mehr daran erinnern.
Die Tür führte direkt in Mrs. Fergusons Wohnzimmer. Wenigstens war es wie ein Wohnzimmer möbliert (Couch, Sessel, zwei Schaukelstühle aus Rohr, Beistelltischchen aus Ahorn), obwohl der Fußboden mit braunem Küchenlinoleum bedeckt war, das vielleicht zur Farbe des Hauses passen sollte. Als ich den Raum betrat, wiegte sich Mrs. Ferguson in dem einen Schaukelstuhl,

während ein gutaussehender junger Mann, ein Kreole, nicht viel älter als Skeeter, in dem anderen schaukelte. Auf einem Tisch zwischen ihnen stand eine Flasche Rum, und sie tranken beide aus Gläsern, die mit diesem Zeug gefüllt waren. Der junge Mann, der mir nicht vorgestellt wurde, trug nur ein Unterhemd und halb aufgeknöpfte, weit ausgestellte Seemannshosen. Wortlos hörte er auf zu schaukeln, stand auf und verschwand schwankend, die Rumflasche in der Hand, einen Flur entlang. Mrs. Ferguson lauschte, bis sie hörte, daß eine Tür geschlossen wurde.

Dann fragte sie nur: »Wo ist sie?«

Ich schwitzte. Mein Herz spielte verrückt. Ich hatte das Gefühl, in den vergangenen Stunden hundert Meilen weit gelaufen und tausend Jahre älter geworden zu sein.

Mrs. Ferguson hielt ihren Schaukelstuhl an und wiederholte: »Wo ist sie?«

»Hier. In meiner Tasche.«

Sie streckte ihre plumpe, rote Hand aus, und ich ließ die Kette in die Handfläche fallen. Hatte schon der Rum sein Teil dazu beigetragen, die übliche Stumpfheit ihrer Augen zu verwandeln, so besorgte der glitzernde gelbe Stein den Rest. Sie drehte ihn hin und her, starrte ihn an; ich gab mir Mühe, nicht hinzusehen, versuchte an etwas anderes zu denken und ertappte mich bei der Überlegung, ob sie wohl Narben auf dem Rücken hatte, Peitschenstriemen.

»Soll ich etwa raten?« erkundigte sie sich, ohne den Blick von dem Schmuckstück zu heben, das an seiner zierlichen Goldkette hing. »Na? Soll ich dir sagen, warum du hier bist? Was du von mir willst?«

Sie wußte es nicht, konnte es nicht wissen, und plötzlich wollte ich nicht, daß sie es erfuhr. »Ich möchte Step tanzen.«

Sekundenlang galt ihre Aufmerksamkeit nicht mehr dem funkelnden neuen Spielzeug.

»Ich möchte Steptänzer werden. Ich möchte ausreißen. Ich möchte nach Hollywood, zum Film.« Eine Portion Wahrheit steckte darin tatsächlich; nach Hollywood wegzulaufen, stand

ganz oben auf der Liste meiner Fluchtphantasien. Aber das war es nicht, was ich ihr nun schließlich doch nicht sagen wollte.
»Also«, erwiderte sie gedehnt, »du bist wirklich so hübsch, daß du im Film auftreten könntest. Hübscher, als ein Junge eigentlich sein darf.«
Also wußte sie Bescheid! Ich hörte mich schreien: »Ja! Ja! Genau das ist es!«
»Das ist *was*? Schrei nicht so! Ich bin nicht taub.«
»Ich will kein Junge sein. Ich will ein Mädchen sein.«
Es begann als eigentümliches Geräusch, als ersticktes Gurgeln tief in ihrer Kehle, das langsam zum sprudelnden Lachen aufschäumte. Ihr winziger Mund dehnte sich und wurde breiter; trunkenes Gelächter quoll aus ihrem Mund wie Erbrochenes und schien mich von oben bis unten zu besudeln – Gelächter, das klang, wie Erbrochenes riecht.
»Bitte, bitte, Mrs. Ferguson. Sie verstehen mich nicht! Ich werde wirklich nicht damit fertig. Die ganze Zeit. Irgend etwas stimmt nicht mit mir. Bitte. Sie *müssen* mich verstehen.«
Sie bog sich vor Lachen, und ihr Schaukelstuhl wippte.
Dann sagte ich: »Sie sind wirklich dumm. Dumm und blöd.« Und ich versuchte, ihr die Halskette zu entreißen.
Das Lachen brach ab, als hätte sie der Blitz getroffen; ein Gewitter tobte über ihr Gesicht, wilde Wut. Doch als sie dann wieder sprach, klang ihre Stimme leise und zischend, tückisch: »Du weißt nicht, was du willst, mein Junge. Ich werde dir zeigen, was du willst. Sieh mich an, Junge! Sieh her! Ich werde dir zeigen, was du willst.«
»Bitte. Ich will gar nichts.«
»Mach die Augen auf, Junge!«
Irgendwo im Haus schrie ein Baby.
»Sieh mich an, Junge! Sieh her!«
Was ich ansehen sollte, war der gelbe Stein. Sie hielt ihn über ihren Kopf und ließ ihn leicht hin und her schwingen. Er schien das gesamte Licht im Zimmer zu sammeln, zu einem zerstörerischen Glanz zu steigern, der blendete und alles andere in Finsternis versinken ließ. Schwingen, Drehen, Glitzern, Glitzern.

»Ich höre ein Baby weinen.«
»Was du da hörst, das bist du.«
»Sie dumme Person, Sie dumme.«
»Sieh her, Junge.«
Drehglitzerdrehdrehglitzerglitzerglitzer.

Es war noch hell, und es war noch immer Sonntag, und ich war wieder im Garden District, stand vor unserem Haus. Ich weiß nicht, wie ich dort hingekommen bin. Irgend jemand muß mich zurückgebracht haben, aber wer, weiß ich nicht; meine letzte Erinnerung war das Sprudeln von Mrs. Fergusons Lachen, das sie wieder ausstieß.

Natürlich gab es eine Riesenaufregung wegen der verschwundenen Kette. Die Polizei wurde nicht gerufen, aber das ganze Haus tagelang auf den Kopf gestellt; kein Winkel blieb unerforscht. Meine Großmutter war sehr verärgert. Doch selbst wenn die Kette von großem Wert gewesen wäre, ein Juwel, dessen Verkauf ihr bis ans Lebensende das Auskommen hätte sichern können – ich hätte Mrs. Ferguson nie bloßgestellt. Denn hätte ich es getan, hätte sie womöglich verraten, was ich ihr anvertraut hatte, jenes Problem, das ich nie wieder einem Menschen offenbart habe – niemals! Schließlich einigte man sich darauf, daß sich ein Dieb ins Haus geschlichen und die Kette gestohlen haben mußte, während meine Großmutter schlief. Nun, das traf ja auch zu. Alle waren erleichtert, als meine Großmutter ihren Besuch beendete und nach Florida zurückkehrte. Alle hofften, daß die ganze traurige Angelegenheit mit der verschwundenen Kette bald vergessen sein würde.

Sie wurde aber nicht vergessen. Vierundvierzig Jahre verflogen, und sie wurde nicht vergessen. Ich war inzwischen ein Mann mittleren Alters, verschroben und wunderlich. Da starb meine Großmutter, die trotz ihres hohen Alters geistig gesund und frisch geblieben war.

Eine Cousine rief an, um mir Mitteilung von ihrem Tod zu machen, und fragte, wann ich zur Beerdigung eintreffen würde; ich versprach, ihr noch Bescheid zu geben. Ich war krank vor

Kummer, untröstlich; und das war absurd, absolut unangemessen. Meine Großmutter war kein Mensch gewesen, den ich geliebt hatte. Und doch – wie sehr ich um sie trauerte! Aber ich fuhr nicht zur Beerdigung, ich schickte nicht einmal Blumen. Ich blieb zu Hause und trank einen Liter Wodka. Ich war sehr betrunken, aber ich weiß noch, daß ich den Telefonhörer abhob, und vernahm, wie sich mein Vater meldete. Seine Altmännerstimme bebte nicht nur unter der Last der Jahre; er machte einem lebenslang aufgestauten Zorn Luft, und als ich stumm blieb, sagte er: »Du Schwein! Sie starb mit deinem Bild in den Händen.« Ich antwortete: »Tut mir leid« und legte auf. Was sollte ich sagen? Wie konnte ich ihm erklären, daß während all dieser Jahre jeder Gedanke an meine Großmutter, jeder Brief von ihr, jede Erwähnung ihres Namens die Erinnerung an Mrs. Ferguson in mir wachgerufen hatte? An ihr Gelächter, an ihre Wut, an den pendelnden, sich drehenden gelben Stein: drehglitzerglitzer.

II. Handgeschnitzte Särge

Handgeschnitzte Särge

Tatsachenbericht über ein Verbrechen in Amerika

März 1975.

Ein Städtchen in einem kleineren Staat im Westen der USA. Als Zentrum für die vielen großen Farmen und Viehzucht-Ranches der Umgebung hat der Ort, bei einer Bevölkerung von weniger als zehntausend Einwohnern, zwölf Kirchen und zwei Restaurants aufzuweisen. Ein Kino, das seit zehn Jahren keinen einzigen Film gezeigt hat, steht immer noch kahl und nüchtern an der Main Street. Früher gab es auch ein Hotel; doch das ist ebenfalls geschlossen worden, und der Reisende kann heutzutage nur noch im Prairie Motel Unterkunft finden.

Das Motel ist sauber, die Zimmer sind gut geheizt; das ist aber auch alles, was man zu seinen Gunsten sagen kann. Seit nahezu fünf Jahren wohnt dort ein Mann namens Jake Pepper. Er ist achtundfünfzig Jahre alt, ein Witwer mit vier erwachsenen Söhnen. Er mißt einsfünfundsiebzig, befindet sich in Top-Kondition und sieht fünfzehn Jahre jünger aus, als er ist. Er hat ein häßlich-schönes Gesicht mit blaugrünen Augen und einem schmalen Mund, der sich zuckend zu seltsamen Grimassen verzieht, die manchmal ein Lächeln sind, manchmal auch nicht. Das Geheimnis seiner jungenhaften Erscheinung liegt nicht in seiner sportlichen Schlaksigkeit, nicht in den runden Apfelbäckchen, nicht in dem verschmitzten, geheimnisvollen Grinsen; es sind vielmehr die Haare, die ihn stets wie einen »kleinen Bruder« aussehen lassen: Sie sind dunkelblond, kurz geschnitten und so voller Wirbel, daß er sie nicht richtig frisieren kann; er klebt sie irgendwie mit Wasser an.

Jake Pepper ist als Kriminalbeamter beim State Bureau of

Investigation angestellt. Wir hatten uns durch einen gemeinsamen guten Freund kennengelernt, einen Kriminalbeamten aus einem anderen Staat. Im Jahre 1972 teilte mir Jake in einem Brief mit, er arbeite an einem Mordfall, der mich seiner Ansicht nach interessieren dürfte. Ich rief ihn an, und wir unterhielten uns drei Stunden lang. Was er zu berichten hatte, interessierte mich tatsächlich sehr, als ich ihn jedoch fragte, ob ich nicht hinkommen und die Situation persönlich in Augenschein nehmen solle, erschrak er; das sei verfrüht und könne seine Ermittlungen gefährden, meinte er, versprach aber, mich auf dem laufenden zu halten. Während der folgenden drei Jahre telefonierten wir alle paar Monate miteinander. Die Ermittlungen hatten einen so verwickelten Verlauf genommen, daß sie so unübersichtlich wurden wie die Labyrinthgänge einer Ratte und an einem toten Punkt angelangt zu sein schienen. Schließlich sagte ich zu ihm: Laß mich doch einfach mal hinkommen, damit ich mich umsehen kann.

Also saß ich an einem kalten Märzabend mit Jake Pepper in seinem Motelzimmer am winterlichen, windigen Stadtrand dieses gottverlassenen Nestes im Westen. Im Grunde war das Zimmer freundlich, gemütlich; schließlich war es seit beinahe fünf Jahren Jakes Zuhause, und er hatte Regale eingebaut, auf denen Fotos seiner Familie, seiner Söhne und Enkel, standen, sowie Hunderte von Büchern, viele davon über den Bürgerkrieg, allesamt aber dem Geschmack eines intelligenten Mannes entsprechend: Er hatte eine Vorliebe für Dickens, Melville, Trollope und Mark Twain.

Jake hockte, ein Glas Bourbon neben sich, im Schneidersitz auf dem Fußboden. Vor ihm stand ein Schachbrett; geistesabwesend schob er die Figuren hin und her.

TC: Sonderbar, daß niemand etwas über diesen Fall zu wissen scheint. Er ist fast gar nicht an die Öffentlichkeit gedrungen.

Jake: Dafür gibt es gute Gründe

TC: Ich sehe immer noch nicht die richtigen Zusammenhänge. Alles kommt mir vor wie ein Puzzlespiel, bei dem die Hälfte der Teile fehlt.

Jake: Wo wollen wir anfangen?
TC: Am Anfang.
Jake: Geh mal zur Kommode rüber. Mach die unterste Schublade auf. Siehst du die kleine Pappschachtel? Schau dir an, was drinnen ist.

(Die Schachtel enthielt einen Miniatursarg. Er war liebevoll angefertigt, aus leichtem Balsaholz geschnitzt. Er hatte keine Verzierungen; doch wenn man den aufklappbaren Deckel öffnete, war der Sarg keineswegs leer. Er barg eine Fotografie: einen zwanglosen, unbemerkt aufgenommenen Schnappschuß von zwei Personen mittleren Alters, einem Mann und einer Frau, die gerade eine Straße überquerten. Das Bild war nicht gestellt; man spürte, daß die beiden keine Ahnung davon hatten, daß sie fotografiert wurden.)

Jake: Diesen kleinen Sarg da, ich glaube, den könnte man als den Anfang bezeichnen.
TC: Und das Foto?
Jake: George Roberts mit seiner Frau. George und Amelia Roberts.
TC: Mr. und Mrs. Roberts. Natürlich. Die ersten Opfer. War er nicht Anwalt?
Jake: Ja, er war Anwalt, und eines Morgens (genauer gesagt: am 10. August 1970) erhielt er mit der Post ein Geschenk. Diesen kleinen Sarg. Mit dem Foto. Roberts war ein unbekümmerter Mensch; er zeigte ihn einigen Bekannten vom Gericht und tat, als sei das Ganze ein Scherz. Einen Monat darauf waren George und Amelia tot.
TC: Wann hat man dich auf den Fall angesetzt?
Jake: Sofort. Eine Stunde, nachdem man sie gefunden hatte, war ich mit zwei Beamten vom State Bureau unterwegs. Als wir hinkamen, lagen die Leichen noch im Wagen. Mit den Schlangen. Den Anblick werde ich nie vergessen. Niemals.
TC: Versuch dich zu erinnern. Beschreibe mir alles ganz genau.
Jake: Die Roberts' hatten keine Kinder. Und keine Feinde. Sie waren überall beliebt. Amelia arbeitete bei ihrem Mann; sie war seine Sekretärin. Sie hatten nur einen Wagen und fuhren immer

gemeinsam zur Arbeit. An dem Morgen, an dem es passierte, war es heiß. Glühend heiß. Also nehme ich an, daß sie sich wunderten, als sie zu ihrem Wagen hinausgingen und feststellen mußten, daß sämtliche Fenster hochgekurbelt waren. Wie dem auch sei, sie stiegen links und rechts ein, und kaum saßen sie – *Ende*. Ein Knäuel Klapperschlangen stürzte sich wie der Blitz auf sie. Neun große Exemplare fanden wir in ihrem Wagen. Und allen war Amphetamin gespritzt worden; sie waren wild, sie bissen die Roberts' überall: an Hals, Armen, Ohren, Wangen, Händen. Die armen Menschen. Ihre Köpfe waren so unförmig geschwollen wie grün bemalte Kürbislaternen. Sie müssen fast auf der Stelle tot gewesen sein. Ich hoffe es. Ich hoffe es wirklich aufrichtig.
TC: Klapperschlangen sind in dieser Gegend nicht sehr verbreitet. Zumindest nicht Klapperschlangen von diesem Kaliber. Sie müssen hergebracht worden sein.
Jake: Wurden sie auch. Von einer Schlangenfarm in Nogales, Texas. Aber es ist noch zu früh, dir zu erzählen, woher ich das weiß.

(Draußen überzogen Schneereste den Boden wie Spitze; der Frühling schien noch weit – ein scharfer Wind, der gegen das Fenster peitschte, verkündete uns, daß es noch immer Winter war. Doch das Heulen des Windes war in meinem Kopf nur ein Murmeln gegen das Geklapper der Schlangen, das Zischen ihrer Zungen. Ich sah den Wagen, dunkel unter der heißen Sonne, die sich windenden Schlangen, die Köpfe der Menschen, wie sie sich, vom Gift aufgebläht, grün färbten. Ich lauschte dem Wind, ließ ihn das Bild verwehen.)

Jake: Ob die Baxters einen Sarg bekommen haben, wissen wir natürlich nicht. Ich glaube schon; sonst würde es nicht ins Schema passen. Aber sie haben niemals erwähnt, daß sie einen Sarg bekommen haben, und wir fanden keine entsprechende Spur.
TC: Vielleicht wurde er ein Raub der Flammen. Aber war nicht noch jemand bei ihnen, ein zweites Ehepaar?
Jake: Die Hogans. Aus Tulsa. Freunde der Baxters, die auf der

Durchreise waren. Der Killer wollte sie bestimmt nicht umbringen. Es war Zufall.
Passiert war folgendes: Die Baxters bauten sich gerade ein luxuriöses neues Haus, richtig fertig war jedoch nur der Keller. Alles andere war noch im Bau. Roy Baxter war wohlhabend; er hätte es sich leisten können, dieses ganze Motel zu mieten, solange an seinem Haus gearbeitet wurde. Aber er wohnte lieber in seinem Keller, dessen einziger Zugang eine Falltür war.
Es war Dezember – drei Monate nach dem Klapperschlangenmord. Mit Sicherheit wissen wir lediglich: Die Baxters luden das Ehepaar aus Tulsa ein, bei ihnen im Keller zu übernachten. Und irgendwann kurz vor Tagesanbruch brach in diesem Keller ein gewaltiges Feuer aus, in dem alle vier Personen verbrannten. Und zwar im wahrsten Sinne des Wortes: zu Asche verbrannten.
TC: Hätten sie sich nicht durch die Falltür retten können?
Jake (verzieht den Mund, schnauft verächtlich): Verdammt noch mal, nein! Der Brandstifter, der Mörder, hatte Betonblökke draufgewälzt. Nicht mal King Kong hätte die Falltür heben können.
TC: Aber es war doch eindeutig, daß ein Zusammenhang zwischen dem Brand und den Klapperschlangen bestehen mußte.
Jake: Das kann man jetzt leicht behaupten. Aber ich will verdammt sein, wenn ich damals einen Zusammenhang gesehen habe. Wir arbeiteten zu fünft an diesem Fall; wir wußten mehr über George und Amelia Roberts, über die Baxters und die Hogans, als sie über sich selbst gewußt haben. Ich möchte wetten, George Roberts hat nie gewußt, daß seine Frau mit fünfzehn ein Baby bekommen und zur Adoption freigegeben hat.
In einem Ort wie diesem kennen sich alle Einwohner natürlich mehr oder weniger, zumindest vom Sehen. Aber wir fanden keinen Berührungspunkt, der diesen Opfern gemeinsam war. Auch kein Motiv. Es gab keinen Grund – jedenfalls fanden wir keinen –, weshalb jemand diese Menschen hätte umbringen sollen. (Er betrachtete das Schachbrett; er steckte sich eine Pfeife an und trank einen Schluck Bourbon.) Die Opfer, allesamt,

waren mir unbekannt. Ich hatte niemals etwas von ihnen gehört, bis sie tot waren. Aber der nächste, den es erwischte, war ein Freund von mir. Clem Anderson, Norweger der zweiten Generation. Er hatte hier eine Ranch von seinem Vater geerbt, einen recht ansehnlichen Besitz. Wir waren zusammen auf dem College gewesen, er allerdings im ersten und ich bereits im letzten Jahr. Er heiratete eine alte Freundin von mir, ein wunderbares Mädchen, das einzige Mädchen mit lavendelblauen Augen, das ich je gesehen habe. Wie Amethyst. Manchmal, wenn ich einen gekippt hatte, redete ich von Amy und ihren Amethystaugen, und meine Frau fand das kein bißchen komisch. Wie dem auch sei, Clem und Amy heirateten, ließen sich hier draußen nieder und bekamen sieben Kinder. Am Abend, bevor er starb, war ich zum Dinner bei ihnen eingeladen, und Amy sagte, das einzige, was sie in ihrem Leben bedauere, sei, daß sie nicht noch mehr Kinder bekommen habe.

Aber ich war häufig mit Clem zusammen gewesen. Von Anfang an, seit ich den Fall hier draußen bearbeite. Er hatte etwas Zügelloses, er trank zuviel, aber er war klug und erzählte mir eine Menge über die Stadt.

Eines Abends rief er mich hier im Motel an. Er klang merkwürdig. Er müsse mich sofort sprechen, sagte er. Ich dachte, er sei betrunken, aber das war es nicht – er hatte Angst. Und weißt du, warum?

TC: Der Nikolaus hatte ihm ein Geschenk gebracht.

Jake: Hm-hm. Aber siehst du, er wußte nicht, um was es sich handelte. Was es bedeutete. Der Sarg und seine eventuelle Verbindung mit dem Klapperschlangenmord waren niemals publik gemacht worden. Wir hielten die Sache geheim. Ich hatte auch mit Clem niemals darüber gesprochen.

Als er also in dieses Zimmer hier kam und mir einen Sarg zeigte, der ein genaues Pendant zu dem war, den die Roberts' bekommen hatten, wußte ich, daß mein Freund in großer Gefahr war. Der Sarg ist ihm in einer braun verpackten Schachtel übersandt worden; Name und Adresse waren mit neutralen Druckbuchstaben geschrieben. Mit schwarzer Tinte.

TC: Und er enthielt ein Bild von ihm?
Jake: Ja. Ich werde es dir genau beschreiben, weil es nämlich unmittelbar mit der Art zu tun hat, wie Clem ums Leben kam. Im Grunde hat der Mörder es, glaube ich, als kleinen Scherz gedacht, als einen verstohlenen Hinweis darauf, wie Clem sterben würde.
Auf dem Bild sitzt Clem in einer Art Jeep, einem ausgefallenen Fahrzeug eigener Konstruktion. Es hatte weder Dach noch Windschutzscheibe, nichts, was den Fahrer schützen konnte. Es war einfach ein Motor auf vier Rädern. Er sagte, er habe das Foto noch nie gesehen und habe auch keine Ahnung, wann und wo es aufgenommen worden sein könnte.
Jetzt stand ich vor einer schwierigen Entscheidung. Sollte ich mich ihm anvertrauen, ihm eingestehen, daß die Roberts' vor ihrem Tod einen ähnlichen Sarg erhalten hatten und die Baxters vermutlich auch? In gewisser Hinsicht war es vielleicht besser, ihn nicht aufzuklären: So konnte er uns, wenn er eingehend überwacht wurde, möglicherweise auf die Spur unseres Killers führen, und zwar unauffälliger, als wenn er sich der Gefahr bewußt gewesen wäre.
TC: Aber du hast ihn trotzdem eingeweiht.
Jake: Ja. Weil mir dieser zweite Sarg die Gewißheit gab, daß ein Zusammenhang zwischen den Morden bestand. Und ich hatte das Gefühl, daß Clem die Lösung des Falles kannte. Kennen *mußte.*
Doch nachdem ich ihm die Bedeutung des Sarges erklärt hatte, erlitt er einen Schock. Ich mußte ihn ohrfeigen. Und dann benahm er sich wie ein Kind; er warf sich aufs Bett und begann zu weinen: »Die wollen mich umbringen. Warum nur? Warum?« Ich beruhigte ihn: »Kein Mensch wird dich umbringen. Das verspreche ich dir. Aber *denk nach*, Clem! Was hast du mit den Personen gemeinsam, die wirklich gestorben sind? Ihr *müßt* etwas gemeinsam haben. Vielleicht etwas völlig Banales.« Aber er konnte nur sagen: »Ich weiß es nicht. Ich weiß es nicht.« Ich zwang ihn zu trinken, bis er so betrunken war, daß er einschlief. Er blieb über Nacht hier. Am nächsten Morgen war er ruhiger.

Aber ihm wollte noch immer nichts einfallen, was eine Verbindung zwischen ihm und den Morden hergestellt, was uns gezeigt hätte, wie er in dieses Schema hineinpaßte. Ich bat ihn, niemandem etwas von dem Sarg zu erzählen, nicht einmal seiner Frau; und ich sagte ihm, er solle sich keine Sorgen machen – ich würde zwei zusätzliche Beamte kommen lassen, die auf ihn aufpassen würden.

TC: Und wie lange dauerte es, bis der Sargmacher seine Drohung wahrgemacht hat?

Jake: Oh, ich glaube, es hat ihm ungeheuren Spaß gemacht. Er spielte mit Clem herum wie ein Angler mit einer Forelle, die in einem Aquarium gefangen ist. Das State Bureau zog die beiden zusätzlichen Beamten zurück, und schließlich schien sogar Clem die Angst abgeschüttelt zu haben. Sechs Monate vergingen. Amy rief an und lud mich zum Dinner ein. An einem warmen Sommerabend. Die Luft war voller Glühwürmchen. Kinder liefen umher, fingen sie ein und sammelten sie in Einmachgläsern.

Als ich aufbrach, brachte Clem mich zum Wagen. Der Weg, auf dem ich ihn abgestellt hatte, verlief neben einem schmalen Flüßchen, und Clem sagte: »Wegen diesem Zusammenhang zwischen den Morden. Neulich ist mir etwas eingefallen. Der Fluß.« Welcher Fluß, fragte ich, und er antwortete, der Fluß, der hier vorbeifließt. »Das ist eine komplizierte Geschichte. Und wahrscheinlich Blödsinn. Aber wenn wir uns das nächste Mal sehen, werde ich sie dir erzählen.«

Selbstverständlich sah ich ihn nie wieder. Wenigstens nicht lebend.

TC: Das klingt ja fast, als hätte er euch belauscht.

Jake: Wer?

TC: Der Nikolaus. Ich meine, ist es nicht seltsam, daß Clem Anderson nach so vielen Monaten den Fluß erwähnt, und am Tag darauf, bevor er dir erzählen kann, warum ihm auf einmal der Fluß eingefallen ist, macht der Mörder seine Drohung wahr?

Jake: Wie steht's mit deinem Magen?

TC: Der ist okay.

Jake: Ich zeige dir jetzt ein paar Fotos. Aber schenk dir lieber erst einen kräftigen Schluck ein. Du wirst ihn brauchen.

(Die Bilder, drei an der Zahl, waren schwarzweiße Hochglanzfotos, mit einer Blitzlichtkamera geschossen. Das erste zeigte Clem Andersons Eigenbau-Jeep auf einem schmalen Ranchweg, wo er sich überschlagen hatte und mit brennenden Scheinwerfern auf der Seite lag. Das zweite zeigte einen kopflosen Torso auf demselben Weg: einen Mann ohne Kopf in Stiefeln, Levis und Lammfelljacke. Das letzte zeigte den Kopf des Toten. Keine Guillotine, kein Chirurg hätte ihn sauberer abtrennen können. Er lag im Laub, als hätte ihn jemand lässig dorthin geworfen. Clem Andersons Augen standen offen, aber sie wirkten nicht tot, sondern sehr ruhig, und sein Gesicht schien bis auf einen breiten Riß an der Stirn von Gewalttätigkeit genauso unberührt zu sein wie seine unschuldigen, hellen Norwegeraugen. Während ich die Aufnahmen betrachtete, beugte sich Jake über meine Schulter und besah sich die Fotos ebenfalls.)

Jake: Es war in der Abenddämmerung. Amy erwartete Clem daheim zum Abendessen. Sie schickte ihm einen ihrer Jungen zur Hauptstraße entgegen. Dieser Junge fand ihn dann.

Zuerst sah er den umgekippten Wagen. Dann, hundert Meter weiter, fand er den Leichnam. Er lief nach Hause, und seine Mutter rief mich an. Ich fluchte vor Wut über meine eigene Dummheit. Als wir dann hinausfuhren, war es einer von meinen Beamten, der den Kopf entdeckte. Er lag in einiger Entfernung vom Körper, das heißt, er lag immer noch dort, wo ihn der Draht erwischt hatte.

TC: Der Draht, ja. Das mit dem Draht habe ich nie richtig verstanden. Es ist so . . .

Jake: Clever?

TC: Mehr als clever. Absurd.

Jake: Gar nicht absurd. Unser Freund hat sich lediglich eine feine, saubere Methode einfallen lassen, Clem Anderson zu köpfen. Ihn ohne Zeugen umzubringen.

TC: Ich nehme an, es ist das mathematische Element, das

dahintersteckt. Alles, was mit Mathematik zu tun hat, befremdet mich.

Jake: Nun, der Gentleman, der für diese Tat verantwortlich ist, hat tatsächlich einen mathematischen Verstand. Wenigstens muß er einige sehr akkurate Messungen vorgenommen haben.

TC: Hat er den Draht zwischen zwei Bäumen gespannt?

Jake: Zwischen einen Baum und einen Telegraphenmast. Einen starken Draht, aber so dünn, daß er scharf wie eine Rasierklinge war. Buchstäblich unsichtbar, sogar bei hellem Tageslicht. Und in der Dämmerung, als Clem von der Hauptstraße herunterkam und mit diesem verrückten kleinen Wagen den schmalen Weg entlangfuhr, war er tatsächlich unmöglich zu sehen. Er erwischte ihn genau, wo er ihn treffen sollte: unmittelbar unter dem Kinn. Und rasierte ihm, wie du ja sehen kannst, den Kopf mühelos ab.

TC: Aber da hätte doch vieles schiefgehen können.

Jake: Na und? Was ist schon ein Fehlschlag? Er hätte es abermals versucht. So lange, bis es geklappt hätte.

TC: Das *ist* ja gerade das Absurde. Er schafft es immer.

Jake: Ja und nein. Aber darauf kommen wir später zurück.

(Jake schob die Fotos in einen Umschlag. Er zog an seiner Pfeife und fuhr sich mit den Fingern durch das von Wirbeln strotzende Haar. Ich blieb stumm, denn ich spürte, daß er traurig war. Schließlich fragte ich ihn, ob er müde sei, ob ich lieber gehen solle. Nein, antwortete er, es sei erst neun, er gehe nie vor Mitternacht zu Bett.)

TC: Bist du jetzt ganz allein hier?

Jake: Nein. Großer Gott, ich würde ja verrückt werden. Ich wechsele mich mit zwei anderen Beamten ab. Aber ich bin trotzdem noch der Hauptbearbeiter des Falles. Und das ist mir auch recht. Ich habe mich hier ehrlich engagiert. Ich werde unseren Killer festnageln, und wenn es das letzte ist, was ich je tue. Einmal wird er einen Fehler machen. Das heißt, er hat schon einige gemacht. Obwohl ich nicht behaupten will, daß die Methode, wie er Dr. Parsons beseitigt hat, zu diesen Fehlern gehört.

TC: Den Coroner?
Jake: Den Coroner. Den mageren, winzigkleinen, buckligen Coroner.
TC: Warte mal. Du hast es zunächst für Selbstmord gehalten, nicht wahr?
Jake: Wenn du Dr. Parsons gekannt hättest, dann hättest du es auch für Selbstmord gehalten. Er war ein Mann, der tatsächlich allen Grund hatte, sich umzubringen. Oder sich umbringen zu lassen. Seine Frau ist wunderschön, aber er hat sie morphiumsüchtig gemacht; auf diese Art hat er sie dazu gebracht, ihn zu heiraten. Er war ein Wucherer. Ein Abtreiber. Mindestens ein Dutzend senile alte Weiber haben ihn in ihrem Testament zum Alleinerben ernannt. Ein waschechter Gauner, dieser Dr. Parsons.
TC: Du mochtest ihn also nicht?
Jake: Den mochte niemand. Aber was ich da gerade gesagt habe, war falsch. Ich sagte, Parsons sei ein Mann gewesen, der allen Grund gehabt hätte, sich umzubringen. In Wirklichkeit hatte er überhaupt keinen Grund. Der liebe Gott saß oben in Seinem Himmel und ließ die Sonne rund um die Uhr auf Ed Parsons herabscheinen. Das einzige, was ihn störte, waren seine Magengeschwüre. Und eine Art chronische Verstopfung. Überall schleppte er diese riesigen Flaschen Maalox mit sich herum. Leerte pro Tag ungefähr zwei davon.
TC: Und dann waren alle überrascht, als sie hörten, daß Dr. Parsons sich umgebracht hatte?
Jake: Also, nein. Niemand war doch auf den Gedanken gekommen, er könne sich umgebracht haben. Anfangs nicht.
TC: Tut mir leid, Jake. Aber ich komme mal wieder nicht mit.
(Jakes Pfeife war ausgegangen; er legte sie in einen Aschenbecher und packte eine Zigarre aus, die er nicht in Brand setzte; sie war zum Draufherumkauen da, nicht zum Rauchen. Ein Knochen für den Hund.)
TC: Zunächst einmal, wieviel Zeit lag zwischen den Beerdigungen? Zwischen der von Clem Anderson und der von Dr. Parsons?

Jake: Vier Monate. Ungefähr.

TC: Und hat der Nikolaus dem Herrn Doktor ein Päckchen geschickt?

Jake: Warte. Warte. Du bist zu schnell. An dem Tag, als Dr. Parsons starb ... Also, wir dachten alle, er sei gestorben. Schlicht und einfach gestorben. Seine Arzthelferin fand ihn auf dem Fußboden des Sprechzimmers. Alfred Skinner, ein anderer Arzt hier am Ort, meinte, er habe wohl einen Herzanfall erlitten; um sich endgültig Gewißheit zu verschaffen, müsse man ihn jedoch obduzieren.

Am selben Abend erhielt ich einen Anruf von Parsons' Arzthelferin. Sie sagte, Mrs. Parsons wolle mich sprechen, und ich sagte, gut, ich würde sofort rüberkommen.

Mrs. Parsons empfing mich in ihrem Schlafzimmer, einem Raum, den sie, glaube ich, selten verläßt; wahrscheinlich wird sie von den Freuden des Morphiums dort festgehalten. Mit Sicherheit ist sie nicht krank, jedenfalls nicht im landläufigen Sinne. Sie ist eine bezaubernde Frau und sieht relativ gesund aus. Frische Farbe auf den Wangen, obwohl ihre Haut glatt und perlweiß ist. Aber ihre Augen glänzten zu stark, die Pupillen waren geweitet.

Von einem Kissenberg gestützt, lag sie im Bett. Ihre Fingernägel fielen mir auf: sehr lang und sorgfältig lackiert; auch ihre Hände waren sehr elegant.

Das, was sie in den Händen hielt, schien mir allerdings weniger elegant.

TC: Ein Geschenk?

Jake: Genau das gleiche wie die anderen.

TC: Was sagte sie?

Jake: Sie sagte: »Ich glaube, mein Mann ist ermordet worden.« Aber sie war ganz ruhig; sie wirkte kein bißchen aufgeregt; keine Spur von Streß.

TC: Das Morphium.

Jake: Aber es war mehr als das. Sie ist eine Frau, die das Leben bereits hinter sich gelassen hat. Sie blickt durch eine Tür zurück – ohne Bedauern.

TC: Erkannte sie die Bedeutung des Sarges?
Jake: Nein, nicht direkt. Und ihr Mann hätte sie auch nicht erkannt. Obwohl er der County Coroner war und theoretisch zu unserem Team gehörte, haben wir ihn nicht ins Vertrauen gezogen. Er wußte nichts von den Särgen.
TC: Warum aber glaubte sie dann, daß ihr Mann ermordet wurde?
Jake (kaut stirnrunzelnd auf seiner Zigarre): Eben wegen dieses Sarges. Sie behauptete, ihr Mann habe ihn ihr wenige Wochen zuvor gezeigt. Er habe das Ganze nicht ernst genommen, habe es für irgendeine gehässige Geste gehalten, vielleicht von einem seiner Feinde. Aber *sie* sagte . . . sie sagte, im selben Augenblick, als sie den Sarg mit dem Foto von ihm gesehen habe . . . habe sie das Gefühl gehabt, »ein Schatten« sei auf ihn gefallen. Seltsam, aber ich glaube, sie hat ihn geliebt. Diese wunderschöne Frau. Diesen widerwärtigen, kleinen Buckligen.
Als wir uns verabschiedeten, nahm ich den Sarg mit und wies sie eindringlich darauf hin, daß sie mit niemandem darüber sprechen dürfe. Dann konnten wir nur noch auf das Ergebnis der Autopsie warten. Und das lautete: Tod durch Vergiftung, vermutlich eigenhändig herbeigeführt.
TC: Aber *du* wußtest, daß es Mord war.
Jake: Ich wußte es. Und Mrs. Parsons wußte es. Aber alle anderen hielten es für Selbstmord. Die meisten halten es heute noch dafür.
TC: Und welches Gift hat unser Freund gewählt?
Jake: Flüssiges Nikotin. Ein sehr reines Gift, schnellwirkend und stark, farblos, geruchlos. Wie es verabreicht wurde, wissen wir nicht genau, doch ich vermute, daß es mit des Doktors heißgeliebtem Maalox vermischt worden war. Ein einziger kräftiger Schluck – und aus.
TC: Flüssiges Nikotin. Nie gehört.
Jake: Na ja, es ist auch kein sehr verbreitetes Gift wie etwa Arsen. Da wir gerade von unserem Freund sprechen: Ich bin da neulich auf etwas gestoßen, ein Zitat von Mark Twain, das mir überaus passend erschien. (Nachdem er in seinen Regalen ge-

sucht und den Band gefunden hatte, ging Jake im Zimmer auf und ab und las mit einer an ihm völlig ungewohnten Stimme, mit einer heiseren, zornigen Stimme): »Von allen Lebewesen der Schöpfung ist der Mensch das *verabscheuenswürdigste*. Von der gesamten Sippschaft ist er der einzige, wirklich der einzige, der bösartig ist. Das ist der niedrigste Instinkt, die niedrigste von allen Leidenschaften und von allen Lastern das hassenswerteste. Er ist das einzige Lebewesen, das aus Vergnügen Schmerzen zufügt und *weiß*, daß es Schmerz ist. Außerdem ist er das einzige Geschöpf, das eine schmutzige Denkungsart hat.« (Jake klappte das Buch mit einem Knall zu und warf es aufs Bett.) Verabscheuenswürdig. Bösartig. Eine schmutzige Denkungsart. Jawohl, diese Beschreibung trifft haargenau auf Mr. Quinn zu. Allerdings nicht auf seinen gesamten Charakter. Mr. Quinn ist ein Mann mit diversen Talenten.

TC: Jetzt nennst du zum erstenmal seinen Namen.

Jake: Ich kenne ihn selber erst seit sechs Monaten. Aber so heißt er: Quinn.

(Wieder und wieder knallte sich Jake die Faust in die offene Handfläche – wie ein wütender, zu lange eingesperrter Häftling: frustriert. Nun, dieser Fall hielt ihn ja auch bereits viele Jahre lang gefangen; große Wut braucht wie ein großer Whiskey einen langen Reifeprozeß.)

Jake: Robert Hawley Quinn, Esquire. Ein überaus ehrenwerter Gentleman.

TC: Aber ein Gentleman, der Fehler macht. Sonst würdest du nicht seinen Namen kennen. Oder vielmehr, du würdest nicht wissen, daß es sich um unseren Freund handelt.

Jake (schweigt; er hört nicht zu).

TC: Waren es die Schlangen? Du sagtest, sie stammten von einer Schlangenfarm in Texas. Wenn du das weißt, mußt du doch auch wissen, wer sie gekauft hat.

Jake (die Wut ist verraucht; er gähnt): Was?

TC: Übrigens, warum hat man den Schlangen Amphetamin gespritzt?

Jake: Was glaubst du wohl? Um sie zu stimulieren. Noch wilder

zu machen. Es war, als werfe man ein brennendes Streichholz in einen Benzintank.

TC: Ich frage mich nur. Ich frage mich, wie er es geschafft hat, den Schlangen die Injektionen zu geben und sie in den Wagen zu praktizieren, ohne selber von ihnen gebissen zu werden.

Jake: Es wurde ihm gezeigt.

TC: Von wem?

Jake: Von der Frau, die ihm die Schlangen verkauft hat.

TC: Von einer Frau?

Jake: Die Schlangenfarm in Nogales gehört einer Frau. Findest du das so komisch? Mein ältester Sohn ist mit einer Frau verheiratet, die bei der Polizei von Miami arbeitet; sie ist Tiefseetaucherin von Beruf. Der beste Automechaniker, den ich kenne, ist eine Frau . . .

(Das Telefon unterbrach ihn; Jake sah auf die Armbanduhr; er lächelte, und sein Lächeln, so echt und entspannt, sagte mir nicht nur, daß er wußte, wer da anrief, sondern auch, daß es jemand war, auf dessen Stimme er sich freute.)

Jake: Hallo, Addie. Ja, er ist hier. Er sagt, in New York ist es schon Frühling; ich meinte, er hätte dort bleiben sollen. Nein, nichts. Wir kippen nur ein paar Drinks und sprechen über du-weißt-schon-was. Ist morgen Sonntag? Ich dachte, wir hätten Donnerstag. Vielleicht bin ich nicht mehr ganz richtig im Kopf. Natürlich kommen wir gern zum Essen. *Darüber* brauchst du dir keine Gedanken zu machen, Addie. Ihm wird alles schmecken, was du kochst. Du bist die beste Köchin diesseits und jenseits der Rockies, Ost und West. Also, mach keine große Affäre draus. Ja, also . . . vielleicht diesen Rosinenkuchen mit den Äpfeln drauf. Schließ die Türen gut ab. Schlaf gut! Ja, mache ich. Das weißt du doch. *Buenas noches*.

(Auch als er aufgelegt hatte, blieb das Lächeln, wurde breiter. Schließlich setzte er seine Zigarre in Brand und paffte genüßlich. Lachend deutete er auf das Telefon.)

Jake: Das war der Fehler, den Mr. Quinn gemacht hat. Adelaide Mason. Sie hat uns für morgen zum Abendessen eingeladen.

TC: Und wer ist Mrs. Mason?

Jake: *Miss* Mason. Sie ist eine hervorragende Köchin.
TC: Und außerdem?
Jake: Addie Mason war das, worauf ich gewartet hatte: meine große Chance.
Wie du weißt, war der Vater meiner Frau Methodistenprediger. Sie achtete sehr darauf, daß die ganze Familie zur Kirche ging. Ich drückte mich, wann immer es möglich war, und nach ihrem Tod ging ich überhaupt nicht mehr. Aber vor ungefähr sechs Monaten wollte das State Bureau diesen Fall zu den Akten legen. Wir hatten eine Menge Zeit und eine Menge Geld investiert. Und konnten nichts dafür vorweisen; nicht das geringste Ergebnis. Acht Morde und kein einziger Beweis, der eine Verbindung zwischen den Opfern aufgezeigt hätte und auch nur den Ansatz eines Motivs hätte ahnen lassen. Nichts. Außer den drei kleinen handgeschnitzten Särgen.
Ich sagte mir: Nein! Nein, das ist unmöglich! Dahinter muß ein Kopf stecken, ein Grund. Ich begann in die Kirche zu gehen. Am Sonntag gibt es hier ohnehin nichts anderes zu tun. Nicht mal einen Golfplatz. Und ich betete: Bitte, lieber Gott, laß diesen Schweinehund nicht ungestraft davonkommen!
Drüben an der Main Street gibt es ein Lokal, das Okay-Café. Jeder weiß, daß man mich praktisch jeden Vormittag zwischen acht und zehn dort finden kann. In der Ecknische frühstücke ich und bleibe dann sitzen, lese die Zeitungen und unterhalte mich mit anderen Gästen, einheimischen Geschäftsleuten, die auf einen Kaffee hereinkommen.
Am letzten Thanksgiving-Day frühstückte ich dort wie gewohnt. Ich war fast ganz allein im Café, es war ja Feiertag; und außerdem war ich ziemlich niedergeschlagen – das State Bureau drängte mich gerade, den Fall abzuschließen und zurückzureisen. Himmel – nicht, daß ich den Staub dieser verdammten Stadt nicht gern von den Füßen geschüttelt hätte! Weiß Gott! Aber die Vorstellung, aufzugeben, diesen Teufel auf all diesen Gräbern tanzen zu lassen, machte mich krank. Einmal, als ich daran dachte, mußte ich mich sogar übergeben. Tatsächlich.
Also, plötzlich betrat Adelaide Mason das Café. Sie kam direkt

an meinen Tisch. Ich war ihr schon öfter begegnet, aber richtig gesprochen hatte ich nie mit ihr. Sie ist Lehrerin, unterrichtet die erste Klasse. Sie wohnt hier mit ihrer Schwester Marylee zusammen, einer Witwe. Addie Mason sagte: »Mr. Pepper, Sie werden den Thanksgiving-Day doch nicht im Okay-Café verbringen wollen, oder? Wenn Sie nichts anderes vorhaben, kommen Sie doch zum Dinner zu uns. Wir sind nur zu zweit, meine Schwester und ich.« Addie ist kein nervöser Typ, doch trotz ihres Lächelns, trotz ihrer Herzlichkeit wirkte sie, hm, zerstreut. Ich dachte: Vielleicht hält sie es nicht unbedingt für passend, daß eine unverheiratete Dame einen alleinstehenden Herrn, einen flüchtigen Bekannten, zu sich nach Hause einlädt. Aber bevor ich ja oder nein sagen konnte, fuhr sie fort: »Um ehrlich zu sein, Mr. Pepper, ich habe da ein Problem. Etwas, worüber ich mit Ihnen sprechen muß. Das könnten wir bei dieser Gelegenheit tun. Sagen wir – um zwölf?«

Ich habe niemals besser gegessen – statt Truthahn gab es Täubchen mit wildem Reis und einen guten Champagner. Während der ganzen Mahlzeit bestritt Addie auf sehr amüsante Weise die Unterhaltung. Sie wirkte überhaupt nicht nervös – im Gegensatz zu ihrer Schwester.

Nach dem Essen saßen wir bei Kaffee und Brandy im Wohnzimmer. Addie entschuldigte sich einen Moment, und als sie wiederkam, was hatte sie da in der Hand . . . ?

TC: Darf ich raten?

Jake: Sie reichte ihn mir und sagte: »Darüber wollte ich mit Ihnen sprechen.«

(Jakes schmale Lippen formten einen Rauchring, dann einen zweiten. Bis er seufzte, war das einzige Geräusch im Raum das Jaulen des Windes, der am Fenster rüttelte.)

Jake: Du hast eine lange Fahrt hinter dir. Vielleicht sollten wir Schluß machen.

TC: Soll das heißen, daß du mich im dunkeln tappen lassen willst?

Jake (ernst, aber mit seinem verschmitzt-zweideutigen Grinsen): Nur bis morgen. Ich finde, du solltest Addies Geschichte von ihr

persönlich hören. Komm mit; ich bringe dich zu deinem Zimmer.

(Merkwürdigerweise überfiel mich der Schlaf, als hätte mir ein Einbrecher seinen Totschläger über den Schädel gezogen; es *war* eine lange Fahrt gewesen, meine Nebenhöhlen machten mir zu schaffen, ich war müde. Doch innerhalb weniger Minuten war ich schon wieder wach, oder vielmehr, ich glitt in den Zustand zwischen Schlafen und Wachen hinüber; mein Verstand glich einem geschliffenen Kristall, einem schwebend aufgehängten Instrument, das die Reflexionen wirbelnder Eindrücke auffing: der Kopf eines Mannes im Laub, mit Giftspritzern verschmierte Fenster eines Wagens, Augen von Schlangen, die durch Hitzedunst glitten, Flammen, die aus der Erde schlugen, verkohlte Fäuste, die an eine Kellertür hämmerten, ein gespannter Draht, der in der Dämmerung schimmerte, ein Torso auf einem Weg, ein Kopf im Laub, Feuer, Feuer, Feuer, das dahinrollte wie ein Fluß, Fluß, Fluß. Dann schrillte ein Telefon.)

Männerstimme: Was ist? Willst du den ganzen Tag verschlafen?

TC (die Vorhänge sind zugezogen, das Zimmer ist dunkel, ich weiß nicht, wo ich bin, wer ich bin): Hallo?

Männerstimme: Hier ist Jake Pepper. Erinnerst du dich? Der Bösewicht. Mit den bösen, blauen Augen.

TC: Jake! Wie spät ist es?

Jake: Kurz nach elf. Addie Mason erwartet uns in ungefähr einer Stunde. Also marsch unter die Dusche! Und zieh dich warm an. Draußen schneit's.

(Dichter Schnee fiel, dicke Flocken, die zu schwer waren, um zu schweben; sie sanken zu Boden und deckten alles zu. Als wir mit Jakes Wagen vom Motel abfuhren, schaltete er die Scheibenwischer ein. Die Main Street war grau, weiß und leer, ohne Leben bis auf eine einsame Verkehrsampel, die ihre Lichter blinken ließ. Alles war geschlossen, sogar das Okay-Café. Die trübe Atmosphäre, die düstere Schneestille steckte uns an; keiner sagte ein Wort. Aber ich spürte, daß Jake guter Laune war, als freue er sich auf ein paar angenehme Stunden.

Sein gesundes Gesicht strahlte, und er roch – ein bißchen zu stark – nach After-shave-Lotion. Obwohl sein Haar so struppig war wie stets, war er sehr sorgfältig gekleidet – aber nicht so, als wolle er in die Kirche gehen. Die rote Krawatte, die er trug, war für einen fröhlicheren Anlaß ausgesucht worden. Ein Freier auf dem Weg zum Rendezvous? Diese Möglichkeit war mir gestern abend eingefallen, als ich hörte, wie er mit Miss Mason sprach; es gab da einen gewissen Tonfall, ein Timbre, eine Intimität.

Doch kaum bekam ich Adelaide Mason zu Gesicht, da verwarf ich diesen Gedanken schon wieder. Ganz gleich, wie einsam Jake sein mochte, wie sehr er sich langweilte, diese Frau war einfach zu unscheinbar. Das heißt, dies war mein erster Eindruck. Sie schien etwas jünger als Marylee Connor, ihre Schwester, die etwa Ende vierzig war; sie hatte ein nettes Gesicht, liebenswert, aber zu kraftvoll, maskulin – Kosmetika hätten diese Eigenart nur noch betont, und sie war klug genug, keine zu verwenden. Ihre attraktivste körperliche Eigenschaft war die Sauberkeit – ihr braunes, kurz geschnittenes Haar, ihre Fingernägel, ihre Haut: Es war, als habe sie in einem ganz speziellen Frühlingsregen gebadet. Sie und ihre Schwester waren in der vierten Generation an diesem Ort ansässig, und sie unterrichtete hier seit ihrem College-Abschluß; man fragte sich, warum. Bei ihrer Intelligenz, ihrem Charakter und ihrer Allgemeinbildung war es erstaunlich, daß sie sich keinen größeren Wirkungskreis für ihre Fähigkeiten gesucht hatte als ein Klassenzimmer voll Sechsjähriger.

»Nein«, antwortete sie mir, »ich bin hier sehr glücklich. Ich tue das, was mir Freude macht: Erstkläßler unterrichten. Den Anfang miterleben, das finde ich schön. Und bei den Erstkläßlern, wissen Sie, unterrichte ich alle Fächer. Inklusive gute Manieren. Gute Manieren sind sehr wichtig. Die lernen nur ganz wenige von meinen Kindern daheim.«

Das weitläufige alte Haus, das die Schwestern bewohnten, ein Familienbesitz, spiegelte mit seinem warmen, beruhigenden Komfort, seinen kultivierten, soliden Farben und den die

Atmosphäre bestimmenden Details die Persönlichkeit der jüngeren Schwester, denn Mrs. Connor ließ, so angenehm sie auch war, Adelaide Masons kritisches Auge, ihre Phantasie vermissen.
Das Wohnzimmer war fast ganz in Blau und Weiß gehalten und voller blühender Pflanzen. Ein immenser viktorianischer Vogelkäfig stand darin, Wohnstatt eines halben Dutzends musikalischer Kanarienvögel. Das Eßzimmer war gelb, weiß und grün, mit spiegelblank gebohnertem Naturholzboden; in einem großen Kamin loderten dicke Scheite. Miss Masons kulinarische Kunst war sogar noch größer, als Jake es mir prophezeit hatte. Sie setzte uns ein außergewöhnlich gutes Irish Stew vor, einen hinreißenden Rosinen-Apfelkuchen, und es gab Rotwein, Weißwein und Champagner. Mr. Connor hatte seine Witwe wohlversorgt zurückgelassen.
Während des Essens begann sich mein erster Eindruck von unserer jüngeren Gastgeberin zu ändern. Doch, zwischen Jake und dieser Dame bestand ganz eindeutig ein gewisses Einvernehmen. Sie waren ein Liebespaar. Und als ich Adelaide aufmerksamer beobachtete, sie sozusagen mit Jakes Augen sah, begann ich sein unverwechselbar sinnliches Interesse zu begreifen. Gewiß, ihr Gesicht war nicht makellos, doch ihr Körper, den ein enges, graues Jerseykleid betonte, war ansprechend, wirklich nicht übel; und sie *verhielt* sich, als sei er *sensationell*: einer Filmdiva mit der stärksten sexuellen Ausstrahlung, die man sich vorstellen kann, ebenbürtig. Der Schwung ihrer Hüften, die unbehinderte Bewegung ihrer vollen Brüste, ihre Altstimme, die graziösen Gesten: alles superverführerisch, superfeminin, ohne jedoch weibchenhaft zu sein. Ihre Stärke lag in ihrer Einstellung: Sie benahm sich, als sei sie selbst von ihrer Unwiderstehlichkeit überzeugt: und ganz gleich, wie immer ihre Chancen gewesen sein mochten, der Stil dieser Frau ließ auf eine erotische Vergangenheit schließen, eine Story mit sämtlichen einschlägigen Fußnoten. Nach dem Essen sah Jake sie an, als hätte er sie am liebsten sofort ins Schlafzimmer entführt: die Atmosphäre zwischen

den beiden war so gespannt wie der Draht, der Clem Anderson den Kopf vom Hals getrennt hatte. Aber er packte eine Zigarre aus, die Miss Mason sogleich für ihn in Brand setzte. Ich lachte.)

Jake: Eh?

TC: Das ist fast wie in diesem Roman von Edith Wharton »Das Haus der Freuden«, in dem die Damen ewig den Herren die Zigarren anzünden.

Mrs. Connor (verteidigend): Das ist bei uns so üblich. Meine Mutter hat meinem Vater auch immer die Zigarren angezündet. Obwohl sie den Geruch nicht mochte. Nicht wahr, Addie?

Addie: Ja, Marylee. Jake, möchtest du noch etwas Kaffee?

Jake: Bleib sitzen, Addie. Ich möchte gar nichts. Es war ein wunderbares Essen, und jetzt wird es Zeit, daß du zur Ruhe kommst. Wie findest du denn dieses Aroma, Addie?

Addie (beinahe errötend): Ich habe eine Schwäche für den Duft einer guten Zigarre. Würde ich rauchen, dann sicher nur Zigarren.

Jake: Addie, kommen wir zum letzten Thanksgiving-Day. Als wir genauso hier saßen wie jetzt.

Addie: Und ich dir den Sarg zeigte?

Jake: Bitte, erzähl meinem Freund deine Geschichte. Genau wie du sie mir erzählt hast.

Mrs. Connor (schiebt ihren Stuhl zurück): Ach bitte! Müssen wir darüber sprechen? Immer wieder! Immer wieder! Ich habe schon Alpträume.

Addie (steht auf, legt ihrer Schwester den Arm um die Schulter): Du hast recht, Marylee. Wir werden nicht mehr davon sprechen. Wir gehen ins Wohnzimmer, und du spielst für uns ein bißchen Klavier.

Mrs. Connor: Es ist so *niederträchtig*. (Dann, mit einem Blick zu mir:) Sie halten mich sicher für einen furchtbaren Angsthasen. Das bin ich auch ganz zweifellos. Auf jeden Fall habe ich viel zuviel Wein getrunken.

Addie: Du brauchst einen kleinen Mittagsschlaf, Liebling.

Mrs. Connor: Einen Mittagsschlaf? Wie oft soll ich es dir noch

sagen, Addie? Ich habe *Alp*träume. (Reißt sich zusammen.) Ach ja, natürlich. Ein Mittagsschläfchen. Entschuldigen Sie mich bitte.

(Als ihre Schwester hinausging, schenkte sich Addie ein Glas Rotwein ein und hob es empor, damit die Glut im Kamin das scharlachrote Funkeln verstärkte. Ihr Blick wanderte vom Feuer zum Wein, dann zu mir. Ihre Augen waren braun, aber die unterschiedliche Beleuchtung – Feuerschein, Kerzen auf dem Tisch – verfärbte sie, ließ sie katzenhaft gelb erscheinen. Weit weg sangen die Kanarienvögel in ihrem Käfig, und der Schnee, der zerrissenen Spitzengardinen gleich an den Fenstern flatterte, steigerte die Gemütlichkeit des Zimmers, die Wärme des Feuers, das Rot des Weines.)

Addie: Meine Geschichte. Na ja, hm.

Ich bin vierundvierzig, war nie verheiratet, bin zweimal um die Welt gereist, fliege fast jeden zweiten Sommer nach Europa; aber man kann wohl mit Fug und Recht behaupten, daß mir mit Ausnahme eines betrunkenen Matrosen, der auf einem schwedischen Trampdampfer durchdrehte und mich vergewaltigen wollte, noch nie etwas Außergewöhnliches zugestoßen ist – bis zu der Woche vor dem diesjährigen Thanksgiving-Day.

Meine Schwester und ich haben ein Postfach, ein Schließfach; wir führen zwar keine besonders große Korrespondenz, aber wir haben sehr viele Zeitschriften abonniert. Wie dem auch sei, auf dem Heimweg von der Schule holte ich noch schnell die Post ab, und da lag in unserem Fach ein Päckchen, ziemlich groß, aber sehr leicht. Es war in altes, zerknittertes, braunes Papier verpackt, das aussah, als sei es schon mal benutzt worden, und mit einer alten Kordel verschnürt. Der Poststempel stammte von hier, adressiert war es an mich. Mein Name war mit dicker, schwarzer Tinte in sauberen Druckbuchstaben geschrieben. Noch ehe ich es auspackte, dachte ich: Was für ein Mist wird das wohl sein? Sie wissen natürlich Bescheid über die Särge, nicht?

TC: Ich habe einen gesehen, ja.

Addie: Also, ich wußte damals noch nichts davon. Niemand

wußte etwas davon. Das hatten Jake und seine Beamten geheimgehalten.

(Sie zwinkerte Jake zu, bog den Kopf zurück und trank den ganzen Wein in einem Zug; sie tat es mit erstaunlicher Anmut, mit einer Behendigkeit, die ihren hübschen Hals sehen ließ. Jake, der ihr ebenfalls zuzwinkerte, schickte ihr einen Rauchring hinüber, und das leere Oval, das durch die Luft schwebte, schien ihr eine erotische Botschaft zuzutragen.)

Addie: Geöffnet habe ich das Päckchen erst spät am Abend. Denn als ich heimkam, lag meine Schwester am Fuß der Treppe: Sie war gestürzt und hatte sich den Knöchel verstaucht. Der Arzt kam. Es ging sehr hektisch zu. Das Päckchen hatte ich vergessen, bis ich zu Bett gegangen war. Da dachte ich: Ach was, das hat bis morgen Zeit. Wäre ich bloß dabei geblieben! Dann hätte ich wenigstens keine schlaflose Nacht verbracht.

Es war . . . Es war nämlich ein richtiger *Schock*. Ich habe einmal einen anonymen Brief bekommen, so einen richtig widerwärtigen – besonders schlimm, weil, ganz unter uns, das meiste von dem, was der Absender schrieb, zufällig stimmte. (Lachend füllte sie sich noch einmal das Glas.) Eigentlich war es gar nicht der Sarg, der mich so erschreckte. Es war der Schnappschuß, den er enthielt – ein kurz zuvor aufgenommenes Foto von mir auf der Außentreppe des Postamtes. Es wirkte wie eine Art Hausfriedensbruch, wie ein Diebstahl – daß man fotografiert wird, wenn man es nicht merkt. Ich habe das größte Verständnis für die Afrikaner, die vor jeder Kamera davonlaufen, aus Angst, der Fotograf wolle ihnen die Seele stehlen. Ich war erschrocken, aber nicht verängstigt. Verängstigt war nur meine Schwester. Als ich ihr das kleine Geschenk zeigte, sagte sie: »Glaubst du, das hat was mit dieser anderen Sache zu tun?« Mit dieser »anderen Sache« meinte sie die Dinge, die hier in den vergangenen fünf Jahren passiert sind: Morde, Unfälle, Selbstmorde; wie man es nennt, hängt immer davon ab, mit wem man darüber spricht.

Ich tat das Päckchen mit einem Achselzucken ab, ordnete es derselben Kategorie zu wie den anonymen Brief; aber je länger ich darüber nachdachte . . . Vielleicht hatte meine Schwester

doch nicht so unrecht. Dieses Päckchen war mir nicht von einer eifersüchtigen Frau geschickt worden, von einer übelwollenden Unruhestifterin. Es war vielmehr das Werk eines Mannes. Den Sarg hatte ein Mann geschnitzt. Ein Mann mit kräftigen Fingern hatte meinen Namen in Druckbuchstaben geschrieben. Und das Ganze stellte eine Drohung dar. Aber warum? Ich dachte: Vielleicht weiß Mr. Pepper etwas.

Ich kannte Mr. Pepper schon. Jake. Eigentlich war ich sogar in ihn verschossen.

Jake: Lenk nicht vom Thema ab.

Addie: Tu ich ja nicht. Ich habe diese Geschichte nur dazu benutzt, um dich in meine Netze zu locken.

Jake: Das ist nicht wahr.

Addie (bedrückt, ihre Stimme bildet einen dumpfen Kontrapunkt zu den zwitschernden Serenaden der Kanarienvögel): Nein, es ist nicht wahr. Denn als ich mich endlich entschloß, mit Jake zu sprechen, war ich zu dem Schluß gelangt, daß mich tatsächlich jemand ermorden wollte; und ich hatte auch eine ungefähre Idee, wer, obwohl das Motiv so unwahrscheinlich war. Trivial.

Jake: Nicht unwahrscheinlich und nicht trivial, wenn man die Methoden dieser Bestie studiert hat.

Addie (hört nicht auf ihn; spricht unpersönlich, als lese sie den Schülern das Einmaleins vor): Jeder kennt jeden. Das sagt man von den Bewohnern einer Kleinstadt. Aber es stimmt nicht. Ich kenne nicht mal die Eltern von allen meinen Schülern. Ich begegne jeden Tag Menschen, die mir völlig fremd sind. Ich bin Baptistin, unsere Gemeinde ist wirklich nicht groß; aber wir haben einige Mitglieder . . . also, deren Namen könnte ich Ihnen nicht mal sagen, wenn Sie mir die Pistole auf die Brust setzen. Der springende Punkt ist: Als ich über die Leute nachdachte, die umgekommen waren, fiel mir auf, daß ich sie alle gekannt hatte. Bis auf das Ehepaar aus Tulsa, das bei Roy Baxter und seiner Frau zu Gast war . . .

Jake: Die Hogans.

Addie: Ja. Gut, die gehörten ohnehin nicht dazu. Unbeteiligte,

die zufällig in ein Inferno gerieten. Im wahrsten Sinne des Wortes. Nicht etwa, daß irgendeines der Opfer eng mit mir befreundet gewesen wäre – höchstens Clem und Amy Anderson. Deren Kinder habe ich alle in der Schule gehabt.
Aber die anderen kannte ich zumindest flüchtig: George und Amelia Roberts, die Baxters, Dr. Parsons. Nein, ich kannte sie sogar ziemlich gut. Und aus einem einzigen Grund. (Sie starrte in ihren Wein, beobachtete sein rubinrotes Funkeln wie eine Zigeunerin, die eine wolkig-wabernde Wahrsagekugel befragt, einen gespenstischen Kristall.) Der Fluß. (Sie hob das Weinglas an die Lippen und leerte es abermals in einem einzigen, genußvollen Zug.) Haben Sie unseren Fluß gesehen? Noch nicht? Nun, im Augenblick ist nicht die richtige Jahreszeit dafür. Aber im Sommer ist er wirklich sehr nett. Bei weitem das Hübscheste an dieser Gegend. Wir nennen ihn Blue River; er ist tatsächlich blau – nicht so blau wie die Karibik, aber dennoch sehr klar, mit sandigem Boden und tiefen, stillen Badebuchten. Er entspringt in den Bergen nördlich von hier und fließt durch das ebene Land und die Gelände der Ranches; er ist unsere Hauptbewässerungsquelle und hat zwei Nebenflüsse – wesentlich kleinere Wasserläufe, einer heißt Big Brother, der andere Little Brother. Wegen dieser Nebenflüsse hat es Ärger gegeben. Viele Rancher, die von ihnen abhängig sind, meinten, man müsse den Blue River umleiten, damit Big Brother und Little Brother wasserreicher werden. Jene Rancher, deren Boden vom Hauptfluß bewässert wurde, waren natürlich gegen diesen Vorschlag. Und keiner wehrte sich heftiger dagegen als Bob Quinn, der Besitzer der B.-Q.-Ranch, in deren Bereich der Blue River am breitesten und tiefsten ist.
Jake (spuckt ins Feuer): Robert Hawley Quinn, Esquire.
Addie: Es war ein Streit, der schon seit Jahrzehnten schwelte. Jeder wußte, daß es nur fair und logisch gewesen wäre, die beiden Nebenflüsse zu verbreitern, sogar auf Kosten des Blue River, wenn man an dessen Kraft und reine Schönheit dachte. Aber die Familie Quinn und andere reiche Blue-River-Rancher hatten – mit Hilfe der verschiedensten krummen Tricks – seit

jeher dafür gesorgt, daß keine entsprechenden Schritte unternommen wurden.
Dann hatten wir zwei Dürrejahre, und die Lage spitzte sich zu. Alle Rancher, deren Überlebenschancen vom Big Brother und Little Brother abhingen, machten einen Riesenspektakel. Die Dürre hatte sie schwer getroffen; sie hatten eine Menge Vieh verloren, und jetzt stiegen sie auf die Barrikaden und verlangten ihren Anteil am Blue River.
Schließlich stimmte der Stadtrat für die Ernennung eines Sonderausschusses zur Beilegung des Streites. Wie die Ausschußmitglieder ausgewählt wurden, davon habe ich keine Ahnung. Mit Sicherheit war ich dafür nicht besonders geeignet; ich weiß noch, daß mich der alte Richter Hatfield – er ist jetzt pensioniert und lebt in Arizona – anrief und fragte, ob ich die Ernennung annehme; das war alles. Im Januar 1970 fand unsere erste Sitzung im Beratungszimmer des Gerichtsgebäudes statt. Die übrigen Ausschußmitglieder waren Clem Anderson, George und Amelia Roberts, Dr. Parsons, die Baxters, Tom Henry und Oliver Jaeger . . .

Jake (zu mir): Jaeger. Das ist der Posthalter. Ein verrückter Kerl.

Addie: Nicht tatsächlich verrückt. Das sagst du nur, weil . . .

Jake: Weil er tatsächlich verrückt ist.

(Addie war verwirrt. Sie betrachtete ihr Weinglas, wollte es nachfüllen, sah, daß die Flasche leer war, und holte aus einer kleinen Handtasche, die sie griffbereit auf dem Schoß hatte, eine hübsche, kleine Silberdose mit farbigen Pillen: Valium; sie nahm eine mit einem Schluck Wasser. Und Jake wollte behaupten, Addie sei nicht nervös?)

TC: Wer ist Tom Henry?

Jake: Noch ein Verrückter. Noch verrückter als Oliver Jaeger. Er besitzt eine Tankstelle.

Addie: Ja, wir waren neun. Wir trafen uns ungefähr zwei Monate lang einmal pro Woche. Beide Parteien, die dafür und die dagegen, schickten Fachleute, die vor dem Ausschuß aussagen sollten. Viele Rancher erschienen persönlich, um mit uns zu sprechen, um ihren Fall darzulegen.

Nicht aber Mr. Quinn. Nicht Bob Quinn – von dem hörten wir kein einziges Wort, obwohl er als Besitzer der B.-Q.-Ranch am meisten zu verlieren gehabt hätte, wenn wir per Abstimmung beschlossen hätten, »seinen« Fluß umzuleiten. Ich dachte mir: Er ist viel zu überheblich, um sich mit uns und unserem dummen, kleinen Ausschuß herumzuschlagen; Bob Quinn, der redet gleich mit dem Gouverneur, den Kongreßabgeordneten, den Senatoren; der glaubt, sie alle fest in der Tasche zu haben. Was wir also auch beschließen mochten, für ihn spielte es keine Rolle. Seine Freunde, die hohen Tiere, würden es schon torpedieren. Aber es kam anders. Wir stimmten dafür, den Blue River genau dort umzuleiten, wo er in Quinns Besitz eintritt; er sollte dadurch natürlich nicht vom Wasser abgeschnitten sein – er sollte einfach nicht mehr den Löwenanteil bekommen, den er bisher erhalten hatte.

Die Abstimmung wäre einstimmig gewesen, hätte Tom Henry sich nicht gegen uns gestellt. Du hast recht, Jake. Tom Henry *ist* ein Verrückter. Daher stand es schließlich acht zu eins. Und es war, wie sich herausstellte, eine sehr populäre Entscheidung, eine Lösung, die niemandem wirklich schadete, aber vielen nützte, so daß Quinns politische Kumpane nicht viel dagegen ausrichten konnten, wenn sie im Amt bleiben wollten.

Ein paar Tage nach der Abstimmung traf ich Bob Quinn zufällig auf dem Postamt. Er zog übertrieben höflich den Hut, lächelte und erkundigte sich nach meinem Wohlergehen. Zwar hatte ich nicht erwartet, daß er mich gleich anspuckt; aber immerhin, derart höflich hatte ich ihn noch nie erlebt. Nie hätte man es für möglich gehalten, daß er verärgert war. Verärgert? Wahnsinnig!

TC: Wie sieht er denn aus, dieser Mr. Quinn?

Jake: *Sag's ihm nicht!*

Addie: Warum nicht?

Jake: Nur so.

(Er stand auf, ging zum Kamin und opferte das, was von seiner Zigarre übriggeblieben war, den Flammen. Dann stand er mit dem Rücken zum Feuer, die Beine leicht gespreizt, die Arme verschränkt: Ich hätte Jake niemals für eitel gehalten,

doch jetzt posierte er eindeutig ein wenig, versuchte – erfolgreich – attraktiv auszusehen. Ich lachte.)

Jake: Eh?

TC: Ich komme mir vor wie in einem Roman von Jane Austen. In ihren Büchern wärmen sich die Gentlemen mit Sex-Appeal immer das Hinterteil am Kamin.

Addie (lachend): O Jake, es stimmt! Er hat recht!

Jake: Ich habe noch nie einen Frauenroman gelesen. Und werde es auch in Zukunft nicht tun.

Addie: Aus diesem Grund werde ich jetzt noch eine Flasche Wein aufmachen und sie ganz allein austrinken.

(Jake kam zum Tisch zurück und setzte sich neben Addie; er nahm ihre Hand und verschränkte die Finger mit den ihren. Die Wirkung, die das auf sie ausübte, war peinlich eindeutig: Sie errötete, ihr Hals bekam rote Flecken. Was ihn betraf, so schien er sie gar nicht wahrzunehmen, gar nicht zu merken, was er tat. Statt dessen sah er nur mich an; es war, als wären wir beiden allein.)

Jake: Ja, ich weiß. Nach dem, was du bis jetzt gehört hast, denkst du: Also, der Fall ist klar. Es war Mr. Quinn.

Das dachte ich auch. Letztes Jahr, nachdem Addie mir erzählt hatte, was sie jetzt dir erzählt hat, bin ich hier weg wie ein Bär mit einer Hummel im Hintern. Ich fuhr geradewegs in die Stadt. Thanksgiving oder nicht, noch am selben Abend hatten wir eine Sitzung mit dem gesamten State Bureau. Ich legte die Karten auf den Tisch: hier das Motiv, da der Mann. Niemand sagte einen Ton – bis auf meinen Chef, und der sagte: »Immer langsam, Pepper. Der Mann, den Sie da beschuldigen, ist kein Niemand. Und wo sind Ihre Beweise? Das sind doch alles nur Vermutungen. Ein Ratespiel.«

Alle waren seiner Meinung. Sie fragten mich: »Wo sind die Beweise?«

Ich war so wütend, daß ich anfing zu schreien: »Was zum Teufel glaubt ihr, weswegen ich hier bin?« fragte ich sie. »Wir müssen alle zusammenarbeiten und die Beweise sammeln. Ich *weiß*, daß es Quinn war.« Der Chef sagte: »Also, ich würde vorsichtig sein,

wenn ich so was ausspreche. Himmel, Sie könnten uns alle um unseren Job bringen.«

Addie: Als er am nächsten Tag wieder hierherkam – ich wollte, ich hätte Jake fotografieren können! Ich habe in meinem Beruf eine Menge Jungen verprügeln müssen, aber keiner hat je ein so niedergeschlagenes Gesicht gemacht wie du, Jake.

Jake: Ich war auch ziemlich bedrückt. Das ist nicht zu leugnen. Das State Bureau stärkte mir den Rücken; wir begannen Robert Hawley Quinns Vergangenheit vom Punkt Null an auszuleuchten. Aber wir mußten mit Samthandschuhen vorgehen – der Chef war so nervös wie ein Killer in der Todeszelle. Ich beantragte einen Durchsuchungsbefehl für die B.-Q.-Ranch, die Häuser, den gesamten Besitz. Abgelehnt. Er wollte nicht mal, daß ich dem Mann Fragen stellte ...

TC: Wußte Quinn, daß ihr ihn verdächtigt?

Jake (verächtlich schnaufend): Von Anfang an. Irgend jemand aus der Umgebung des Gouverneurs hat ihm einen Tip gegeben. Vielleicht der Gouverneur selbst. Und Leute von unserer eigenen Behörde – die vermutlich auch. Ich traue keinem. Keinem, der mit diesem Fall zu tun hat.

Addie: Die ganze Stadt kannte dich, bevor du Rumpelstilzchen sagen konntest.

Jake: Dank Oliver Jaeger. Und Tom Henry. Mein Fehler. Da beide im Ausschuß saßen, glaubte ich, sie ins Vertrauen ziehen, mit ihnen über Quinn sprechen, sie vor den Särgen warnen zu müssen. Beide versicherten mir, sie würden den Mund halten. Na ja, statt mich ihnen anzuvertrauen, hätte ich auch eine Bürgerversammlung einberufen und eine öffentliche Rede halten können.

Addie: In der Schule hob einer von meinen kleinen Jungen die Hand und sagte: »Mein Daddy hat zu meiner Mama gesagt, jemand hat Ihnen einen Sarg geschickt, genau wie für den Friedhof. Mr. Quinn ist das gewesen, hat er gesagt.« Und ich antwortete: »Ach Bobby, dein Daddy hat nur Spaß gemacht und deiner Mama ein Märchen erzählt.«

Jake: Eines von Oliver Jaegers Märchen! Dieses Schwein hat

praktisch die ganze Welt angerufen. Und du willst behaupten, er ist nicht verrückt?

Addie: Du hältst ihn ja nur deswegen für verrückt, weil er *dich* für verrückt hält. Er glaubt aufrichtig, daß du dich irrst. Daß du einen Unschuldigen verfolgst. (Sieht immer noch Jake an, spricht aber mit mir.) Oliver würde nie einen Preis gewinnen, weder mit seinem Charme noch mit seinem Verstand. Aber er ist ein vernünftiger Mensch – eine Klatschbase, aber gutmütig. Er ist mit den Quinns verwandt; Bob Quinn ist sein Cousin zweiten Grades. Das könnte der Grund für seine heftige Anteilnahme sein. Oliver ist überzeugt – und viele andere mit ihm –, daß es selbst dann, wenn eine Verbindung zwischen dem Beschluß des Blue-River-Ausschusses und den Todesfällen besteht, keinen Grund gibt, mit dem Finger auf Bob Quinn zu zeigen. Er ist nicht der einzige Rancher vom Blue River, der Grund zur Klage hätte. Was ist mit Walter Forbes? Jim Johanssen? Den Throbys? Den Millers? Den Rileys? Warum gerade Bob Quinn? Aus welchem besonderen Grund hackt man gerade auf ihm herum?

Jake: Weil er es war.

Addie: Jawohl, er war es. Das wissen *wir*. Aber du kannst nicht mal beweisen, daß er die Klapperschlangen gekauft hat.

Jake: Ich möchte einen Whiskey.

Addie: Selbstverständlich, Sir. Sonst noch jemand?

Jake (nachdem Addie hinausgegangen ist): Sie hat recht. Wir können nicht beweisen, daß er die Klapperschlangen gekauft hat, obwohl wir wissen, daß er es war. Weißt du, ich habe von Anfang an geahnt, daß diese Schlangen aus einer kommerziellen Quelle stammen; von Züchtern, die sie wegen des Giftes halten – sie verkaufen es an Laboratorien. Die Hauptlieferanten sind Florida und Texas, aber kleinere Schlangenfarmen gibt es überall im Land. Im Verlauf der letzten Jahre haben wir bei den meisten angefragt – und keine einzige Antwort erhalten.

Ganz tief im Herzen wußte ich aber, daß diese Klapperschlangen aus dem Lone Star State gekommen sind. Es war ja nur logisch – warum sollte man bis nach Florida runterfahren, wenn man das, was man wollte, praktisch nebenan haben konnte? Also, sobald

Quinn auf der Bildfläche erschien, beschloß ich, mich auf die Geschichte mit den Schlangen zu konzentrieren – einen Aspekt, um den wir uns nie in dem Maß gekümmert hatten, wie es eigentlich notwendig gewesen wäre, vor allem, weil das persönliche Ermittlungen und Reisespesen erforderte. Und wenn der Chef Geld ausgeben soll ... Verdammt, es wäre leichter, mit Gebrauchtzähnen Walnüsse zu knacken. Aber ich kenne da diesen Mann, einen alten Ermittlungsbeamten beim Texas Bureau; der schuldete mir noch eine Gefälligkeit. Also schickte ich ihm einiges Material; Fotos von Quinn, die ich mir beschafft hatte, und Bilder von den Klapperschlangen – neun insgesamt, wie sie an einer Wäscheleine hängen, nachdem wir sie getötet hatten.

TC: Wie habt ihr sie getötet?

Jake: Mit Schrotflinten. Die Köpfe weggepustet.

TC: Ich habe einmal eine Klapperschlange getötet. Mit einer Gartenhacke.

Jake: Ich glaube, diese Biester hätte man nicht mit einer Hacke umbringen können. Nicht mal verletzen. Die kleinste war über zwei Meter lang.

TC: Neun Schlangen. Und neun Mitglieder des Blue-River-Ausschusses. Eine hübsche, sehr sinnige Übereinstimmung.

Jake: Bill, mein Freund aus Texas, ist ein energischer Mensch; er hat ganz Texas von einer Grenze zur anderen durchkämmt, hat fast seinen gesamten Urlaub damit verbracht, Schlangenfarmen aufzusuchen, sich mit den Züchtern zu unterhalten. Jetzt, vor einem Monat, rief er dann an und sagte, er glaube, die richtige gefunden zu haben: eine Mrs. Garcia, eine Tex-Mex-Lady, der eine Schlangenfarm bei Nogales gehöre. Das sind ungefähr zehn Stunden Fahrt von hier. Wenn man einen Polizeiwagen nimmt und einhundertvierzig Kilometer pro Stunde schafft. Bill versprach mir, mich dort zu erwarten.

Addie fuhr mit. Wir fuhren nachts und frühstückten mit Bill in einem Holiday Inn. Dann besuchten wir Mrs. Garcia. Einige von diesen Schlangenfarmen sind Touristenattraktionen; aber diese hier war anders – sie lag weit ab vom Highway, eine ganz kleine

Klitsche. Aber die Dame hatte wahrhaftig ein paar eindrucksvolle Exemplare. Während wir dort waren, holte sie immer wieder riesige Klapperschlangen heraus und wickelte sie sich um Hals und Arme: lachend; sie hatte fast nur Goldzähne. Zuerst hielt ich sie für einen Mann; sie war gebaut wie Pancho Villa und trug Cowboyhosen mit dem Reißverschluß vorn.
Auf einem Auge hatte sie den grauen Star, und mit dem anderen konnte sie nicht mehr allzu gut sehen. Bei der Identifizierung von Quinns Foto zögerte sie jedoch nicht einen Moment. Er sei entweder im Juni oder im Juli 1970 gekommen, sagte sie (die Roberts' waren am 5. September 1970 gestorben), und habe einen jungen Mexikaner bei sich gehabt; die beiden hätten einen kleinen Lieferwagen mit mexikanischem Nummernschild gefahren. Sie selbst, berichtete sie, habe kein Wort mit Quinn gesprochen; ihrer Aussage nach hat er überhaupt nichts gesagt – nur zugehört, wie sie mit dem Mexikaner verhandelte. Es sei nicht ihre Art, die Kunden nach Gründen für den Kauf ihrer Ware zu fragen, erklärte sie; aber der Mexikaner habe ihr diese Information freiwillig gegeben: Er wolle ein Dutzend ausgewachsene Klapperschlangen für ein religiöses Ritual. Das überraschte sie keineswegs; die Leute kauften oft Schlangen für religiöse Zwecke, sagte sie. Aber der Mexikaner verlangte ihre Garantie dafür, daß die Schlangen einen Bullen von zehn Zentnern angreifen und töten könnten. Sie antwortete, ja, das sei durchaus möglich – vorausgesetzt, man injiziere ihnen eine Droge, ein Amphetamin-Stimulans, bevor sie auf den Bullen angesetzt würden.
Sie zeigte ihm, wie man das macht, während Quinn zusah. Uns zeigte sie es ebenfalls. Sie benutzte einen Stock etwa von der doppelten Länge einer Reitgerte und biegsam wie eine Weidenrute; an einem Ende war eine Lederschlinge angebracht. Mit der Schlinge fing sie den Schlangenkopf ein, hob ihn hoch und stieß dem Tier die Injektionsnadel in den Körper. Sie ließ den Mexikaner ein paar Probeinjektionen ausführen; er machte seine Sache gut.
TC: Hatte sie den Mexikaner zuvor schon mal gesehen?

Jake: Nein. Ich bat sie, ihn mir zu beschreiben, und ihre Beschreibung paßte auf praktisch jede Grenzstadt-Mexicali-Rose zwischen zwanzig und dreißig. Er bezahlte die Tiere; sie packte jede einzelne Schlange in einen eigenen Behälter, und sie fuhren davon.
Mrs. Garcia war eine sehr gefällige Dame. Sehr hilfsbereit. Bis wir ihr die entscheidende Frage stellten. Ob sie uns eine eidesstattliche Erklärung unterschreiben würde, daß Robert Hawley Quinn einer der beiden Männer gewesen war, die ihr an einem bestimmten Sommertag im Jahre 1970 ein Dutzend Klapperschlangen abgekauft hatten. Da wurde sie plötzlich sehr sauer. Gar nichts würde sie unterschreiben, erwiderte sie.
Ich erklärte ihr, daß mit diesen Schlangen zwei Menschen ermordet worden seien. Da hättest du mal ihr Gesicht sehen sollen! Sie ging ins Haus, verschloß die Türen und zog die Rolläden herunter.
TC: Eine eidesstattliche Erklärung. Das hätte juristisch nicht viel Gewicht gehabt.
Jake: Wir hätten aber etwas gehabt, mit dem wir ihn konfrontieren konnten: einen Eröffnungszug. Höchstwahrscheinlich war es der Mexikaner, der die Schlangen in den Wagen der Roberts' praktiziert hat; Quinn hat ihm natürlich den Auftrag gegeben. Weißt du was? Ich möchte wetten, der Mexikaner ist tot, begraben draußen in der einsamen Prärie. Mit Komplimenten von Mr. Quinn.
TC: Aber irgendwo in Quinns Vorgeschichte muß es doch einen Hinweis darauf geben, daß er zu krankhafter Gewalttätigkeit fähig ist.

(Jake nickte, nickte, nickte.)

Jake: Der Gentleman war mit Mord wohlvertraut.

(Addie kam mit dem Whiskey zurück. Er dankte ihr und küßte sie auf die Wange. Sie setzte sich neben ihn, und wieder fanden sich ihre Hände, verschränkten sich ihre Finger.)

Jake: Die Quinns gehören zu den ältesten Familien hier. Bob Quinn ist der älteste von drei Brüdern. Jedem gehört ein Anteil an der B.-Q.-Ranch, aber er ist der Boß.

Addie: Nein, seine Frau ist der Boß. Er hat seine Cousine ersten Grades geheiratet, Juanita Quinn. Ihre Mutter war spanischer Abstammung, und sie besitzt das Temperament eines heißen *tamale*. Ihr erstes Kind starb bei der Geburt, und sie weigert sich, ein zweites zu bekommen. Es ist aber allgemein bekannt, daß Bob Quinn dennoch Kinder hat. Von einer anderen Frau in einer anderen Stadt.
Jake: Er war ein Kriegsheld. Im Zweiten Weltkrieg Colonel bei der Marine. Er selbst spricht niemals darüber, aber wenn man andere Leute hört, dann hat Bob Quinn im Alleingang mehr Japaner gekillt als die Bombe von Hiroshima.
Aber gleich nach dem Krieg übte er sich ein bißchen in einer Art des Tötens, die nicht ganz so patriotisch war. Einmal spät am Abend rief er den Sheriff an, er möge zur B.-Q.-Ranch hinauskommen und zwei Leichen abholen. Er habe die beiden Männer beim Viehdiebstahl erwischt und erschossen, behauptete er. Das war seine Version, und niemand hat sie angezweifelt, wenigstens nicht öffentlich. In Wirklichkeit aber waren diese beiden Männer keine Viehdiebe, sondern Glücksspieler aus Denver, und Quinn schuldete ihnen einen Haufen Geld. Sie waren zur B.-Q.-Ranch rausgefahren, weil er sie angeblich bezahlen wollte. Aber sie kriegten nur eine Ladung Schrot.
TC: Hast du ihn jemals dazu vernommen?
Jake: Wen?
TC: Quinn.
Jake: Streng genommen, habe ich ihn überhaupt nie *vernommen*.

(Sein schiefes, zynisches Grinsen verzerrte seine Lippen; er ließ das Eis im Whiskey klingeln, trank einen Schluck und lachte – ein tiefes, rauhes Lachen, wie bei einem Mann, der Schleim aushusten will.)

Jake: Erst seit neuestem spreche ich öfter mit ihm. Aber in den fünf Jahren zuvor, die ich schon an dem Fall arbeite, habe ich ihn nie kennengelernt. Gesehen, ja. Ich wußte, wer er war.
Addie: Aber jetzt sind sie die dicksten Freunde. Richtige Kumpel.

Jake: Addie!
Addie: Ach Jake! Ich mache doch nur Spaß.
Jake: Das ist aber nicht zum Spaßen. Für mich ist es eine wahre Tortur.
Addie (drückt seine Hand): Ich weiß. Tut mir leid.
(Jake leerte sein Glas, knallte es auf den Tisch.)
Jake: Ihn anzusehen. Ihm zuzuhören. Über seine dreckigen Witze zu lachen. Ich hasse ihn. Er haßt mich. Das wissen wir beide.
Addie: Komm, laß dich mit einem frischen Whiskey beruhigen.
Jake: Bleib sitzen!
Addie: Vielleicht sollte ich mal zu Marylee hineinschauen. Nachsehen, ob alles in Ordnung ist.
Jake: Bleib sitzen!
(Addie wollte aber nicht im Zimmer bleiben, sie fühlte sich unbehaglich bei Jakes Zorn, der dumpfen Wut, die sich auf seinem Gesicht abzeichnete.)
Addie (sieht zum Fenster hinaus): Es hat aufgehört zu schneien.
Jake: Am Montagvormittag ist das Okay-Café immer voll. Nach dem Wochenende kommt jeder mal kurz rein, um sich die letzten Neuigkeiten auftischen zu lassen. Rancher, Geschäftsleute, der Sheriff und seine Männer, Leute vom Gericht. Aber an diesem Montagmorgen – dem Montag nach dem Thanksgiving-Day – quoll das Café über; die Männer hockten einander fast auf dem Schoß, und alle quasselten wie die Marktweiber.
Du kannst dir vorstellen, worüber geklatscht wurde. Tom Henry und Oliver Jaeger hatten ja das Wochenende damit verbracht, die Nachricht zu verbreiten und überall zu erzählen, der Mann vom State Bureau, dieser Jake Pepper, beschuldige Bob Quinn des Mordes. Ich saß in meiner Nische und tat, als würde ich nichts bemerken. Aber es half nichts, ich konnte nicht übersehen, daß Bob Quinn höchstpersönlich hereinkam; man hörte förmlich, wie das gesamte Café den Atem anhielt.
Er drückte sich neben den Sheriff in eine Nische; der Sheriff umarmte ihn, lachte und stieß einen Cowboyjodler aus. Die meisten anderen ahmten ihn nach, schrien: *wahoo*, Bob! *hiya*,

Bob! Jawohl, das Okay-Café stand hundertprozentig hinter Bob Quinn. Ich hatte das Gefühl – ein Gefühl, daß sie mich lynchen würden, bevor ich ihn verhaften konnte, selbst wenn ich ihnen mit tödlicher Gewißheit bewies, daß dieser Mann ein vielfacher Mörder war.

Addie (legt eine Hand an die Stirn, als habe sie Kopfschmerzen): Es stimmt. Bob Quinn hat die ganze Stadt auf seiner Seite. Das ist auch ein Grund dafür, daß meine Schwester es nicht gern hört, wenn wir davon reden. Jake irrt sich, sagt sie, Mr. Quinn ist ein prächtiger Mensch. Nach ihrer Theorie war Dr. Parsons für diese Verbrechen verantwortlich und hat deswegen Selbstmord begangen.

TC: Aber Dr. Parsons war schon lange tot, als Sie den Sarg bekamen.

Jake: Marylee ist lieb, aber nicht allzu helle. Tut mir leid, Addie, aber so ist es nun mal.

(Addie entzog Jake ihre andere Hand: eine warnende Geste, aber nicht sehr ernst gemeint. Jedenfalls konnte Jake jetzt aufstehen und auf und ab gehen, was er auch tat. Seine Schritte hallten auf den gewachsten Holzdielen.)

Jake: Also zurück zum Okay-Café. Als ich gehen wollte, streckte der Sheriff die Hand aus und ergriff meinen Arm. Er ist ein unverschämter irischer Hund. Und ein Gauner ersten Ranges. »He, Jake«, sagte er. »Ich möchte Sie mit Bob Quinn bekanntmachen. Bob, das ist Jake Pepper. Vom Bureau.« Ich schüttelte Quinn die Hand. Quinn sagte: »Ich habe schon viel von Ihnen gehört. Sie sollen ja Schach spielen. Ich finde hier nicht allzu viele Partner. Wie wär's, wenn wir uns mal zusammensetzten?« Ich antwortete, gewiß, und er sagte: »Paßt's Ihnen morgen? Kommen Sie doch so gegen fünf. Dann trinken wir was und spielen ein paar Partien.«

So fing es an. Am nächsten Nachmittag fuhr ich zur B.-Q.-Ranch. Wir spielten zwei Stunden. Er spielt besser als ich, aber ich gewann doch so oft, daß die Sache interessant wurde. Er ist geschwätzig, redet über Gott und die Welt: Politik, Frauen, Sex, Forellenangeln, Verdauung, seine Rußlandreise, Rindvieh con-

tra Weizen, Gin contra Wodka, Johnny Carson, seine Safari in Afrika, Religion, die Bibel, Shakespeare, die Genialität von General MacArthur, Bärenjagd, Reno-Huren contra Las-Vegas-Huren, die Börse, Geschlechtskrankheiten, Cornflakes contra Weizenschrot, Gold contra Diamanten, Todesstrafe – er ist sehr dafür – Football, Baseball, Basketball – über *alles*. Über alles, nur nicht über das, was mich in dieser Stadt festhält.

TC: Meinst du, er spricht nicht über diesen Fall?

Jake (hält im Umherwandern inne): Er spricht nicht nur nicht darüber, er tut ganz einfach, als existiere der Fall nicht. Ich spreche darüber, aber er reagiert nicht. Ich habe ihm die Fotos von Clem Anderson gezeigt: Ich hoffte, ihm durch den Schock eine Reaktion zu entlocken. *Irgendeine* Bemerkung. Aber er richtete den Blick wieder auf das Schachbrett, machte einen Zug und erzählte mir einen schmutzigen Witz.

Und so spielen Mr. Quinn und ich seit ein paar Monaten an mehreren Nachmittagen der Woche unser Spiel im Spiel. Übrigens fahre ich auch heute noch hin. Und du (er zeigt mit dem Finger auf mich) kommst mit.

TC: Kann ich das so einfach?

Jake: Ich habe ihn heute morgen angerufen. Er fragte lediglich: »Spielt er Schach?«

TC: Doch, ja. Aber ich sehe lieber zu.

(Ein Holzscheit zerfiel; das Knistern lenkte meine Aufmerksamkeit auf den Kamin. Ich starrte in die singenden Flammen und fragte mich, warum er wohl Addie verboten hatte, mir Mr. Quinn zu beschreiben, mir zu schildern, wie er aussah. Ich versuchte ihn mir vorzustellen; es gelang mir nicht. Vielmehr erinnerte ich mich an das Zitat von Mark Twain, das Jake mir vorgelesen hatte: »Von allen Lebewesen der Schöpfung ist der Mensch das verabscheuenswürdigste ... das einzige, wirklich das einzige, das bösartig ist ... Er ist das einzige Lebewesen, das aus Vergnügen Schmerzen zufügt.« Addies Stimme erlöste mich aus meiner trübsinnigen Träumerei.)

Addie: Ach, du liebe Zeit! Es schneit schon wieder. Aber nur

leicht. Ein bißchen Schneetreiben. (Dann, als hätte das Wiedereinsetzen des Schneefalls Gedanken an die Sterblichkeit, das Dahinfliegen der Zeit ausgelöst): Weißt du, es sind jetzt fast fünf Monate. Das ist ziemlich lange für ihn. Gewöhnlich wartet er nicht so lange.

Jake (ärgerlich): Was soll denn das nun wieder heißen, Addie?

Addie: Mein Sarg. Es sind beinahe fünf Monate. Und wie ich schon gesagt habe, gewöhnlich wartet er nicht so lange.

Jake: Addie! Ich bin hier. Dir wird nichts passieren.

Addie: Natürlich, Jake. Ich frage mich, was mit Oliver Jaeger wird. Ich frage mich, wann der seinen Sarg bekommt. Stell dir mal vor, Oliver ist der Posthalter. Er sortiert die Post und ... (Ihre Stimme wurde plötzlich erschreckend unsicher, verletzlich – nachdenklich auf eine Art, die das sorglose Singen der Kanarienvögel hervorhob.) Na ja, vorläufig ... vorläufig bestimmt noch nicht.

TC: Warum nicht?

Addie: Weil mein Sarg noch leer ist.

Als wir losfuhren, war es nach fünf. Die Luft war still, schneefrei, schimmerte in der letzten Glut eines Sonnenuntergangs und den ersten bleichen Strahlen eines Mondaufgangs: Der Vollmond rollte am Horizont dahin wie ein rundes, weißes Rad oder wie eine Maske, eine gesichtslose, drohende Maske, die durch die Wagenfenster zu uns hereinspähte. Am Ende der Main Street, kurz bevor die Stadt in die Prärie übergeht, deutete Jake auf eine Tankstelle: »Die gehört Tom Henry. Tom Henry, Addie, Oliver Jaeger; vom einstigen Flußausschuß sind nur noch diese drei übrig. Ich sagte vorhin, Tom Henry sei verrückt. Das ist er auch. Aber er hat Glück. Er hat anders gestimmt als die anderen. Dadurch schwebt er nicht in Gefahr. Kein Sarg für Tom Henry.«

TC: »Ein Sarg für Dimitrios«.

Jake: Was sagst du?

TC: Der wörtliche Titel eines Buches von Eric Ambler. Ein Thriller.

Jake: Ein Roman? (Ich nickte; er schnitt eine Grimasse) Liest du tatsächlich solchen Mist?

TC: Graham Greene war ein erstklassiger Schriftsteller. Bis der Vatikan ihn sich schnappte. Von da an schrieb er nie wieder so etwas Gutes wie »Am Abgrund des Lebens«. Ich mag Agatha Christie, ich liebe sie geradezu. Und Raymond Chandler ist ein großartiger Stilist, ein Poet. Selbst wenn seine Plots chaotisch sind.

Jake: Mist. Diese Burschen sind doch bloß Träumer – hocken an ihrer Schreibmaschine und wichsen sich geistig einen ab, mehr nicht.

TC: Also kein Sarg für Tom Henry. Und was ist mit Oliver Jaeger?

Jake: Der kriegt einen. Eines Morgens wird er im Postamt rumschlurfen, die eingegangenen Postsäcke leeren, und da ist er dann, in einer braunen Schachtel mit seinem Namen drauf. Trotz der Verwandtschaft; obwohl er Bob Quinn ständig mit einem Heiligenschein versieht. Sankt Robert wird ihn niemals mit ein paar Ave Maria davonkommen lassen. Nicht, wie ich unseren Sankt Robert kenne. Vermutlich hat er bereits mit seinem Schnitzmesser herumgewerkelt, einen gewissen kleinen Gegenstand fabriziert und Oliver Jaegers Foto hineingelegt ...

(Jakes Stimme brach plötzlich ab; sein Fuß trat auf das Bremspedal, als wären beide Handlungen koordiniert: der Wagen schleuderte, kam aus der Spur, fing sich wieder; wir fuhren weiter. Ich wußte, was geschehen war. Genau wie mir war auch ihm Addies erschütternde Erklärung eingefallen: »Weil mein Sarg noch leer ist.« Ich versuchte den Mund zu halten; der aber rebellierte.)

TC: Aber das bedeutet ...

Jake: Ich mache lieber die Scheinwerfer an.

TC: Das bedeutet, daß Addie sterben wird.

Jake: Verdammt noch mal, nein! Ich wußte, daß du das sagen würdest. (Er schlug mit der flachen Hand aufs Lenkrad.) Ich habe eine Mauer um Addie gebaut. Ich habe ihr einen .38er Detective Special gegeben und ihr gezeigt, wie man damit um-

geht. Sie trifft einen Mann auf hundert Meter genau zwischen die Augen. Sie hat Karate gelernt und kann mit einem Handkantenschlag ein Brett spalten. Addie ist gescheit; sie wird sich nicht hereinlegen lassen. Und außerdem bin ich ja da. Ich gebe auf sie acht. Ich gebe auf Quinn acht. Und andere tun das ebenfalls.

(Starke Emotionen, Ängste, die an Entsetzen grenzen, können die Logik selbst eines so logischen Menschen wie Jake Pepper zunichte machen – eines Menschen, dessen Vorsichtsmaßnahmen Clem Anderson nicht hatten retten können. Ich war nicht bereit, über diesen Punkt mit ihm zu diskutieren, nicht angesichts seiner gegenwärtigen irrationalen Stimmung; aber wenn er glaubte, daß Oliver Jaegers Schicksal besiegelt war, warum war er dann so sicher, daß Addie davonkam? Daß sie verschont blieb? Falls Quinn sich treu blieb, mußte er Addie beseitigen, von der Bildfläche verschwinden lassen, bevor er den letzten Schritt seines Plans in Angriff nehmen und seinem Cousin zweiten Grades und standfesten Verteidiger, dem hiesigen Posthalter, ein Geschenk schicken konnte.)

TC: Ich weiß, daß Addie schon eine Weltreise gemacht hat. Aber ich glaube, es wird Zeit, daß sie eine eine zweite macht.

Jake (heftig): Sie kann nicht fort. Jetzt nicht.

TC: So? Sie scheint mir aber nicht zum Selbstmord zu neigen.

Jake: Also, da ist erstens die Schule. Vor Juni gibt es keine Ferien.

TC: Jake! Mein Gott! Wie kannst du von der *Schule* reden?

(Trotz der schwachen Beleuchtung sah ich, daß er sich schämte; gleichzeitig reckte er trotzig das Kinn.)

Jake: Wir haben darüber gesprochen. Daß sie mit Marylee eine lange Kreuzfahrt machen soll. Aber sie will nicht. »Der Hai braucht einen Köder«, hat sie gesagt. »Wenn wir den Hai fangen wollen, muß der Köder in greifbarer Nähe sein.«

TC: Dann ist Addie also ein Lockvogel? Ein Zicklein, das darauf wartet, daß der Tiger zuschlägt?

Jake: Langsam! Mir gefällt das nicht, wie du das formulierst.

TC: Wie würdest du es denn formulieren?

Jake (schweigt).

TC (schweigt).
Jake: Quinn hat es auf Addie abgesehen, das stimmt. Er wird Wort halten. Und dabei werden wir ihn festnageln: bei dem Versuch. Wir schnappen ihn uns, sowie der Vorhang oben ist und alle Scheinwerfer brennen. Das ist ein gewisses Risiko, gewiß; aber das müssen wir eben eingehen. Weil ... na ja, verdammt, um ehrlich zu sein, weil das wahrscheinlich die einzige Chance ist, die wir jemals bekommen werden.

(Ich lehnte den Kopf ans Fenster: sah Addies hübsche Kehle, als sie den Kopf zurückwarf und den funkelnden Wein in einem einzigen, köstlichen Zug austrank. Ich fühlte mich schwach, hilflos – und verabscheute Jake.)

TC: Ich mag Addie. Sie ist sehr natürlich und dennoch irgendwie geheimnisvoll. Ich frage mich, warum sie nie geheiratet hat.
Jake: Behalte dies jetzt bitte für dich: Addie wird bald mich heiraten.
TC (mein inneres Auge war noch immer woanders, beobachtete Addie noch immer beim Weintrinken): Wann?
Jake: Nächsten Sommer. Wenn ich Urlaub nehme. Wir haben es noch niemandem gesagt. Nur Marylee. Begreifst du jetzt: Addie ist in *Sicherheit*; ich werde nicht zulassen, daß ihr etwas zustößt; ich liebe sie; ich werde sie heiraten.

(Nächsten Sommer: in einer Ewigkeit. Der Vollmond, jetzt höher, weißer und von Kojoten angebetet, zog über die schneeglänzende Prärie. Rinder standen in Gruppen auf den kalten, schneebedeckten Feldern, eng zusammengedrängt, um sich zu wärmen. Einige standen zu Paaren. Ich entdeckte zwei gescheckte Kälber, Seite an Seite, einander Schutz und Wärme spendend: wie Jake, wie Addie.)

TC: Ich gratuliere. Das ist großartig. Ihr werdet bestimmt sehr glücklich werden.

Bald darauf begrenzte ein imposanter Stacheldrahtzaun, ähnlich wie die hohen Zäune eines Konzentrationslagers, zu beiden Seiten die Straße; er markierte die Grenze der B.-Q.-Ranch: zehntausend Morgen oder so. Ich öffnete das Fenster und ließ

einen Schwall eisiger Luft herein, sie roch würzig nach neuem Schnee und altem, süßem Heu. »Da sind wir«, sagte Jake, als wir den Highway verließen und durch ein offenstehendes Holztor fuhren. Am Eingang beleuchteten unsere Scheinwerfer ein hübsch beschriftetes Schild: *B.-Q.-Ranch / Eigentümer: R. H. Quinn*. Unter den Namen des Besitzers waren zwei gekreuzte Tomahawks gemalt; man fragte sich, ob es das Zeichen der Ranch oder das Familienwappen war. Wie dem auch sei, ein bedrohliches Paar Tomahawks wirkte hier durchaus angebracht.

Der Weg war schmal, von kahlen Bäumen gesäumt und bis auf wenige glitzernde Tieraugen zwischen den Silhouetten der Äste dunkel. Wir kamen über eine Holzbrücke, die unter unserem Gewicht dröhnte; ich hörte das Geräusch von Wasser, ein tiefes, fließendes Rauschen, und wußte, daß das der Blue River sein mußte, aber ich konnte ihn nicht sehen, denn er war hinter Bäumen und Schneewehen versteckt; als wir den Weg weiter entlangfuhren, folgte uns das Geräusch, denn der Fluß lief neben uns her, zuweilen unheimlich still, dann unvermittelt aufschäumend mit der gebrochenen Musik von Wasserfällen, Kaskaden.

Der Weg wurde breiter. Vereinzelt drang elektrisches Licht durch die Bäume. Ein schöner Knabe winkte uns, ein Kind mit lockigem Blondhaar auf einem ungesattelten Pferd. Wir kamen jetzt an Bungalows vorbei, die von Lampen beleuchtet wurden und vom Lärm vieler Fernsehstimmen vibrierten: die Unterkünfte der Rancharbeiter. Vor uns, in würdevoller Abgeschiedenheit, lag das Haupthaus, Mr. Quinns Villa. Es war ein großer, weißer, zweistöckiger Holzbau mit überdachter Veranda, welche die gesamte Frontseite einnahm; es wirkte verlassen, denn alle Fenster waren dunkel.

Jake drückte auf die Hupe. Und sofort, der Begrüßungsfanfare einer Trompete gleich, überschwemmte helles Flutlicht die Veranda; in den Fenstern des Erdgeschosses strahlten Lampen auf. Die Haustür wurde geöffnet; ein Mann trat heraus, um uns zu begrüßen.

Meine erste Begegnung mit dem Besitzer der B.-Q.-Ranch löste das Rätsel, warum Jake nicht gewollt hatte, daß Addie ihn mir beschrieb, keineswegs. Obwohl er ein Mann war, der nirgends unbeachtet geblieben wäre, war seine äußere Erscheinung nicht allzu ungewöhnlich; und dennoch machte mich sein Anblick stutzig: *Ich kannte Mr. Quinn.* Ich war fest davon überzeugt und hätte bei meinem Leben schwören können, daß ich Robert Hawley Quinn irgendwo und zweifellos vor langer Zeit schon einmal begegnet war und daß wir sogar ein beunruhigendes gemeinsames Erlebnis gehabt haben mußten, ein so bedrohliches Abenteuer, daß mein Gedächtnis es gnädigerweise verdrängt hatte.

Er trug teure, hochhackige Stiefel, aber selbst ohne sie maß der Mann über einsachtzig, und hätte er sich gerade gehalten, statt die Schultern hängen zu lassen, hätte er eine gute, hochgewachsene Figur gehabt. Seine Arme waren lang, affenartig; die Hände baumelten in Höhe der Knie, die Finger waren lang, geschickt, seltsam aristokratisch. Ich erinnerte mich an ein Rachmaninow-Konzert: Rachmaninow hatte Hände gehabt wie Quinn. Quinns Gesicht war breit, aber hager, hohlwangig, wettergegerbt – das Gesicht eines mittelalterlichen Bauern, des Mannes hinter dem Pflug mit allen Sorgen der Welt auf den Schultern. Doch Quinn war kein stumpfer, trauriger, beladener Bauer. Er trug eine schmal gefaßte Brille, und diese professorale Brille und die hinter den dicken Gläsern lauernden grauen Augen verrieten ihn: Es waren wache Augen, mißtrauisch, intelligent, funkelnd vor Bösartigkeit, selbstgefällig und überlegen. Er hatte ein gastfreundliches, trügerisch gönnerhaftes Lachen und eine ebensolche Stimme. Aber er war kein Heuchler. Er war ein Idealist, ein Macher; er stellte sich Aufgaben, und diese Aufgaben waren sein Kreuz, seine Religion, seine Identität; nein, kein Heuchler – ein Fanatiker; und plötzlich, als wir noch auf der Veranda standen, stieg die versunkene Erinnerung an die Oberfläche: Mir fiel wieder ein, wo und unter welchen Umständen ich Mr. Quinn früher schon einmal begegnet war.

Er reichte Jake seine lange, schmale Rechte; mit der Linken

pflügte er sich durch die dichte, grau-weiße Mähne, die er im Pionierstil trug – eine Länge, die bei seinen Mitranchern nicht sehr populär war, Männern, die aussahen, als gingen sie jeden Samstag zum Friseur, um sich die Haare stutzen und waschen zu lassen. Graue Haarbüschel sprossen ihm aus Nasenlöchern und Ohren. Seine Gürtelschnalle fiel mir auf; sie war mit zwei gekreuzten Tomahawks in Gold und rotem Email verziert.

Quinn: He, Jake. Ich hab' zu Juanita gesagt, Schatz, hab' ich zu ihr gesagt, der Kerl kneift bestimmt. Wegen dem Schnee.

Jake: Das nennen Sie *Schnee*?

Quinn: War nur ein Witz, Jake. (Zu mir:) Sie sollten mal sehen, wieviel Schnee wir hier manchmal haben! Damals, 1952, da konnten wir eine ganze Woche lang nur aus dem Haus, wenn wir durchs Dachfenster kletterten. Hundert Stück Vieh hab' ich verloren, alle meine Santa Gertrudis. Ha ha! O ja, ich kann Ihnen sagen, das waren Zeiten! Also, Sir – spielen Sie Schach?

TC: Ungefähr so, wie ich französisch spreche. *Un peu*.

Quinn (wiehernd, schlägt sich vor gespieltem Vergnügen auf die Schenkel): Ja, ich weiß. Sie sind der Stadtfrack, der uns Bauerntölpeln das Fell über die Ohren zieht. Ich wette, Sie könnten gegen Jake und mich gleichzeitig spielen und uns mit verbundenen Augen schlagen.

(Wir folgten ihm durch einen breiten, hohen Flur in einen riesigen Raum, eine Kathedrale voll mächtiger, schwerer spanischer Möbel, Schränke, Stühle, Tische und Barockspiegel von Proportionen, die der weitläufigen Umgebung angepaßt waren. Der Fußboden war mit ziegelroten mexikanischen Fliesen belegt und mit Navajo-Teppichen übersät. Eine ganze Wand bestand aus unregelmäßig behauenen Granitblöcken, und diese höhlengleiche Granitwand barg einen Kamin, der so groß war, daß man ein ganzes Ochsengespann darin hätte braten können; dementsprechend fiel das hübsche Feuerchen darin so wenig ins Auge wie ein einzelner Zweig in einem Wald.

Die Person jedoch, die vor diesem Kamin saß, war alles andere als unauffällig. Quinn machte mich mit ihr bekannt: »Juanita,

meine Frau.« Sie nickte, ließ sich aber nicht vom Fernsehschirm ablenken: der Apparat lief mit abgeschaltetem Ton – sie betrachtete die verrückten Gesten stummer Bilder, irgendeine sichtbar lärmende Spielshow. Der Sessel, in dem sie saß, hätte einst den Thronsaal eines iberischen Schlosses zieren können; sie teilte ihn mit einem zitternden, kleinen Chihuahua und einer gelben Gitarre, die auf ihrem Schoß lag.
Jake und unser Gastgeber nahmen an einem Tisch mit einem herrlichen Schachspiel aus Ebenholz und Elfenbein Platz. Ich sah der Eröffnung einer Partie zu, lauschte ihrem lässigen Wortgeplänkel, und es war seltsam: Addie hatte recht, sie wirkten wie zwei richtige Kumpel, einträchtig wie zwei Erbsen in einer Schote. Doch schließlich kehrte ich zum Kamin zurück, fest entschlossen, die schweigsame Juanita ein wenig auszuforschen. Ich setzte mich in ihre Nähe an die Feuerstelle und suchte nach einem Gesprächsthema. Die Gitarre? Der nervös zitternde Chihuahua, der mich jetzt eifersüchtig ankläffte?)

Juanita Quinn: Pepe! Du dumme Mücke!

TC: Lassen Sie ihn. Ich mag Hunde.

(Sie sah mich an. Ihr Haar, in der Mitte gescheitelt und zu schwarz, um echt zu sein, lag glatt um ihren schmalen Kopf. Ihr Gesicht glich einer Faust: die winzigen Züge waren dicht zusammengedrängt. Der Kopf schien zu groß für ihren Körper – sie war nicht dick, aber sie wog mehr, als gut für sie war, und dieses Übergewicht verteilte sich hauptsächlich auf Busen und Bauch. Aber sie hatte schlanke, schön geformte Beine, und sie trug sehr hübsch mit Perlen bestickte Indianermokassins. Die Mücke japste, doch Juanita beachtete sie nicht. Ihre Aufmerksamkeit galt wieder dem Fernsehen.)

TC: Ich überlege gerade: Warum sehen Sie ohne Ton?

(Sie richtete den gelangweilten Blick ihrer Onyxaugen auf mich. Ich wiederholte meine Frage.)

Juanita Quinn: Trinken Sie Tequila?

TC: Also, in Palm Springs gibt es eine kleine Kneipe, da machen sie phantastische Margaritas.

Juanita Quinn: Ein Mann trinkt den Tequila pur. Ohne Zitrone. Ohne Salz. Pur. Möchten Sie einen?
TC: Aber sicher.
Juanita Quinn: Ich auch. Aber leider haben wir keinen im Haus. Wir dürfen keinen im Haus haben. Sonst würde ich ihn nämlich trinken; meine Leber würde schrumpfen ...

(Sie schnalzte, Unheil andeutend, mit den Fingern. Dann nahm sie die gelbe Gitarre, zupfte die Saiten, entwickelte eine Melodie, eine schwierige, mir nicht vertraute Weise, die sie einen Moment lang fröhlich spielte und mitsummte. Als sie innehielt, verkrampfte sich ihr Gesicht wieder zum Knoten.)

Juanita Quinn: Früher habe ich jeden Abend getrunken. Jeden Abend habe ich eine Flasche Tequila getrunken, bin zu Bett gegangen und habe geschlafen wie ein Baby. Ich war keinen einzigen Tag krank; ich sah gut aus, ich fühlte mich wohl, ich schlief gut. Jetzt ist das anders. Jetzt habe ich eine Erkältung nach der anderen, Kopfschmerzen, Arthritis; und des Nachts mache ich kein Auge zu. Alles nur, weil der Doktor gesagt hat, ich müßte aufhören, Tequila zu trinken. Aber keine voreiligen Schlüsse. Ich bin keine Säuferin. Meinetwegen könnte man den ganzen Wein und Whiskey von der Welt nehmen und in den Grand Canyon schütten. Einzig den Tequila mag ich so gern. Den dunkelgelben. Den mag ich am liebsten. (Sie deutete auf den Fernseher.) Sie fragen, warum ich den Ton abgestellt habe. Den Ton stelle ich nur an, um den Wetterbericht zu hören. Sonst sehe ich einfach nur zu und male mir aus, was gesprochen wird. Wenn ich wirklich zuhöre, schlafe ich sofort ein. Doch mir was vorzustellen, das hält mich wach. Und ich muß wach bleiben – wenigstens bis Mitternacht. Sonst würde ich überhaupt keinen Schlaf finden. Wo wohnen Sie?
TC: Meist in New York.
Juanita Quinn: Wir sind früher alle ein bis zwei Jahre nach New York gefahren. Der Rainbow Room: Also, von da hat man eine Aussicht! Aber jetzt würde es mir keinen Spaß mehr machen. Mir macht überhaupt nichts mehr Spaß. Mein Mann sagt, Sie sind ein alter Freund von Jake Pepper?

TC: Ich kenne ihn seit zehn Jahren.
Juanita Quinn: Warum glaubt er, mein Mann habe was mit dieser Sache zu tun?
TC: Sache?
Juanita Quinn (erstaunt): Aber Sie müssen doch davon gehört haben! Also, warum glaubt Jake Pepper, mein Mann hätte damit zu tun?
TC: Glaubt Jake wirklich, daß Ihr Mann damit zu tun hat?
Juanita Quinn: Das sagen die Leute. Und meine Schwester hat mir erzählt ...
TC: Aber was glauben *Sie*?
Juanita Quinn (hebt ihren Chihuahua hoch und drückt ihn an ihren Busen): Jake tut mir leid. Er muß sehr einsam sein. Und er irrt sich; hier ist überhaupt nichts los. Man müßte das Ganze vergessen. Er sollte abreisen. (Mit geschlossenen Augen; restlos erschöpft:) Na ja, wer weiß? Oder wen kümmert's? Mich nicht.

Hinter uns am Schachtisch entstand Unruhe. Quinn, der einen Sieg über Jake feierte, gratulierte sich lautstark selbst: »Mistkerl! Sie dachten wohl, Sie hätten mich in der Falle. Aber sobald Sie mit Ihrer Königin gezogen hatten, da hieß es heißes Bier und Pferdepisse für den großen Pepper!« Sein rauher Bariton dröhnte mit dem Brio eines Opernstars durch den gewölbten Raum. »Jetzt sind Sie dran, junger Mann!« rief er mir zu. »Ich brauche eine Partie. Eine Bona-fide-Herausforderung. Der alte Pepper kann mir ja nicht das Wasser reichen.«
Ich wollte mich entschuldigen, denn die Vorstellung einer Schachpartie mit Quinn wirkte auf mich sowohl einschüchternd als auch ermüdend; hätte ich geglaubt, ihn schlagen, triumphierend diese Zitadelle der Überheblichkeit stürmen zu können, ich hätte möglicherweise anders empfunden. In der Schule hatte ich einmal ein Schachturnier gewonnen, aber das war lange her; meine Spielkunst war seit langem auf einem geistigen Dachboden verstaut. Als Jake mir winkte, aufstand und mir seinen Stuhl anbot, gab ich nach, überließ Juanita Quinn dem stummen Flackern ihres Fernsehschirms und setzte mich zu ihrem Mann

an den Tisch; Jake stellte sich hinter mich, eine ermutigende Rückenstärkung. Aber Quinn tat mich aufgrund meines Zögerns, meiner Unentschlossenheit bei den ersten Zügen als leichte Beute ab und nahm den Faden eines Gesprächs wieder auf, das er mit Jake begonnen hatte, anscheinend über Kameras und Fotografieren.

Quinn: Die Krauts sind gut. Ich benutze immer Kraut-Kameras. Leica. Rolleiflex. Aber die Japse machen ihnen die Hölle heiß. Ich hab' mir 'ne neue japanische gekauft, nicht größer als ein Kartenspiel, die macht fünfhundert Aufnahmen mit einem einzigen Film.

TC: Die Kamera kenne ich. Ich habe viel mit Fotografen zu tun und gesehen, daß einige sie benutzen. Richard Avedon hat auch eine. Er sagt aber, sie sei nicht gut.

Quinn: Ehrlich gesagt, ich habe meine noch nicht ausprobiert. Hoffentlich hat Ihr Freund nicht recht; für das, was mich dieses Spielzeug gekostet hat, hätte ich einen Preisbullen kaufen können.

(Ich spürte plötzlich, wie Jakes Finger eindringlich meine Schulter preßten, was ich als Aufforderung auslegte, das Thema weiter zu verfolgen.)

TC: Ist das Ihr Hobby – das Fotografieren?

Quinn: Ach wissen Sie, das kommt und geht. Von Zeit zu Zeit. Angefangen habe ich, weil ich es satt hatte, sogenannte Profis dafür zu bezahlen, daß sie Fotos von meinen preisgekrönten Rindern machten. Fotos, die ich brauche, um sie den verschiedenen Züchtern und Käufern zu schicken. Ich dachte mir, das kannst du genauso gut, und Geld sparen konnte ich nebenbei auch damit.

(Jakes Finger trieben mich weiter an.)

TC: Machen Sie viele Porträtaufnahmen?

Quinn: Porträtaufnahmen?

TC: Von Menschen.

Quinn (spöttisch): Ich würde sie nicht gerade als *Porträt*aufnahmen bezeichnen. Schnappschüsse vielleicht. Außer den Fotos von den Rindern mache ich meist Naturaufnahmen. Land-

schaften. Gewitter. Die Jahreszeiten hier auf der Ranch. Den Weizen, wenn er grün ist und dann, wenn er goldgelb ist. Meinen Fluß – ich hab' ein paar fabelhafte Bilder von meinem Fluß bei Hochwasser.

(Der Fluß. Ich merkte auf, als Jake sich räusperte, als wolle er etwas sagen; statt dessen kniffen mich seine Finger noch fester. Ich spielte mit einem Bauern, versuchte Zeit herauszuschinden.)

TC: Dann machen Sie sicher auch viele Farbfotos.

Quinn (nickt): Deswegen entwickele ich die Bilder auch selbst. Wenn man sie ins Labor schickt, weiß man ums Verrecken nicht, was man zurückkriegt.

TC: Oh, Sie haben eine Dunkelkammer?

Quinn: Wenn man es so bezeichnen will. Nichts Großartiges.

(Abermals grollte es in Jakes Kehle, dieses Mal jedoch mit ernsthafter Absicht.)

Jake: Bob? Erinnern Sie sich an die Fotos, von denen ich Ihnen erzählt habe? Die Sargfotos? Die wurden mit einer lichtstarken Kamera gemacht.

Quinn (schweigt).

Jake: Mit einer Leica.

Quinn: Also, meine war es nicht. Meine alte Leica habe ich im tiefsten Afrika verloren. Irgendein Nigger hat sie mir gestohlen. (Er starrt aufs Schachbrett, und auf seinem Gesicht machte sich ein Ausdruck belustigter Bestürzung breit.) He, he, mein Lieber! Verdammt! Sehen Sie her, Jake. Ihr Freund hätte mich beinahe schachmatt gesetzt. *Beinahe*...

Es stimmte; dank der unterbewußten Wiederbelebung meines Könnens hatte ich meine Elfenbeinarmee mit beträchtlicher, wenn auch rein instinktiver Kompetenz geführt und es tatsächlich geschafft, Quinns König in eine gefährliche Position zu manövrieren. In gewissem Sinne bedauerte ich meinen Erfolg, denn Quinn benutzte ihn dazu, Jakes Fragen auszuweichen, von dem plötzlich so heiklen Thema des Fotografierens wieder aufs Schachspiel zurückzukommen; andererseits war ich freudig er-

regt – wenn ich jetzt keinen Fehler mehr machte, konnte ich durchaus gewinnen. Quinn kratzte sich am Kinn, die grauen Augen konzentrierten sich auf die schwierige Aufgabe, seinen König zu retten. Für mich jedoch begann das Schachbrett zu verschwimmen; meine Gedanken wurden das Opfer einer Zeitverschiebung, waren betäubt von Erinnerungen, die fast ein halbes Jahrhundert geschlafen hatten.

Es war Sommer, und ich war fünf, lebte bei Verwandten in einem kleinen Ort in Alabama. Auch zu dieser Stadt gehörte ein Fluß; ein träger, schlammiger Fluß, der mich abstieß, denn er wimmelte von Wassermokassinschlangen und bärtigen Katzenwelsen. So sehr ich auch ihre grimmigen Mäuler verabscheute, so liebte ich doch gefangene Katzenwelse, gebraten und schön ketchuptriefend; wir hatten eine Köchin, die sie häufig auf den Tisch brachte. Ihr Name war Lucy Joy, doch habe ich im Gegensatz zu ihrem Namen kaum jemals einen weniger fröhlichen Menschen kennengelernt. Sie war eine kräftige Schwarze, zurückhaltend, sehr ernst; sie schien nur von einem Sonntag zum anderen zu leben, um dann im Chor einer Kiefernholzkirche mitzusingen. Eines Tages jedoch bemerkte ich, daß eine auffallende Veränderung mit Lucy Joy vorgegangen war. Als ich einmal mit ihr in der Küche allein war, erzählte sie mir von einem gewissen Reverend Bobby Joe Snow und schilderte ihn mit einer Erregung, die meine Phantasie anregte: Er sei ein Wundertäter, ein berühmter Evangelist und werde schon bald hierher, in diese Stadt kommen; in der folgenden Woche bereits sollte Reverend Snow eintreffen, um hier zu predigen, zu taufen und Seelen zu retten! Ich flehte Lucy an, mich mitzunehmen, und sie versprach es mir lächelnd. In Wirklichkeit war es für sie sogar unerläßlich, daß ich mitkam. Denn Reverend Snow war ein Weißer, sein Publikum hielt es mit der Rassentrennung, und Lucy hatte sich ausgerechnet, daß sie nur Zugang haben würde, wenn sie einen kleinen weißen Jungen mitbrachte, der sich von ihm taufen ließ. Selbstverständlich verriet mir Lucy nicht, welches Ereignis mir da bevorstand. Als wir uns in der folgenden Woche zum Freiluftgottesdienst des Reverend aufmachten, stellte ich mir ledig-

lich vor, wie dramatisch es sein würde, dabeizusein, wenn ein heiliger, vom Himmel gesandter Mann den Blinden wieder zum Sehen und den Lahmen wieder zum Gehen verhalf. Als mir jedoch klar wurde, daß wir Kurs auf den Fluß nahmen, wurde mir unbehaglich zumute; nachdem wir dort angekommen waren und ich Hunderte von Menschen am Ufer versammelt sah, Landvolk, weißes, hinterwäldlerisches Gesindel, das mit den Füßen stampfte und brüllte, zögerte ich. Lucy war wütend – sie zerrte mich mitten in den schwitzenden Mob hinein. Klingelnde Glöckchen, zuckende Körper; ich hörte eine Stimme, die alle anderen übertönte, einen singenden, dröhnenden Bariton. Lucy sang ebenfalls; stöhnte, zuckte. Unversehens hievte ein Fremder mich auf seine Schultern, und ich erhaschte einen kurzen Blick auf den Mann mit der alles beherrschenden Stimme. Er stand bis zu den weiß umwallten Hüften im Fluß; seine Haare waren grau-weiß, eine klatschnasse, wirre Masse, und seine langen, schmalen Hände beschworen himmelwärts gereckt die feuchtheiße Mittagssonne. Ich wollte sein Gesicht sehen, denn ich wußte, das mußte Reverend Bobby Joe Snow sein. Doch bevor mir das möglich war, setzte mein Wohltäter mich wieder inmitten des widerwärtigen Chaos ekstatischer Füße, pendelnder Arme und bebender Tamburine ab. Ich wollte nach Hause; aber Lucy, trunken vor Seligkeit, hielt mich fest. Die Sonne brannte; ich schmeckte Säuerliches in der Kehle, verspürte Brechreiz. Aber ich übergab mich nicht; statt dessen begann ich zu heulen, zu treten, zu schreien: Lucy zerrte mich zum Fluß, und die Menge teilte sich, um Platz für uns zu machen. Ich wehrte mich, bis wir das Ufer erreichten; dann hielt ich inne, zum Schweigen gebracht von dem Anblick, der sich mir bot. Der Weißgekleidete hielt ein nach hinten gebeugtes junges Mädchen; er zitierte die Heilige Schrift, um das Mädchen dann rasch unter Wasser zu drücken und sofort wieder heraufzuholen: Kreischend, weinend stolperte es an Land. Jetzt griffen die affenähnlichen Arme des Reverend nach mir. Ich biß Lucy in die Hand, entwand mich ihrem Griff. Aber ein junger Weißer packte mich und zog mich ins Wasser. Ich schloß die Augen; ich roch das Jesushaar, spürte

die Arme des Reverend, die mich in die tödliche Schwärze hinabdrückten und erst Stunden später wieder ans Sonnenlicht hoben. Ich machte die Augen auf, blickte in seine grauen Wahnsinnsaugen. Sein Gesicht, breit, aber hager, kam näher, und er küßte mich auf den Mund. Ich hörte ein lautes Lachen, eine Explosion wie ein Kanonenschuß: »Schachmatt!«

Quinn: Schachmatt!
Jake: Verdammt noch mal, Bob. Er war nur höflich. Er hat Sie gewinnen lassen.

(Der Kuß löste sich auf; das Gesicht des Reverend entfernte sich und wich einem praktisch identischen. Es war also in Alabama gewesen, vor ungefähr fünfzig Jahren, daß ich Mr. Quinn zum erstenmal gesehen hatte. Zumindest sein Ebenbild: Bobby Joe Snow, Evangelist.)

Quinn: Was ist, Jake? Sind Sie bereit, noch einen Dollar zu verlieren?
Jake: Heute abend nicht mehr. Wir fahren morgen früh nach Denver. Mein Freund muß seine Maschine kriegen.
Quinn (an mich gewandt): Schade. Das war kein langer Besuch. Kommen Sie bald wieder. Kommen Sie im Sommer, dann nehme ich Sie mit zum Forellenangeln. Ist aber auch nicht mehr das, was es mal war. Früher konnte ich mich darauf verlassen, daß ich beim ersten Auswerfen eine sechspfündige Regenbogenforelle erwischte. Das war, bevor sie meinen Fluß ruiniert haben.

(Wir gingen, ohne uns von Juanita Quinn zu verabschieden; sie war fest eingeschlafen, schnarchte. Quinn brachte uns zum Wagen hinaus: »Fahren Sie vorsichtig!« warnte er uns, winkte und wartete, bis unsere Hecklichter verschwunden waren.)

Jake: Mit deiner Hilfe habe ich jedenfalls eines erfahren. Ich *weiß* jetzt, daß er diese Fotos selber entwickelt hat.
TC: Aber ... warum wolltest du nicht, daß Addie mir beschreibt, wie er aussieht?
Jake: Das hätte vielleicht deinen ersten Eindruck beeinflußt. Ich wollte, daß du ihn unvoreingenommen siehst und mir erzählst, was du gesehen hast.

TC: Ich sah einen Mann, den ich früher schon einmal gesehen habe.
Jake: *Quinn*?
TC: Nein, nicht Quinn. Aber jemanden, der so aussieht wie er. Seinen Zwillingsbruder.
Jake: Drück dich verständlich aus.

(Ich beschrieb ihm jenen Sommertag, meine Taufe – es war alles so klar für mich, die Ähnlichkeit zwischen Quinn und dem Reverend Snow, die gemeinsamen Züge; aber ich sprach zu emotionsgeladen, zu metaphysisch, um ihm verständlich machen zu können, was ich empfand, und ich spürte Jakes Enttäuschung: Er hatte eine Reihe vernünftiger Wahrnehmungen von mir erwartet, unverfälschte, pragmatische Erkenntnisse, die ihm helfen sollten, sich über seinen eigenen Eindruck von Quinns Charakter, von der Motivation des Mannes klar zu werden.

Ich verstummte, bedrückt, weil ich Jake im Stich gelassen hatte. Doch als wir den Highway erreichten und in die Stadt zurückfuhren, gab Jake mir zu verstehen, daß er, so wirr und verschwommen meine Erinnerung auch auf ihn gewirkt haben mußte, dennoch zum Teil enträtseln konnte, was ich ihm so unzulänglich beschrieben hatte.)

Jake: Also, Bob Quinn hält sich tatsächlich für Gott, den Allmächtigen.
TC: Er *hält* sich nicht dafür, er weiß, daß er Gott ist.
Jake: Hast du noch irgendwelche Zweifel?
TC: Nein. Quinn ist der Mann, der die Särge schnitzt.
Jake: Und eines Tages, bald schon, wird er seinen eigenen schnitzen. Oder ich will nicht Jake Pepper heißen.

Während der nächsten paar Monate rief ich Jake mindestens einmal pro Woche an, gewöhnlich am Sonntag, wenn er bei Addie war, weil ich dann gleich mit beiden sprechen konnte. Jake eröffnete das Gespräch meist mit den Worten: »Tut mir leid, Partner. Nichts Neues.« Eines Sonntags aber berichtete Jake, er und Addie hätten das Hochzeitsdatum festgesetzt: den

10. August. Und Addie sagte: »Wir hoffen, daß Sie auch kommen können.« Ich versprach es, obwohl sich das Datum mit einer dreiwöchigen Europareise überschnitt; nun ja, ich würde mit den Terminen eben ein bißchen jonglieren. Zum Schluß war es jedoch das Brautpaar, das den Termin ändern mußte, denn der Beamte vom State Bureau, der Jake ablösen sollte, solange er auf Hochzeitsreise war (»Nach Honolulu!«), bekam eine Hepatitis, und die Hochzeit wurde auf den 1. September verschoben. »So ein Pech«, sagte ich zu Addie. »Aber bis dahin bin ich bestimmt wieder zurück; ich werde kommen.«

Also flog ich Anfang August mit der Swissair in die Schweiz und verbummelte mehrere Wochen in einem Alpendorf mit Sonnenbädern im ewigen Schnee. Ich schlief, ich aß, ich las den ganzen Proust noch einmal, was ungefähr so ist wie das Eintauchen in eine Flutwelle: Ziel unbekannt. Doch meine Gedanken kreisten nur zu oft um Mr. Quinn; gelegentlich, wenn ich schlief, klopfte er an die Tür und trat in meine Träume, manchmal als er selbst, mit funkelnden grauen Augen hinter den Brillengläsern, hier und da jedoch erschien er auch in Gestalt des weißumwallten Reverend Snow.

Ein kurzes Atemholen in der Alpenluft wirkt belebend, ein ausgedehnter Urlaub in den Bergen kann jedoch Klaustrophobie auslösen, unerklärliche Depressionen heraufbeschwören. Wie dem auch sei, eines Tages, als mich eine von diesen düsteren Stimmungen überfiel, mietete ich einen Wagen und fuhr über den Großen St. Bernhard nach Italien, bis nach Venedig. In Venedig ist man ständig in Kostüm und Maske, das heißt, man ist nicht man selbst und nicht verantwortlich für sein Verhalten. Es war nicht mein wahres Ich, das um fünf Uhr nachmittags in Venedig eintraf und noch vor Mitternacht in einen Zug nach Istanbul stieg. Begonnen hatte alles wie so viele venezianische Eskapaden in Harry's Bar. Ich hatte mir gerade einen Martini bestellt, und wer kam da plötzlich durch die Schwingtür? Gianni Paoli, ein energiegeladener Journalist, den ich in Moskau kennengelernt hatte, wo er Korrespondent für eine italienische Zeitung war: Gemeinsam hatten wir, vom Wodka unterstützt,

so manches grämliche russische Lokal zum Leben erweckt. Gianni war auf der Durchreise nach Istanbul; er wollte um Mitternacht den Orientexpreß nehmen. Sechs Martinis später hatte er mich überredet, mitzukommen. Die Reise dauerte zwei Tage und zwei Nächte; der Zug wand sich durch Jugoslawien und Bulgarien, doch unsere Eindrücke von diesen Ländern beschränkten sich auf den Blick durchs Fenster unseres Schlafwagenabteils, das wir nur verließen, um Getränke zu kaufen.

Das Zimmer kreiste. Stoppte. Kreiste. Ich stieg aus dem Bett. Mein Hirn, ein Haufen Glasscherben, klirrte schmerzhaft in meinem Schädel. Aber ich konnte stehen; ich konnte gehen; ich erinnerte mich sogar, wo ich war: im Hilton-Hotel in Istanbul. Behutsam bewegte ich mich auf den Balkon mit Blick auf den Bosporus hinaus. Dort saß Gianni Paoli in der Sonne, frühstückte und las die Pariser »Herald Tribune«. Mit zusammengekniffenen Augen warf ich einen Blick auf das Zeitungsdatum: 1. September. Also, warum löste das nur so heftige Gefühle aus? Übelkeit, Schuldbewußtsein, Reue. Heiliges Kanonenrohr, ich hatte die Hochzeit vergessen! Gianni konnte sich partout nicht vorstellen, warum ich so aufgeregt war (Italiener sind immer aufgeregt; aber sie begreifen nie, warum jemand anders aufgeregt sein sollte); er kippte Wodka in den Orangensaft, bot ihn mir an und sagte: »Trink, betrinke dich, aber vorher schickst du ihnen ein Telegramm.« Ich befolgte seinen Rat, komplett. Das Telegramm lautete: *Leider unabkömmlich, wünsche Euch alles Glück der Erde für diesen wundervollen Tag*. Später, als dank Ruhe und Abstinenz meine Hand wieder ruhiger geworden war, schrieb ich ihnen einen kurzen Brief. Ich log nicht, ich vermied es einfach, ihnen zu erklären, warum ich »unabkömmlich« gewesen war; in ein paar Tagen würde ich nach New York heimkehren, schrieb ich, und ich würde sie anrufen, sobald sie von der Hochzeitsreise zurück seien. Ich adressierte den Brief an Mr. und Mrs. Jake Pepper, und als ich ihn an der Rezeption zum Absenden hinterlegte, fühlte ich mich erleichtert, entlastet; ich dachte an Addie mit einer Blume im Haar, an Addie und Jake, wie sie in der Abenddämmerung am Strand von Waikiki spazie-

rengingen, neben sich das Meer, über sich die Sterne; ich überlegte, ob Addie zu alt war, um noch Kinder zu bekommen.
Aber ich kehrte nicht heim; vieles geschah. In Istanbul traf ich einen alten Freund, einen Archäologen, der an einer Grabung an der anatolischen Küste in der südlichen Türkei arbeitete; er lud mich ein, mitzukommen, meinte, es würde mir Spaß machen, und er hatte recht, es machte mir Spaß. Ich ging jeden Tag schwimmen, lernte türkische Volkstänze, trank Raki und tanzte jeden Abend in der Dorfschenke unter freiem Himmel. Ich blieb zwei Wochen. Anschließend fuhr ich mit dem Schiff nach Athen und flog von da weiter nach London, wo ich mir einen Anzug anmessen ließ. Es war Oktober, fast schon Herbst, als ich den Schlüssel, der die Tür zu meiner New Yorker Wohnung öffnete, im Schloß umdrehte.
Ein Freund, der meine Blumen gegossen hatte, während ich fort war, hatte meine Post ordentlich auf dem Tisch in der Bibliothek gestapelt. Eine Anzahl Telegramme war darunter, die ich durchblätterte, bevor ich den Mantel auszog. Eines öffnete ich; es war eine Einladung zu einer Halloween-Party. Ich öffnete ein zweites; es war von Jake unterzeichnet: *Bitte sofort anrufen*. Datiert war es vom 29. August, sechs Wochen zuvor. Schnell und ohne mir zu gestatten, an das zu glauben, was ich dachte, suchte ich Addies Telefonnummer heraus und wählte – keine Antwort. Dann meldete ich ein Gespräch mit dem Prairie Motel an: Nein, Mr. Pepper sei dort im Moment nicht abgestiegen; jawohl, die Vermittlung meinte, man könne ihn über das State Bureau of Investigation erreichen. Ich rief dort an; ein Mann – ein unangenehmer Bursche – erklärte mir, Detective Pepper habe unbezahlten Urlaub genommen, und nein, er könne mir nicht sagen, wo er sich aufhalte (»Dazu bin ich nicht befugt«); als ich ihm meinen Namen nannte und erklärte, daß ich aus New York anrufe, erwiderte er nur »ach ja« und als ich sagte: »Hören Sie, bitte, es ist sehr dringend«, legte das Schwein einfach den Hörer auf.
Ich mußte eigentlich pinkeln; doch dieses Bedürfnis, das sich während der Herfahrt vom Kennedy Airport ständig bemerkbar

gemacht hatte, legte sich, verschwand, als ich die Briefstapel auf dem Tisch in der Bibliothek anstarrte. Die Intuition führte mich zu ihnen. Mit dem Tempo eines professionellen Postsortierers blätterte ich sie durch, fahndete nach Jakes Handschrift. Und fand sie. Der Umschlag war am 10. September abgestempelt; es war das offizielle Papier des State Bureau, aufgegeben in der Hauptstadt des Staates. Es war ein kurzer Brief, doch der energisch-männliche Stil kaschierte nur den Kummer des Verfassers.

Deinen Brief aus Istanbul habe ich heute erhalten. Als ich ihn las, war ich nüchtern. Jetzt bin ich nicht mehr so nüchtern. Im August, an dem Tag, an dem Addie starb, habe ich Dir ein Telegramm geschickt und Dich gebeten, mich anzurufen. Aber ich nehme an, Du warst noch in Übersee. Doch das ist es, was ich Dir mitteilen wollte: Addie lebt nicht mehr. Ich kann es immer noch nicht fassen und werde es nie fassen können – nicht, solange ich nicht weiß, was sich wirklich zugetragen hat. Zwei Tage vor unserer Hochzeit ging sie mit Marylee an den Blue River zum Schwimmen. Addie ertrank; aber Marylee hat nicht gesehen, wie sie ertrank. Ich kann Dir nichts weiter darüber schreiben. Ich muß fort von hier. Ich traue mir selbst nicht mehr. Aber wo ich auch sein werde, Marylee Connor weiß, wo Du mich erreichen kannst. In aufrichtiger Freundschaft . . .

Marylee Connor: Ja, hallo! Aber natürlich, ich habe Ihre Stimme sofort erkannt.
TC: Ich rufe Sie schon den ganzen Nachmittag an.
Marylee: Wo sind Sie?
TC: In New York.
Marylee: Wie ist das Wetter?
TC: Es regnet.
Marylee: Hier auch. Aber wir können den Regen brauchen. Wir hatten einen sehr trockenen Sommer. Man kriegte den Staub nicht mehr aus den Haaren. Sie sagen, Sie haben mich angerufen?

TC: Den ganzen Nachmittag.
Marylee: Also, ich war zu Hause. Aber ich höre leider nicht mehr so gut. Außerdem war ich unten im Keller und oben auf dem Dachboden. Ich habe gepackt. Jetzt, wo ich allein bin, ist dieses Haus viel zu groß für mich. Wir haben eine Cousine – sie ist ebenfalls verwitwet –, die hat eine Wohnung in Florida gekauft, eine Eigentumswohnung; mit dieser Cousine will ich zusammenziehen. Aber wie geht es Ihnen? Haben Sie Jake in letzter Zeit gesprochen?

(Ich erklärte ihr, daß ich gerade von Europa zurückgekommen sei und mit Jake noch keine Verbindung habe aufnehmen können. Er sei bei einem seiner Söhne in Oregon, erwiderte sie und gab mir die Telefonnummer.)

Marylee: Der arme Jake. Ihn hat das alles so schwer getroffen. Irgendwie scheint er sich selbst die Schuld zu geben. – Ach? Ach, Sie *wußten* gar nichts davon?
TC: Jake hat mir geschrieben, aber ich habe den Brief erst heute gelesen. Ich kann Ihnen gar nicht sagen, wie traurig es mich ...
Marylee (mit unsicherer Stimme): Sie wußten nichts von Addies Tod?
TC: Erst heute ...
Marylee (mißtrauisch): Was hat Jake Ihnen geschrieben?
TC: Daß sie ertrunken ist.
Marylee (verteidigend, als hätten wir eine Meinungsverschiedenheit): Ist sie auch. Und es ist mir egal, was Jake denkt. Bob Quinn war weit und breit nicht zu sehen. Er *kann* gar nichts damit zu tun gehabt haben.

(Ich hörte sie tief einatmen, und es folgte eine lange Pause – als wolle sie, um ihre Erregung etwas abklingen zu lassen, bis zehn zählen.)

Marylee: Wenn man irgend jemandem einen Vorwurf machen kann, dann mir. Es war meine Idee, zum Schwimmen zur Sandy Cove hinauszufahren. Die Sandy Cove gehört nicht einmal Quinn. Diese Bucht liegt auf der Ranch der Millers. Addie und ich sind immer schon dort hingefahren; ein schattiger Platz, man kann sich vor der Sonne verstecken. Es ist die ungefährlichste

Stelle des Blue River, der dort einen natürlichen Teich bildet, in dem wir als kleine Mädchen schwimmen gelernt haben. An jenem Tag hatten wir die Sandy Cove ganz für uns allein; wir gingen zusammen ins Wasser, und Addie meinte, nächste Woche um diese Zeit würde sie im Pazifik baden. Addie war eine gute Schwimmerin, aber ich werde leicht müde. Nachdem ich mich abgekühlt hatte, legte ich mir daher ein Handtuch unter einen Baum und begann in ein paar Zeitschriften zu lesen, die wir uns mitgenommen hatten. Addie blieb noch länger im Wasser; sie sagte: »Ich schwimme um die Biegung und setze mich ein bißchen in den Wasserfall.« Der Blue River fließt aus der Sandy Cove heraus und um einen Vorsprung herum; hinter der Biegung zieht sich quer durch den Fluß ein Felsgrat und bildet einen kleinen Wasserfall – nicht hoch, kaum mehr als einen halben Meter. Als Kinder hatten wir Spaß daran, uns auf den Felsgrat zu setzen und zu fühlen, wie das Wasser zwischen unseren Beinen hindurchschoß.

Ich las und vergaß die Zeit, bis ich plötzlich fröstelte und sah, daß die Sonne schon über den Berggipfeln stand; Sorgen machte ich mir nicht – ich vermutete, daß sich Addie noch immer am Wasserfall amüsierte. Nach einer Weile jedoch ging ich zum Fluß hinunter und rief: Addie! Addie! Ich dachte, vielleicht will sie mich necken. Deshalb kletterte ich auf den Damm über der Sandy Cove; von dort aus konnte ich den Wasserfall und den ganzen Fluß überblicken, der nach Norden verläuft. Niemand war zu sehen; keine Addie. Doch dann entdeckte ich dicht unterhalb des Wasserfalls eine weiße Lilie, die schaukelnd auf dem Wasser trieb. Gleich darauf wurde mir klar, daß es gar keine Wasserlilie war; es war eine Hand – mit einem blitzenden Brillanten: Addies Verlobungsring, der kleine Brillant, den Jake ihr geschenkt hatte. Ich schlitterte den Damm hinunter, watete in den Fluß und tastete mich den Felsgrat entlang. Das Wasser war sehr klar und nicht allzu tief: Ich konnte unter der Oberfläche Addies Gesicht und ihr Haar erkennen, das sich in den Ästen eines Baumes verfangen hatte, eines versunkenen Baumstamms. Es war aussichtslos – ich packte ihre Hand und zog und zerrte

mit aller Kraft, aber ich konnte sie nicht vom Fleck bewegen. Irgendwie – wie, werden wir nie erfahren – war sie vom Felsgrat gerutscht, und ihr Haar hatte sich im Baum verfangen, der es festhielt. *Unfalltod durch Ertrinken.* So lautete der Befund des Coroners. Hallo?

TC: Ja, ich bin noch da.

Marylee: Meine Großmutter Mason hat niemals das Wort Tod benutzt. Wenn jemand starb, vor allem ein Mensch, den sie mochte, sagte sie immer, er sei »heimgerufen« worden. Damit meinte sie, daß dieser Mensch nicht beerdigt, für die anderen auf immer verloren war, sondern vielmehr »heimgerufen« wurde an einen Ort der glücklichen Kindheit, in eine Welt voller Leben. Und so empfinde ich es auch bei meiner Schwester. Addie wurde heimgerufen, um inmitten alldessen zu leben, das sie liebte: Kinder. Kinder und Blumen. Vögel. Die Pflanzen, die sie in den Bergen fand.

TC: Es tut mir aufrichtig leid, Mrs. Connor. Ich ...

Marylee: Schon gut, mein Lieber.

TC: Ich wünschte, ich könnte etwas ...

Marylee: Also, es hat mir gut getan, von Ihnen zu hören. Und wenn Sie mit Jake sprechen, richten Sie ihm liebe Grüße von mir aus.

Ich duschte, stellte mir eine Flasche Brandy ans Bett, schlüpfte unter die Decke, nahm das Telefon vom Nachttisch, setzte es auf meinen Bauch und wählte die Nummer in Oregon, die Marylee mir gegeben hatte. Jakes Sohn war am Apparat; er sagte, sein Vater sei außer Haus, er wisse nicht, wo, und er wisse auch nicht, wann er zurückkommen werde. Ich hinterließ Jake die Nachricht, er möge mich anrufen, sobald er nach Hause komme, ganz gleich, um welche Tageszeit. Ich füllte den Mund mit so viel Brandy, wie hineinging, und spülte ihn wie mit einem Mundwasser aus: eine Medizin gegen mein Zähneklappern. Dann ließ ich den Brandy langsam die Kehle hinunterrinnen. Schlaf strömte in der gewundenen Gestalt eines murmelnden Flusses durch meinen Kopf; am Ende war es immer der Fluß; alles

kehrte dorthin zurück. Quinn mochte für die Klapperschlangen, das Feuer, das Nikotin, den Stahldraht verantwortlich sein; aber der Fluß hatte diese Taten ausgelöst, und nun hatte er auch Addie geholt: Ihr Haar, im Geäst unter Wasser verfangen, trieb in meinem Traum über ihr von Wellen bewegtes, ertrunkenes Gesicht wie ein Brautschleier.

Ein Erdbeben brach los; das Erdbeben war das Telefon, das auf meinem Bauch rumpelte, wo es stehen geblieben war, als ich einschlief. Ich wußte genau: Das war Jake. Ich ließ es klingeln, während ich mir einen todsicheren Weckschluck einschenkte.

TC: Jake?

Jake: Du bist also endlich wieder in den Staaten?

TC: Seit heute morgen.

Jake: Na ja, die Hochzeit hast du nun schließlich doch nicht versäumt.

TC: Ich habe deinen Brief bekommen. Jake ...

Jake: Nein. Du brauchst nicht formell zu werden.

TC: Ich habe Mrs. Connor angerufen. Marylee. Wir haben lange miteinander gesprochen ...

Jake (aufhorchend): Ja?

TC: Sie hat mir erzählt, was passiert ist ...

Jake: O nein, das hat sie nicht! Zum Teufel noch mal, das hat sie bestimmt nicht getan!

TC (erschrocken über diese heftige Reaktion): Aber Jake, sie hat gesagt ...

Jake: *Ja.* Was hat sie gesagt?

TC: Es war ein Unfall, hat sie gesagt.

Jake: Und du glaubst das?

(Der Tonfall – grimmige Ironie – ließ auf seine Miene schließen: die Augen hart, schmal und zuckend der Mund.)

TC: Nach dem, was sie mir erzählt hat, scheint es die einzig logische Erklärung zu sein.

Jake: Sie weiß ja gar nicht, was vorgefallen ist. Sie war nicht *dabei*. Sie hat auf ihrem Hintern gesessen und Zeitschriften gelesen.

TC: Also, wenn es Quinn war ...

Jake: Ich höre.
TC: Dann müßte er ein Zauberkünstler sein.
Jake: Nicht unbedingt. Aber ich kann jetzt nicht darüber diskutieren. Vielleicht bald einmal. Es ist eine Kleinigkeit geschehen, die die Dinge beschleunigen könnte. Der Nikolaus ist dieses Jahr reichlich früh gekommen.
TC: Sprechen wir etwa von Jaeger?
Jake: Jawohl, der Posthalter hat sein Geschenk bekommen.
TC: Wann?
Jake: Gestern. (Er lachte, nicht vor Freude, sondern erregt von freigesetzter Energie). Eine schlechte Nachricht für Jaeger, aber eine gute Nachricht für mich. Ich hatte vor, bis nach dem Thanksgiving-Day hier oben zu bleiben. Aber Mann, ich wurde allmählich verrückt. Ich hörte immer nur zuschlagende Türen. Und ich dachte immer nur: Und wenn er sich nun nicht hinter Jaeger hermacht? Wenn er mir diese letzte Chance nicht gibt? Na – morgen abend kannst du mich im Prairie Motel anrufen. Genau dort werde ich nämlich sein.
TC: Jake, warte einen Moment! Es muß ein Unfall gewesen sein. Das mit Addie, meine ich.
Jake (bemüht geduldig, als belehre er einen zurückgebliebenen Steinzeitmenschen): Ich werde dir jetzt etwas zum Einschlafen erzählen. Die Sandy Cove, wo dieser »Unfall« passiert ist, gehört zum Besitz eines Mannes namens A. J. Miller. Man kann sie auf zwei Wegen erreichen. Der kürzere führt über eine Nebenstraße, die durch Quinns Besitz verläuft und direkt zu Millers Ranch führt. Und den haben die Damen genommen.
Adios, Amigo.

Dieses Etwas, das er mir da zum Einschlafen erzählt hatte, raubte mir natürlich bis zum Tagesanbruch den Schlaf. Bilder formten sich und verblaßten; es war, als verrichte ich im Geist Cutterarbeit an einem Spielfilm.
Addie und ihre Schwester sitzen im Wagen und fahren den Highway entlang. Sie biegen vom Highway auf einen Feldweg ab, der zur B.-Q.-Ranch gehört. Quinn steht auf der Veranda

seines Hauses oder beobachtet sie möglicherweise vom Fenster aus: Wann auch immer, wie auch immer, er erspäht den Wagen, der durch seinen Besitz fährt, erkennt die Insassen und errät, daß sie zum Schwimmen zur Sandy Cove wollen. Er beschließt, ihnen zu folgen. Mit dem Auto? Zu Pferde? Zu Fuß? Wie dem auch sei, er nähert sich der Stelle, wo die beiden Frauen baden, auf einem Umweg. Dort angekommen, versteckt er sich unter den schattigen Bäumen oberhalb der Sandy Cove. Marylee liegt auf einem Handtuch und liest Zeitschriften. Addie ist im Wasser. Er hört, wie Addie zu ihrer Schwester sagt: »Ich schwimme um die Biegung und setze mich ein bißchen in den Wasserfall.« Ideal: Jetzt ist Addie allein, ungeschützt, außerhalb des Blickfeldes ihrer Schwester. Quinn wartet, bis er sicher sein kann, daß ihre ganze Aufmerksamkeit dem Spiel im Wasserfall gilt. Gleich darauf klettert er den Damm hinab (denselben Weg, den später die suchende Marylee benutzt). Addie hört ihn nicht kommen; das Plätschern des Wasserfalls übertönt das Geräusch seiner Schritte. Aber wie kann er ihrem Blick entgehen? Denn sobald sie ihn entdeckt, wird sie sich zweifellos der Gefahr bewußt werden, protestieren, schreien. Nein, er zwingt sie mit einer Schußwaffe zum Schweigen. Addie hört etwas, blickt auf, sieht Quinn rasch mit gezogenem Revolver über den Felsgrat kommen – er stößt sie den Wasserfall hinab, springt ihr nach, drückt sie unter Wasser, hält sie dort fest: eine endgültige letzte Taufe. So konnte es gewesen sein.
Doch der Tagesanbruch, aber auch der beginnende New Yorker Verkehrslärm dämpften meine Begeisterung für fiebrige Phantastereien, schleuderten mich abrupt tief in jenen ernüchternden Abgrund – die Realität. Jake blieb keine Wahl: Genau wie Quinn hatte er sich eine leidenschaftliche Aufgabe gestellt, und diese Aufgabe, seine Menschenpflicht war es, zu beweisen, daß Quinn für zehn ruchlose Morde verantwortlich war, speziell für den Tod einer warmherzigen, kameradschaftlichen Frau, die er hatte heiraten wollen. Wenn Jake jedoch keine überzeugendere Theorie anzubieten hatte als meine eigene Phantasie, wollte ich das alles lieber vergessen; zufrieden schlief ich wieder ein – mit

der Erinnerung an den vernünftigen Befund des Coroners: *Unfalltod durch Ertrinken.*
Eine Stunde später war ich hellwach, ein Opfer der Jet-Zeitverschiebung. Wach, aber abgespannt, gereizt – und hungrig, halb verhungert. Aufgrund meiner langen Abwesenheit enthielt der Kühlschrank natürlich nichts Eßbares. Sauer gewordene Milch, trockenes Brot, schwarze Bananen, faule Eier, eingeschrumpfte Orangen, verschrumpelte Äpfel, stinkende Tomaten, einen mit einer Schimmelschicht überzogenen Schokoladenkuchen. Ich machte mir eine Tasse Kaffee, goß Brandy hinein und durchforstete, so gestärkt, die angesammelte Post. Am 30. September war mein Geburtstag gewesen, und einige Gratulanten hatten Glückwunschkarten geschickt. Eine davon stammte von Fred Wilson, dem pensionierten Kriminalbeamten und gemeinsamen Freund, der mich mit Jake Pepper bekannt gemacht hatte. Ich wußte, daß er mit Jakes Fall vertraut war, daß Jake ihn häufig um Rat fragte, aus irgendeinem Grund aber hatte ich mit ihm nie darüber gesprochen, ein Versäumnis, das ich nun nachholte, indem ich ihn anrief.
TC: Hallo? Könnte ich bitte Mr. Wilson sprechen?
Fred Wilson: Am Apparat.
TC: Fred? Du klingst, als hättest du eine prachtvolle Erkältung.
Fred: Kann man wohl sagen. Eine gigantische.
TC: Vielen Dank für die Geburtstagskarte.
Fred: Ach was. Dafür brauchst du dein Geld wirklich nicht auszugeben.
TC: Na ja, ich wollte mit dir über Jake Pepper sprechen.
Fred: Sag mal, da muß doch was dran sein, an diesem Unsinn mit der Telepathie. Als eben das Telefon klingelte, hatte ich gerade an Jake gedacht. Weißt du, das State Bureau hat ihn beurlaubt. Sie wollen ihn zwingen, den Fall abzugeben.
TC: Er ist aber wieder dran.

(Nachdem ich ihm mein Gespräch mit Jake am Abend zuvor wiederholt hatte, stellte mir Fred mehrere Fragen, zumeist über Addie Masons Tod und Jakes Ansicht darüber.)

Fred: Das wundert mich aber, daß ihn das Bureau wieder daran

arbeiten läßt. Jake ist der fairste Mensch, den ich je kennengelernt habe. Es gibt keinen in unserer Branche, vor dem ich mehr Achtung habe als vor Jake Pepper. Aber er hat völlig das Urteilsvermögen verloren. Er rennt schon so lange mit dem Kopf gegen die Wand, daß kein Jota Vernunft mehr dringeblieben ist. Gewiß, was seiner Freundin zugestoßen ist, war furchtbar. Aber es war ein Unfall. Sie ist ertrunken. Doch das kann Jake nicht akzeptieren. Er sagt Mord. Beschuldigt diesen Quinn.

TC (gereizt): Jake könnte recht haben. Es wäre möglich.

Fred: Es wäre aber auch möglich, daß der Mann hundertprozentig unschuldig ist. Dieser Ansicht scheint man sogar allgemein zu sein. Ich habe mit Jakes Kollegen aus dem Bureau gesprochen, und die sagen, mit den Beweisen, die sie haben, könnten sie nicht mal eine Fliege totschlagen. Es sei regelrecht peinlich. Und Jakes Chef hat mir gesagt, so wie er Quinn kenne, habe der noch nie einen Menschen getötet.

TC: Er hat zwei Viehdiebe umgebracht.

Fred (kichert; es folgt ein Hustenanfall): Na schön. Aber das nennen wir nicht direkt Mord. Jedenfalls nicht hierzulande.

TC: Nur, daß es gar keine Viehdiebe waren, sondern zwei Spieler aus Denver; Quinn schuldete ihnen Geld. Und darüber hinaus glaube ich nicht, daß Addies Tod ein Unfall war.

(Trotzig, mit erstaunlicher Bestimmtheit, schilderte ich ihm den »Mord«, wie ich ihn mir vorstellte; die Mutmaßungen, die ich bei Tagesanbruch verworfen hatte, erschienen mir jetzt nicht nur plausibel, sondern absolut überzeugend: Quinn *war* den Schwestern zur Sandy Cove gefolgt, er *hatte* sich unter den Bäumen versteckt, *war* den Damm hinuntergeschlichen und *hatte* Addie mit einer Waffe bedroht, sie gepackt, sie ertränkt.)

Fred: Das ist Jakes Version.

TC: Nein.

Fred: Hast du dir das selbst ausgedacht?

TC: Mehr oder weniger.

Fred: Es ist trotzdem Jakes Version. Moment mal, ich muß mir die Nase putzen.

TC: Was soll das heißen: »Es ist trotzdem Jakes Version«?
Fred: Wie gesagt, es muß was dran sein an dieser Geschichte mit der Telepathie. Von ein paar Kleinigkeiten abgesehen ist das tatsächlich Jakes Version. Er hat einen Bericht vorgelegt und mir eine Kopie geschickt. In diesem Bericht hat er den Ablauf der Ereignisse folgendermaßen rekonstruiert: Quinn sah das Auto, folgte ihm ...

(Fred fuhr fort. Eine heiße Welle der Scham überfiel mich; ich kam mir vor wie ein Schuljunge, der in einer Prüfung beim Mogeln erwischt worden ist. Unlogischerweise gab ich jedoch nicht mir die Schuld, sondern Jake; ich ärgerte mich über ihn, weil er keine handfeste Lösung anzubieten hatte, war niedergeschmettert, weil seine Mutmaßungen nicht besser waren als die meinen.

Ich hatte Vertrauen zu Jake, dem Profi, und fühlte mich elend, als ich merkte, daß dieses Vertrauen erschüttert war. Aber es war eine so unwahrscheinliche Kombination: Quinn und Addie und der Wasserfall. Dennoch wußte ich trotz Fred Wilsons entmutigender Bemerkungen, daß mein Glaube an Jake im Grunde gerechtfertigt war.)

Fred: Das Bureau ist in einer unangenehmen Lage. Sie müssen Jake von dem Fall abziehen. Er hat sich selbst disqualifiziert. O ja, er wird sich wehren! Aber es ist besser für seinen Ruf. Und für seine Sicherheit. Eines Nachts, das war, nachdem er seine Freundin verloren hatte, rief er mich hier gegen vier Uhr morgens an. Besoffen wie 'ne Horde Indianer. Der Kern seines Gefasels war: Er wollte Quinn zum Duell fordern. Ich kümmerte mich am nächsten Tag um ihn. Er konnte sich nicht mal mehr daran erinnern, der Hund, daß er mich angerufen hatte.

Angst wird, wie Ihnen jeder teure Psychiater erklären kann, von Depressionen ausgelöst; doch Depressionen werden, wie Ihnen dieser selbe Psychiater bei einem zweiten Besuch für ein zusätzliches Honorar klarmachen wird, von Angst ausgelöst. In diesem monotonen Kreislauf rotierte ich den ganzen Nachmittag. Bei Einbruch der Nacht hatten sich die beiden Dämonen zu-

sammengetan; während die Angst mit der Depression kopulierte, saß ich da und starrte Mr. Bells strittige Erfindung an, fürchtete den Moment, da ich das Prairie Motel anrufen und hören mußte, wie Jake mir gestand, das State Bureau ziehe ihn von dem Fall ab. Ein gutes Essen hätte natürlich ein bißchen geholfen; doch ich hatte meinen Hunger bereits gestillt und den Schokoladenkuchen mit der Schimmelschicht gegessen. Oder ich hätte ins Kino gehen oder Gras rauchen können. Doch wenn man in einem derartigen Angstzustand ist, hilft einem als einziges Langzeitmittel nur noch, sich treiben zu lassen: die Angst hinzunehmen, deprimiert zu sein, sich zu entspannen und sich von der Strömung mitnehmen zu lassen, wohin sie will.

Vermittlung: Guten Abend. Prairie Motel. Mr. Pepper? He, Ralph, hast du Jake Pepper gesehen? In der Bar? Hallo, Sir – Mr. Pepper ist in der Bar. Ich stelle durch.

TC: Danke.

(Ich erinnerte mich an die Prairie Bar; im Gegensatz zu dem Motel besaß sie einen gewissen Comic-Strip-Charme. Cowboys als Gäste, Tierfelle an den Wänden, Pin-up-Posters und mexikanische Sombreros als Dekoration, eine Toilette für *Bulls* und eine für *Belles* sowie eine Musikbox mit dem nasalen Gedudel der Country & Western Music. Ein Schwall Musik verkündete, daß der Barkeeper den Hörer abgenommen hatte.)

Barkeeper: Jake Pepper! Anruf für Sie. Hallo, Mister. Er will wissen, wer Sie sind.

TC: Ein Freund aus New York.

Jakes Stimme (entfernt; dann, während er sich dem Telefon nähert, lauter werdend): Natürlich habe ich Freunde in New York. In Tokio. In Bombay. Hallo, mein Freund aus New York!

TC: Das klingt, als wärst du sehr vergnügt.

Jake: Etwa so vergnügt wie der Esel eines Bettlers.

TC: Kannst du reden? Oder soll ich später noch mal anrufen?

Jake: Ist schon okay. Hier ist es so laut, daß keiner verstehen kann, was ich sage.

TC (vorsichtig; weil er keine alten Wunden aufreißen möchte): Also. Wie geht's?
Jake: Nicht so besonders.
TC: Wegen dem Bureau?
Jake (verständnislos): Wegen dem Bureau?
TC: Na ja, ich dachte, die machen dir Schwierigkeiten.
Jake: *Die* machen *mir* keine Schwierigkeiten. Aber ich ihnen. Einen Haufen. Diese Idioten. Nein, es ist wegen Jaeger, diesem Dummkopf. Unserem heißgeliebten Posthalter. Der ist ein Feigling. Will sich einfach aus dem Staub machen. Und ich weiß nicht, wie ich ihn zurückhalten soll. Aber ich muß ihn zurückhalten.
TC: Warum?
Jake: Der Hai braucht einen Köder.
TC: Hast du mit Jaeger gesprochen?
Jake: Stundenlang. Er ist jetzt gerade hier bei mir. Sitzt drüben in der Ecke wie ein kleines, weißes Karnickel, das gleich in einem Loch verschwinden wird.
TC: Gut, das kann ich verstehen.
Jake: Aber ich kann mir das nicht leisten. Ich muß diesen alten Angsthasen beim Genick packen. Aber wie? Er ist vierundsechzig; er hat einen Haufen Geld und wartet auf seine Pensionierung. Er ist Junggeselle; sein nächster lebender Verwandter ist Bob Quinn! Stell dir das vor! Und außerdem: Er glaubt noch immer nicht, daß Quinn es war. Er sagt, ja, möglich, daß jemand mir schaden will, aber Bob Quinn kann das auf gar keinen Fall sein; der ist mein eigen Fleisch und Blut.
Nur eines macht ihn stutzig.
TC: Hat das was mit dem Päckchen zu tun?
Jake: Hm-hm.
TC: Die Handschrift? Nein, das kann es nicht sein. Es muß das Bild sein.
Jake: Ein hübsches Foto. Mal ganz was anderes. Nicht wie bei den anderen. Vor allem ist es ungefähr zwanzig Jahre alt. Es wurde auf der Staatsausstellung geschossen; Jaeger marschiert bei einer Kiwani-Club-Parade mit – er trägt eine Kiwani-Mütze.

Dieses Foto hat Quinn gemacht. Jaeger sagt, er habe gesehen, wie er geknipst hat; und er erinnert sich daran, weil er Quinn gebeten hatte, ihm einen Abzug davon zu geben, und Quinn hat seine Bitte nie erfüllt.
TC: Das müßte den Posthalter doppelt nachdenklich machen. Doch ich bezweifle, daß es vor Gericht ausreichen würde.
Jake: Es hat nicht einmal auf den Posthalter einen großen Eindruck gemacht.
TC: Aber er hat immerhin so große Angst, daß er die Stadt verlassen will?
Jake: Er hat Angst, gewiß. Aber selbst wenn er keine hätte, gäbe es nichts, was ihn hier halten würde. Er behauptet, er habe schon immer seine letzten Lebensjahre auf Reisen verbringen wollen. Mein Job ist es nun, diese Reise hinauszuschieben. Auf unbestimmte Zeit. Hör zu, ich sollte mein kleines Karnickel nicht zu lange allein lassen. Also, drück mir die Daumen, ja? Und melde dich bald wieder.

Ich wünschte ihm Glück, aber er hatte keines; keine Woche war vergangen, da trennten sich die Wege des Posthalters und des Kriminalbeamten: Der erstere packte, um in der Welt umherzureisen, der letztere, weil ihn das State Bureau von dem Fall abzog.

Die folgenden Notizen sind Auszüge aus meinen Tagebüchern: 1975 bis 1979.
20. Oktober 1975: Mit Jake gesprochen. Sehr verbittert; versprüht Gift in alle Himmelsrichtungen. »Für zwei Nadeln und einen Konföderiertendollar« würde er den Dienst quittieren, den Abschied einreichen, nach Oregon gehen und auf der Farm seines Sohnes arbeiten, sagte er. »Aber solange ich hier beim Bureau bin, habe ich noch eine Peitsche, mit der ich knallen kann.« Außerdem könnte er, wenn er jetzt aufhörte, seine Pension verlieren, eine *beau geste*, die er sich, davon bin ich überzeugt, nicht leisten kann.
6. November 1975: Mit Jake gesprochen. Er sagte, Viehdieb-

stähle grassierten im nordöstlichen Teil des Staates wie eine Seuche. Diebe stehlen das Vieh bei Nacht, laden es auf Lastwagen und fahren damit nach North- und South-Dakota hinunter. Er und ein paar andere Beamte hätten die letzten Nächte draußen auf dem freien Feld verbracht, erzählte er, sich zwischen den Rinderherden versteckt und auf Diebe gewartet, die nicht auftauchten: »Mann, ist das kalt da draußen! Ich bin zu alt für solche Strapazen.« Er erwähnte, daß Marylee Connor nach Sarasota gezogen sei.

25. November 1975: Thanksgiving-Day. Erwachte am Morgen, dachte an Jake und erinnerte mich, daß er vor genau einem Jahr seine »große Chance« bekommen hatte: als er zu Addie zum Dinner gegangen war und sie ihm von Quinn und dem Blue River erzählt hatte. Beschloß, ihn nicht anzurufen; ich hätte damit unter Umständen die schmerzliche Ironie, die mit diesem Jahrestag zusammenhing, eher verschlimmern als lindern können. Statt dessen Fred Wilson und seine Frau Alice angerufen, um ihnen *bon appetit* zu wünschen. Fred erkundigte sich nach Jake; ich sagte, ich hätte zuletzt gehört, daß er damit beschäftigt sei, Viehdiebe zu jagen. Fred antwortete: »Ja, die lassen ihn ganz schön schuften. Wollen verhindern, daß er an diese andere Sache denkt, an das, was die Leute vom Bureau ›das Klapperschlangen-Baby‹ nennen. Darauf haben sie einen jungen Burschen namens Nelson angesetzt; aber nur, um den Schein zu wahren. Rechtlich gesehen ist der Fall offen; praktisch aber hat das Bureau einen Strich drunter gezogen.«

5. Dezember 1975: Mit Jake gesprochen. Als erstes sagte er: »Es wird dich freuen zu hören, daß der Posthalter heil und gesund in Honolulu angekommen ist. Er hat an alle Welt Ansichtskarten geschickt. Bestimmt hat er auch eine an Quinn gesandt. Na ja, er ist nach Honolulu gekommen, ich nicht. Ja, das Leben geht seltsame Wege.« Er berichtete, er sei noch immer im Viehdiebstahl-Geschäft.« Und ich habe es verdammt satt. Ich sollte mich zu den Dieben schlagen. Die verdienen hundertmal mehr Geld als ich.«

20. Dezember 1975: Weihnachtskarte von Marylee Connor. Sie

schreibt: »Sarasota ist wunderschön! Dies ist mein erster Winter in einem warmen Klima, und ich kann aufrichtig sagen, daß ich die Heimat nicht vermisse. Wußten Sie, daß Sarasota als Winterquartier des Ringling Bros. Circus bekannt ist? Meine Cousine und ich fahren häufig hin und sehen uns die Proben der Artisten an. Ein herrliches Vergnügen! Wir haben uns mit einer Russin angefreundet, welche die Akrobaten trainiert. Möge Gott Ihnen im Neuen Jahr beistehen. Anbei ein kleines Geschenk für Sie.« Das Geschenk war ein dilettantischer Familienalbum-Schnappschuß von Addie als junges Mädchen, etwa sechzehn, wie sie in einem Blumengarten steht, in einem weißen Sommerkleid mit passendem Haarband, und im Arm, so behutsam, als wäre es so empfindlich wie die Blüten ringsum, ein weißes Kätzchen; das Kätzchen gähnt. Auf die Rückseite des Fotos hatte Marylee geschrieben: *Adelaide Minerva Mason. Geboren 14. Juni 1939. Heimgerufen 29. August 1975.*
1. Januar 1976: Anruf von Jake: »Glückliches Neues Jahr!« Er hörte sich an wie ein Totengräber, der sein eigenes Grab schaufelt. Er habe den Silvesterabend im Bett verbracht, erzählte er, und »David Copperfield« gelesen. »Das Bureau hat eine Riesenparty veranstaltet. Aber ich bin nicht hin. Ich wußte genau, wenn ich hingegangen wäre, hätte ich mich betrunken und ein paar Leute mit den Schädeln zusammengestoßen. Vielleicht sogar eine ganze Menge Leute. Nüchtern oder betrunken, wenn der Chef in meiner Nähe ist, muß ich mich zusammenreißen, um ihm nicht die Faust in den dicken Fettwanst zu rammen.« Ich erzählte ihm, ich hätte zu Weihnachten eine Karte von Marylee bekommen. Ich beschrieb ihm das Foto von Addie, und er antwortete, ja, Marylee habe ihm ein ganz ähnliches Bild geschickt: »Aber was soll das? Was sie da schreibt – ›heimgerufen‹?« Als ich versuchte, ihm den Ausdruck zu erläutern, wie ich ihn auffaßte, unterbrach er mich mit einem Knurren: das sei zu verstiegen für ihn; und dann sagte er: »Ich habe Marylee gern. Ich habe schon immer gesagt, sie ist eine ganz reizende Frau. Aber simpel. Einfach ein bißchen simpel.«
5. Februar 1976: Letzte Woche einen Rahmen für den Schnapp-

schuß von Addie gekauft. Und ihn auf einen Tisch im Schlafzimmer gestellt. Gestern habe ich das Bild in die Schublade gelegt. Es war zu beunruhigend, zu lebendig – vor allem das Gähnen des Kätzchens.
14. Februar 1976: Drei Valentinsgrüße: einer von einer alten Lehrerin, Miss Wood; ein zweiter von meinem Steuerberater und ein dritter mit der Unterschrift: *In Liebe, Bob Quinn*. Natürlich ein Scherz. Jakes Auffassung von schwarzem Humor?
15. Februar 1976: Jake angerufen, und er gab zu, jawohl, er habe den Valentinsgruß geschickt. »Du mußt ziemlich betrunken gewesen sein«, erwiderte ich. »War ich«, antwortete er.
20. April 1976: Ein kurzer Brief von Jake, auf Papier vom Prairie Motel gekritzelt: »Bin seit zwei Tagen hier und sammele Gerüchte, meistens im Okay-Café. Der Posthalter ist noch in Honolulu. Juanita Quinn hatte einen schweren Schlaganfall. Ich mag Juanita, daher tut es mir leid um sie. Aber ihr Mann ist kerngesund. Und genauso will ich es. Ich möchte nicht, daß Quinn etwas zustößt, bevor ich ihn endgültig am Wickel habe. Das Bureau mag die Angelegenheit vergessen haben, ich nicht. Ich werde niemals aufgeben. In aufrichtiger Freundschaft . . .«
10. Juli 1976: Jake gestern abend angerufen, da ich seit mehr als zwei Monaten nichts mehr von ihm gehört hatte. Der Mann, mit dem ich sprach, war ein ganz neuer Jake Pepper oder vielmehr wieder der alte Jake Pepper, tatkräftig, optimistisch: Es war, als sei er endlich, die ausgeruhten Muskeln zum Sprung gespannt, aus einem trunkenen Schlaf erwacht. Rasch erfuhr ich, was ihn aufgescheucht hatte: »Ich habe einen Tiger beim Schwanz. Einen Knüller.« Der Knüller entpuppte sich, obwohl er ein interessantes Element enthielt, als ein ganz gewöhnlicher Mordfall. So kam es mir jedenfalls vor. Ein junger Bursche, zweiundzwanzig Jahre alt, lebte allein mit seinem alten Großvater auf einer bescheidenen Farm. Anfang des Frühjahrs brachte der Enkel den alten Mann um, damit er sich dessen Besitz aneignen und das Geld stehlen konnte, das das Opfer mühselig zusammengespart und unter einer Matratze versteckt hatte. Nachbarn bemerkten das Verschwinden des Farmers und sahen, daß der

junge Mann einen blitzenden, neuen Wagen fuhr. Die Polizei wurde eingeschaltet, und die Beamten entdeckten bald, daß der Enkel, der keine Erklärung für das plötzliche und spurlose Verschwinden des Großvaters geben konnte, den neuen Wagen mit altem Bargeld bezahlt hatte. Der Verdächtige wollte weder zugeben noch leugnen, daß er seinen Großvater ermordet hatte, obwohl die Behörden von seiner Schuld überzeugt waren. Schwierig war nur: Es gab keine Leiche. Ohne Leiche konnten sie ihn nicht verhaften. Aber so sehr sie auch suchten, das Opfer blieb verschwunden. Die Ortspolizei erbat Unterstützung vom State Bureau of Investigation, und Jake wurde auf den Fall angesetzt. »Es ist faszinierend. Dieser Bengel ist ein heller Kopf. Was immer er mit dem Alten gemacht hat, es ist teuflisch. Und wenn wir die Leiche nicht finden, können wir ihm nichts anhaben. Aber ich bin überzeugt, daß sie sich irgendwo auf der Farm befindet. Mein Instinkt sagt mir, daß er Grandpa zu Hackfleisch verarbeitet und die Teile an verschiedenen Stellen vergraben hat. Ich brauche nichts weiter als den Kopf. Aber den finde ich, und wenn ich die Farm Morgen um Morgen umgraben lassen muß. Zoll um Zoll.« Nachdem wir aufgelegt hatten, fühlte ich Ärger in mir aufsteigen und Eifersucht: nicht nur einen Stich, sondern einen schmerzhaften Stoß, als hätte ich soeben erfahren, daß mich eine große Liebe betrügt. In Wahrheit wollte ich nicht, daß Jake sich für einen anderen Fall interessierte als für den, der mich interessierte.

20. Juli 1976: Ein Telegramm von Jake. *Habe Kopf eine Hand zwei Füße stop gehe angeln Jake*. Möchte wissen, warum er mir ein Telegramm schickt, statt anzurufen. Ahnt er, daß ich mich über seinen Erfolg ärgere? Ich freue mich, denn ich weiß, daß er nun endlich seinen Stolz wiedergefunden hat, wenigstens einen Teil davon.

Ich hoffe nur, der Platz, an den er »angeln gegangen« ist, liegt irgendwo in der Nähe des Blue River.

22. Juli 1976: Jake einen Gratulationsbrief geschrieben und ihm mitgeteilt, daß ich für drei Monate ins Ausland gehe.

20. Dezember 1976: Weihnachtskarte aus Sarasota. »Falls Sie

einmal hier in die Gegend kommen, besuchen Sie mich doch bitte. Gott schütze Sie. Marylee Connor.«

22. Februar 1977: Nachricht von Marylee: »Ich habe noch immer unser altes Lokalblatt abonniert und dachte, der beiliegende Ausschnitt könnte Sie interessieren. Ich habe ihrem Mann geschrieben. Er hatte mir nach Addies Unfall einen so reizenden Brief geschickt.« Der Ausschnitt enthielt einen Nachruf auf Juanita Quinn; sie war im Schlaf gestorben. Überraschenderweise gab es für sie weder eine Trauerfeier noch eine Beerdigung, denn die Entschlafene hatte erklärt, sie wolle verbrannt werden und ihre Asche solle man über dem Blue River ausstreuen.

23. Februar 1977: Jake angerufen. Er sagte, ein bißchen verlegen: »Hallo, Partner! Du machst dich rar.« In Wirklichkeit hatte ich ihm aus der Schweiz geschrieben, doch von ihm war keine Antwort gekommen; und auch wenn ich ihn nicht erreicht hatte, so hatte ich doch während der Weihnachtsfeiertage zweimal versucht, ihn anzurufen. »Ach ja, ich war in Oregon.« Dann kam ich zur Sache: Juanita Quinns Nachruf. Wie vorauszusehen, antwortete er: »Ich bin mißtrauisch.« Und als ich ihn fragte, warum, erklärte er: »Einäscherungen machen mich immer mißtrauisch.«

Wir unterhielten uns noch eine Viertelstunde, aber es war ein verkrampftes Gespräch, von seiner Seite sehr bemüht freundlich. Vielleicht erinnere ich ihn an Dinge, die er bei all seiner Charakterstärke allmählich vergessen möchte.

10. Juli 1977: Jake rief an, begeistert. Ohne Einleitung verkündete er: »Wie ich dir gesagt habe, Einäscherungen machen mich immer mißtrauisch. Bob Quinn ist wieder verheiratet! Gewiß, jeder wußte ja, daß er eine zweite Familie hat, eine Frau mit vier Kindern, alle vier von Esquire Quinn gezeugt. Die hatte er drüben in Appleton versteckt, ungefähr hundert Meilen südwestlich von hier. Letzte Woche ehelichte er die Dame. Holte sie und seine Brut stolz wie ein Gockel zu sich auf die Ranch. Juanita würde sich im Grabe umdrehen. Wenn sie eins hätte.« Neugierig erkundigte ich mich: »Wie alt sind denn die Kinder?« – »Das jüngste ist zehn, das älteste siebzehn«, antwortete er.

»Alle vier Mädchen. Ich sage dir, die Stadt ist ganz schön in Aufruhr. Gewiß, mit einem Mord werden sie fertig, ein paar Morde bringen die nicht so schnell aus dem Gleichgewicht; daß aber ihr Ritter in schimmernder Rüstung, ihr großer Kriegsheld mit dieser schamlosen Schlampe und ihren vier kleinen Bastarden hier auftaucht, darüber runzeln sie ihre presbyterianische Stirn.« Ich sagte: »Mir tun die Kinder leid. Und die Frau.« Jake entgegnete: »Ich spare mir mein Mitleid für Juanita. Wenn es einen Leichnam zu exhumieren gäbe, ich möchte wetten, der Coroner fände eine hübsche Dosis Nikotin darin.« Ich sagte: »Das möchte ich bezweifeln. Juanita hätte er niemals etwas angetan. Sie war Alkoholikerin. Er hat sie gerettet. Er liebte sie.« Ruhig entgegnete Jake: »Und ich vermute, du glaubst auch nicht, daß er was mit Addies sogenanntem Unfall zu tun gehabt hat, wie?« Ich antwortete: »Er wollte sie umbringen. Er hätte es schließlich auch getan. Aber dann ist sie ertrunken.« Jake sagte: »Hat ihm die Mühe erspart. Okay. Dann erklär mir die Sache mit Clem Anderson, den Baxters.« Ich entgegnete: »Ja, das war alles Quinn. Er mußte es tun. Er ist ein Messias mit einer Sendung.« Jake sagte: »Warum hat er sich dann den Posthalter durch die Finger rutschen lassen?« Ich gab zurück: »Hat er das wirklich? Ich vermute, auch der alte Mr. Jaeger wird dem ›Treffpunkt in Samara‹ nicht entgehen. Quinn wird ihm eines Tages über den Weg laufen. Quinn hat keine Ruhe, bis es soweit ist. Er ist nicht normal, weißt du.« Jake legte auf, doch nicht, ohne mich vorher bissig zu fragen: »Du vielleicht?«

15. Dezember 1977: Im Fenster eines Leihhauses schwarze Krokobrieftasche gesehen. Sie war in gutem Zustand und trug die Initialen *J. P.* Ich kaufte sie, und da unser letztes Gespräch verärgert geendet hatte (er war verärgert gewesen, nicht ich), schickte ich sie Jake als Weihnachtsgeschenk und gleichzeitig als Friedensangebot.

22. Dezember 1977: Weihnachtskarte von der getreuen Mrs. Connor: »Ich arbeite beim Zirkus! Nein, nicht als Akrobatin. Als Empfangsdame. Macht viel mehr Spaß als Shuffleboard! Alles Gute zum Neuen Jahr.«

17. Januar 1978: Vier hingekritzelte Zeilen von Jake, der sich für die Brieftasche bedankt – knapp, nicht ganz angemessen. Ich reagiere auf den Wink mit dem Zaunpfahl. Ich werde ihm weder schreiben noch ihn anrufen.
20. Dezember 1978: Weihnachtskarte von Marylee Connor, nur ihre Unterschrift; von Jake nichts.
12. September 1979: Letzte Woche waren Fred Wilson und seine Frau in New York, auf der Durchreise nach Europa (ihr erster Trip), glücklich wie zwei Flitterwöchner. Ich führte sie zum Dinner aus; das Gespräch beschränkte sich auf die Aufregungen der bevorstehenden Reise, bis Fred, während er das Dessert auswählte, sagte: »Mir ist aufgefallen, daß du Jake gar nicht erwähnt hast.« Ich tat erstaunt und berichtete schließlich, ich hätte seit über einem Jahr nichts mehr von Jake gehört. Scharfsinnig erkundigte sich Fred: »Habt ihr beiden euch gestritten?« Ich zuckte die Achseln: »So kraß kann man das nicht ausdrücken. Aber wir waren nicht immer einer Meinung.« Dann sagte Fred: »Jake hat in letzter Zeit großen Kummer mit seiner Gesundheit. Lungenemphysem. Ende des Monats geht er in den Ruhestand. Weißt du, es geht mich ja nichts an, aber ich glaube, es wäre eine nette Geste von dir, wenn du ihn mal anriefst. Gerade jetzt braucht er ein bißchen Aufmunterung.«
14. September 1979: Ich werde Fred Wilson ewig dankbar sein; er hat es mir leichtgemacht, meinen Stolz zu überwinden und Jake anzurufen. Heute morgen haben wir miteinander gesprochen; es war, als hätten wir uns erst gestern und vorgestern noch gesehen. Man hätte nicht geglaubt, daß unsere Freundschaft gestört gewesen war. Er bestätigte die Nachricht von seiner Pensionierung: »Nur noch sechzehn Tage!« – und erzählte, er wolle zu seinem Sohn nach Oregon ziehen. »Aber vorher verbringe ich noch ein, zwei Tage im Prairie Motel. Ich habe noch etwas in der Stadt zu erledigen. Im Gericht gibt es einige Unterlagen, die ich für meine Akten stibitzen will. He, hör mal! Wollen wir nicht zusammen fahren? Richtig Wiedersehen feiern? Ich könnte dich in Denver abholen.« Jake brauchte mich nicht zu überreden; wäre die Einladung nicht von ihm gekom-

men, ich hätte von mir aus den Vorschlag gemacht: Ich hatte, schlafend und wach, oft davon geträumt, noch einmal in dieses melancholische Städtchen zurückzukehren, denn ich wollte Quinn wiedersehen – ihn sehen und mit ihm sprechen, unter vier Augen.

Es war der zweite Tag im Oktober.

Jake, der es abgelehnt hatte, mich zu begleiten, hatte mir seinen Wagen geliehen, und so verließ ich nach dem Lunch das Prairie Motel, um zu einer Verabredung auf die B.-Q.-Ranch zu fahren. Ich mußte daran denken, wie wir das letzte Mal durch diese Gegend gefahren waren: der Vollmond, die verschneiten Felder, die schneidende Kälte, die eng aneinandergedrängten Rinder in Gruppen; ihr warmer Atem rauchte in der eisigen Luft. Jetzt, im Oktober, bot die Landschaft ein anderes, prachtvolles Bild: Die Teerstraße glich einem dünnen, schwarzen Meer, das einen goldenen Kontinent teilte; die sonnengebleichten Stoppeln des abgeernteten Weizens zu beiden Seiten zogen in gelben Tönen, zobelfarbenen Schatten ihre Wellenbahn unter dem wolkenlosen Himmel. Bullen paradierten auf den Weiden; und Kühe, darunter Muttertiere mit neugeborenen Kälbern, grasten, dösten.

An der Einfahrt zur Ranch lehnte ein junges Mädchen an einem Schild, dem mit den gekreuzten Tomahawks. Sie lächelte und winkte mir zu, ich solle anhalten.

Junges Mädchen: Tag. Ich bin Nancy Quinn. Mein Dad hat mich geschickt, ich soll Sie abholen.

TC: Aha, danke.

Nancy Quinn (öffnet die Autotür, steigt ein): Er ist angeln. Ich zeige Ihnen, wo.

(Nancy war ein fröhlicher, schiefzahniger Wildfang. Ihr hellbraunes Haar war kurz geschnitten, und sie war von oben bis unten mit Sommersprossen übersät. Sie trug nichts weiter als einen Badeanzug. An einem Knie hatte sie einen schmutzigen Verband.)

TC (auf den Verband weisend): Hast du dir wehgetan?

Nancy Quinn: Nein. Na ja, runtergefallen bin ich.
TC: Runtergefallen?
Nancy Quinn: Bad Boy hat mich abgeworfen. Das ist 'n richtig bösartiges Pferd. Deswegen nennen wir ihn ja auch Bad Boy. Der schmeißt jedes Kind auf der Ranch ab. Und die meisten Männer auch. Und ich hab' gesagt, also ich wette, ich kann ihn reiten. Und ich hab's geschafft. Ungefähr zwei Sekunden lang.
Sind Sie schon mal hier gewesen?
TC: Einmal; vor Jahren. Aber das war abends. Ich erinnere mich noch an eine Holzbrücke . . .
Nancy Quinn: Die ist da drüben!

(Wir kamen über die Brücke: Endlich sah ich den Blue River; aber es war nur ein flüchtiger Blick, so schnell und verhuscht wie der Flug eines Kolibris, denn überhängende Bäume, die, als ich sie zuletzt gesehen hatte, entlaubt waren, standen nun in Flammen, versperrten mit herbstfarbenem Laubwerk die Sicht.)

Nancy Quinn: Sind Sie schon mal in Appleton gewesen?
TC: Nein.
Nancy Quinn: *Noch nie?* Das ist komisch. Ich habe noch nie jemanden kennengelernt, der noch nie in Appleton war.
TC: Habe ich da was versäumt?
Nancy Quinn: Ach was, nicht weiter schlimm. Wir haben da mal gewohnt. Aber hier gefällt es mir besser. Hier ist es viel einfacher, allein loszuziehen und das zu machen, wozu man Lust hat. Angeln. Kojoten schießen. Mein Dad hat gesagt, er gibt mir einen Dollar für jeden Kojoten, den ich schieße; aber als er über zweihundert Dollar rausrücken mußte, hat er den Preis auf einen Dime gedrückt. Na ja, eigentlich brauche ich gar kein Geld. Ich bin nicht so wie meine Schwestern. Ewig mit der Nase vorm Spiegel.
Ich hab' nämlich drei Schwestern, und ich kann Ihnen sagen, denen gefällt es überhaupt nicht hier. Sie mögen keine Pferde; denen stinkt hier fast alles. Jungens. Mehr haben die nicht im Kopf. Als wir noch in Appleton waren, haben wir meinen Dad nicht so oft zu sehen gekriegt. Ungefähr einmal die Woche. Da

konnten sie sich parfümieren und anmalen und einen Freund nach dem anderen angeln. Meiner Mom war das egal. Die ist irgendwie auch so wie die. Macht 'ne Menge von sich her und sieht hübsch aus. Aber mein Dad, der ist richtig streng. Der will nicht, daß meine Schwestern Verehrer haben. Oder sich anmalen. Einmal sind ein paar von ihren alten Freunden aus Appleton rübergekommen, da hat mein Dad sie an der Haustür mit der Schrotflinte begrüßt; wenn er sie noch mal auf seinem Grund und Boden antrifft, hat er gesagt, dann pustet er ihnen die Köpfe weg. Mann, sind die vielleicht gerannt! Die Mädchen haben sich die Augen ausgeheult. Aber ich hab' mich halb totgelacht über das Ganze.

Sehen Sie die Weggabelung da vorn? Da halten Sie.

(Ich hielt; wir stiegen beide aus. Sie deutete auf eine Lücke zwischen den Bäumen: ein dunkler, belaubter, abwärtsführender Pfad.)

Nancy Quinn: Da gehen Sie lang.

TC (urplötzlich voll Angst vor dem Alleinsein): Kommst du nicht mit?

Nancy Quinn: Mein Dad mag niemanden dabei haben, wenn er geschäftliche Dinge bespricht.

TC: Ach so, danke nochmals.

Nancy Quinn: War mir ein Vergnügen!

Pfeifend schlenderte sie davon.

Der Pfad war teilweise so überwachsen, daß ich Zweige wegbiegen, mein Gesicht vor streifenden Blättern schützen mußte. Dornensträucher, seltsame Stacheln verfingen sich in meinen Hosenbeinen; hoch in den Bäumen krächzten und schrien Krähen. Ich sah eine Eule; es ist merkwürdig, am Tag eine Eule zu sehen; sie blinkte mit den Augen, rührte sich aber nicht. Einmal wäre ich fast in einen Bienenschwarm hineingestolpert – in einen alten, hohlen Baumstumpf, in dem es von wilden, schwarzen Bienen wimmelte. Und immer hörte ich den Fluß, sein langsames, weiches, schäumendes Rauschen; nach einer Wegbiegung sah ich ihn dann – und Mr. Quinn ebenfalls.

Er trug einen Gummianzug und hielt, emporgereckt wie einen Dirigentenstab, eine biegsame Angelrute in der Hand. Er stand bis zu den Hüften im Wasser, den unbedeckten Kopf im Profil; sein Haar war nicht mehr graumeliert – es war so weiß wie die Gischt, die seine Hüften umspülte. Am liebsten hätte ich kehrt gemacht und wäre davongelaufen, denn die Szene erinnerte mich stark an jenen anderen Tag, an jene längst vergangene Zeit, als Quinns Ebenbild, der Reverend Bobby Joe Snow, im hüfttiefen Wasser auf mich gewartet hatte. Plötzlich hörte ich meinen Namen; Quinn rief und winkte mir zu, während er ans Ufer watete.

Ich dachte an die jungen Bullen, die auf den goldenen Weiden einherstolzierten; Quinn in seinem glänzenden Gummianzug gemahnte mich an sie – vital, kraftvoll, gefährlich; bis auf das weiß gewordene Haar war er nicht um ein Jota gealtert; im Gegenteil, er wirkte um Jahre jünger, ein Fünfzigjähriger, kerngesund.

Lächelnd hockte er sich auf einen Stein und bedeutete mir, mich zu ihm zu setzen. Er zeigte mir eine Forelle, die er geangelt hatte. »Bißchen mickrig. Schmecken aber gut.«

Ich erwähnte Nancy. Grinsend sagte er: »Nancy. Ach ja. Das Kind ist in Ordnung.» Dabei beließ er es. Er sprach weder vom Tod seiner Frau noch von der Tatsache, daß er sich wieder verheiratet hatte: Er setzte voraus, daß ich mit seiner jüngeren Geschichte vertraut war.

»Ich war überrascht, als Sie mich anriefen«, sagte er.

»So?«

»Ich weiß nicht. Einfach überrascht. Wo sind Sie abgestiegen?«

»Im Prairie Motel. Wo sonst?«

Nach kurzem Schweigen fragte er beinahe scheu: »Ist Jake Pepper auch da?«

Ich nickte.

»Jemand hat mir gesagt, er scheidet aus dem Bureau aus.«

»Stimmt. Er geht nach Oregon.«

»Na ja, ich werde den alten Bastard wohl nie mehr wiedersehen. Schade. Wir hätten gute Freunde werden können. Wenn er nicht

diesen dummen Verdacht gehabt hätte. Verdammt noch mal, der glaubte sogar, ich hätte die arme Addie Mason ersäuft!« Er lachte; dann runzelte er finster die Stirn. »Ich sehe das anders: Es war Gottes Hand.« Er hob die eigene, und der Fluß schien sich, durch seine gespreizten Finger gesehen, wie ein dunkles Band zwischen ihnen hindurchzuwinden. »Das Werk Gottes. Sein Wille.«

III. Konversationsporträts

Ein Tagewerk

Szene: Ein regnerischer Aprilmorgen, 1979. Ich gehe die Second Avenue von New York City entlang, in der Hand eine Einkaufstasche aus Wachstuch, prall gefüllt mit Putzutensilien und Eigentum von Mary Sanchez, die neben mir hergeht und versucht, einen Schirm über uns beide zu halten, was ihr nicht schwerfällt, da sie einen Meter achtzig mißt, mithin also viel größer ist als ich.

Mary Sanchez ist Putzfrau und arbeitet stundenweise, zu fünf Dollar die Stunde, an sechs Tagen der Woche. Sie arbeitet schätzungsweise neun Stunden pro Tag und besucht von Montag bis Samstag durchschnittlich vierundzwanzig verschiedene Wohnungen: Ihre Kunden beanspruchen ihre Dienste im allgemeinen nur einmal die Woche.

Mary ist siebenundfünfzig Jahre alt, geboren in einer Kleinstadt von South Carolina, und lebt seit vierzig Jahren »oben im Norden«. Ihr Mann, ein Puertoricaner, ist im letzten Sommer gestorben. Sie hat eine verheiratete Tochter, die in San Diego lebt, sowie drei Söhne, von denen einer Zahnarzt ist, einer wegen bewaffneten Raubüberfalls eine zehnjährige Haftstrafe absitzt und der dritte »einfach auf und davon ist, Gott weiß, wohin. Letztes Jahr Weihnachten hat er mich angerufen, er klang sehr weit weg. Ich fragte ihn, wo bist du, Pete, aber er wollte nichts sagen, also sagte ich ihm, dein Daddy ist tot, und er antwortete, gut, meinte, ein schöneres Weihnachtsgeschenk hätte ich ihm nicht machen können, da hab' ich einfach aufgelegt, peng, und ich hoffe, er ruft mich nie wieder an. Seinem Daddy so aufs Grab zu spucken! Sicher, Pedro war nie gut zu den Kindern. Oder zu

mir. Hat nur getrunken und Würfel gespielt. Sich mit schlechten Frauenzimmern rumgetrieben. Man hat ihn auf einer Bank im Central Park gefunden, tot. Zwischen den Beinen hatte er eine fast leere Flasche ›Jack Daniels‹ stehen; mußte ja immer das Beste trinken, der Mann. Trotzdem war es ziemlich respektlos von Pete, zu sagen, er sei *froh*, daß sein Vater tot ist. Schließlich verdankt er ihm das Leben, nicht wahr? Und ich verdanke Pedro auch etwas. Ohne ihn wäre ich noch immer eine unwissende Baptistin, verloren für Gott, den Herrn. Aber als ich heiratete, ließ ich mich von der katholischen Kirche trauen, und die katholische Kirche hat einen *Glanz* in mein Leben gebracht, der niemals verblaßt ist und niemals verblassen wird, nicht mal, wenn ich sterbe. Ich habe meine Kinder im rechten Glauben erzogen; zwei von ihnen haben sich gut gemacht, und das ist sicher mehr das Verdienst der Kirche als meines.«

Mary ist muskulös, aber sie hat ein helles, rundes, glattes, nettes Gesicht mit einer winzigen Stupsnase und einem Schönheitsfleck oben auf der linken Wange. Den Ausdruck »schwarz« als Rassenzugehörigkeit mag sie nicht. »Ich bin nicht schwarz. Ich bin braun. Eine hellbraune Farbige. Und ich will Ihnen noch was sagen. Ich kenne nicht viele Farbige, die es mögen, wenn man sie als Schwarze bezeichnet. Vielleicht ein paar von den jungen Leuten. Und die Radikalen. Aber nicht Leute in meinem Alter, nicht mal solche, die halb so alt sind. Sogar Leute, die wirklich schwarz sind, mögen das nicht. Was ist so schlimm an dem Wort Neger? Ich bin Negerin und Katholikin und stolz darauf.«

Ich kenne Mary Sanchez seit 1968; sie hat in all den Jahren immer wieder für mich gearbeitet. Sie ist gewissenhaft und nicht nur unverbindlich an ihren Kunden interessiert, obwohl sie viele von ihnen überhaupt nicht kennt, denn es sind meist unverheiratete, berufstätige Männer und Frauen, die nicht zu Hause sind, wenn sie erscheint, um ihre Wohnungen zu putzen; sie verständigt sich mit ihnen – und jene mit ihr – per Zettelchen: »Mary, gießen Sie bitte die Geranien und füttern Sie die Katze. Hoffe, es geht Ihnen gut. Gloria Scotto.«

Einmal gab ich ihr zu verstehen, ich würde sie gern einmal

während eines Tagewerks begleiten, und sie meinte, na ja, warum denn nicht, sie würde sich sogar freuen, wenn ich ihr Gesellschaft leistete: »Bei dieser Arbeit fühlt man sich manchmal sehr einsam.«
Und so kam es, daß wir an diesem stürmisch-nassen Aprilmorgen gemeinsam unterwegs sind. Wir gehen zu ihrer ersten Putzstelle: einem Mr. Andrew Trask, der in der East Seventythird Street wohnt.

TC: Was zum Teufel haben Sie in dieser Tasche?
Mary: Geben Sie sie her! Ich kann nicht verantworten, daß Sie fluchen.
TC: Nein. Tut mir leid. Aber sie ist schwer.
Mary: Vielleicht ist es das Bügeleisen.
TC: Sie bügeln den Leuten die Kleider? Meine haben Sie nie gebügelt.
Mary: Manche von den Leuten sind einfach nicht entsprechend ausgerüstet. Deswegen muß ich so viel mitschleppen. Ich lege ihnen Zettel hin: Besorgen Sie dies, besorgen Sie das. Aber sie vergessen es. Meine Leute sind wohl alle mit ihren eigenen Sorgen beschäftigt. Wie dieser Mr. Trask, zu dem wir jetzt gehen. Den habe ich jetzt sieben, acht Monate, aber ich habe ihn noch nie gesehen. Er trinkt zuviel, deswegen hat ihn seine Frau verlassen, und er hat überall Schulden; wenn ich das Telefon bei ihm abhebe, ist jedesmal einer dran, der Geld haben will. Nur haben sie ihm jetzt den Anschluß gesperrt.

(Wir sind angekommen, und sie zieht aus ihrer Umhängetasche einen schweren Metallring hervor, an dem Dutzende von Schlüsseln klirren. Das Gebäude ist ein vierstöckiges Sandsteinhaus mit einem winzigen Fahrstuhl.)

TC (nachdem er das Trask-Appartement betreten und begutachtet hat – ein relativ großes Zimmer mit arsengrünen Wänden, eine Kochnische und ein Bad mit einer defekten, ständig laufenden Toilette): Hmm. Ich sehe, was Sie meinen. Dieser Bursche hat Probleme.
Mary (öffnet einen Schrank; er ist vollgestopft mit klammer,

schweißsaurer Schmutzwäsche): Nicht *ein* sauberes Laken im Haus! Und sehen Sie sich mal das Bett an: Mayonnaise! Schokolade! Krümel! Krümel, Kaugummi, Zigarettenstummel. Lippenstift! Was für eine Frau muß das sein, die sich in ein solches Bett legt? Ich habe die Wäsche schon seit Wochen nicht mehr wechseln können. Seit Monaten.

(Sie knipst mehrere Lampen mit schiefsitzenden Schirmen an; und während sie sich bemüht, die ringsum herrschende Unordnung zu beseitigen, mustere ich das Interieur ein bißchen eingehender. Wirklich, hier sieht es aus, als hätten Einbrecher gehaust; ein paar Kommodenschubladen offen, andere wiederum geschlossen. Auf der Kommode steht in einem Lederrahmen das Foto eines stämmigen, dunkelhäutigen Macho-Mannes mit einer blonden, hochnäsigen Junior-League-Frau und drei flachsköpfigen, schiefzahnigen, sonnenverbrannten Jungen, der älteste ungefähr vierzehn. An einem blinden Spiegel steckt ein weiteres, diesmal jedoch ungerahmtes Foto: eine andere Blondine, allerdings ganz eindeutig nicht Junior League – vielleicht im Maxwell's Plum aufgelesen; ich könnte mir vorstellen, daß das ihr Lippenstift ist, an den Bettlaken. Auf dem Fußboden liegt die Dezemberausgabe der Zeitschrift »True Detective«, und im Badezimmer liegen neben der unablässig rauschenden Toilette eine Anzahl Herrenmagazine aufgestapelt: »Penthouse«, »Hustler«, »Oui«; davon abgesehen fällt das totale Fehlen kultureller Erzeugnisse auf. Dafür gibt es überall Hunderte von leeren Wodkaflaschen – Miniflaschen, wie sie von den Fluggesellschaften serviert werden.)

TC: Was meinen Sie, warum er ausschließlich diese Minis trinkt?

Mary: Vielleicht kann er sich die großen nicht leisten. Kauft nur, was er eben kann. Er hat einen guten Job, wenn es ihm gelingt, ihn zu halten, aber ich glaube, daß er wegen seiner Familie ständig pleite ist.

TC: Was macht er denn?

Mary: Was mit Flugzeugen.

TC: Ach so, darum! Da kriegt er ja diese Fläschchen umsonst.
Mary: Ja? Aber wieso? Er ist doch kein Steward. Er ist Pilot.
TC: Großer Gott!

(Ein Telefon läutet; das Geräusch ist gedämpft, denn der Apparat ist unter einer zerwühlten Decke begraben. Stirnrunzelnd, die Hände schaumbedeckt vom Spülwasser, fischt Mary ihn mit dem Geschick einer Archäologin heraus.)

Mary: Muß wohl wieder angeschlossen worden sein. Hallo? (Schweigen.) Hallo?
Frauenstimme: Wer ist denn da?
Mary: Hier ist der Wohnsitz von Mr. Trask.
Frauenstimme: Der *Wohnsitz* von Mr. Trask? (Gelächter; dann, von oben herab:) Mit wem spreche ich?
Mary: Mit Mr. Trasks Dienstmädchen.
Frauenstimme: So, so, Mr. Trask hat also ein Dienstmädchen. Nun, das ist mehr, als *Mrs.* Trask sich leisten kann. Würde Mr. Trasks Dienstmädchen Mr. Trask bitte ausrichten, daß Mrs. Trask ihn zu sprechen wünscht?
Mary: Er ist nicht da.
Mrs. Trask: Machen Sie mir doch nichts vor. Holen Sie ihn!
Mary: Tut mir leid, Mrs. Trask, ich glaube, er fliegt heute.
Mrs. Trask (mit bitterem Hohn): Er fliegt heute? Der fliegt ständig, meine Gute. Ständig.
Mary: Ich meine, er arbeitet.
Mrs. Trask: Sagen Sie ihm, er soll mich bei meiner Schwester in New Jersey anrufen. Sofort, wenn er nach Hause kommt, sonst geht's ihm schlecht.
Mary: Jawohl, Ma'am. Ich werde ihm einen Zettel hinlegen. (Sie legt auf.) Gemeines Frauenzimmer. Kein Wunder, daß der in einem solchen Zustand ist. Der verliert *den* Job auch noch. Möchte wissen, ob er mir mein Geld hingelegt hat. Aha. Da ist es ja. Oben auf dem Kühlschrank.

(Zu meinem Erstaunen hat sie es nach ungefähr einer Stunde geschafft, das Chaos irgendwie zu kaschieren, so daß das Zimmer zwar noch immer nicht makellos wirkt, aber jedenfalls anständig. Mit einem Bleistift kritzelt sie etwas auf einen

Zettel, den sie an den Kommodenspiegel lehnt: »Lieber Mr. Trask ire Frau sagt Sie solln sie bei irer Schwester anrufen hochachtungsfoll Mary Sanchez.« Dann seufzt sie, hockt sich auf die Bettkante und holt eine kleine Blechschachtel mit einer Sammlung von Joints aus der Tasche; sie wählt einen aus, befestigt ihn an einem Halter und setzt ihn in Brand. Dann inhaliert sie in tiefen Zügen, hält den Rauch lange in der Lunge und schließt die Augen. Mir bietet sie auch einen Zug an.)

TC: Nein, danke. Ist mir noch zu früh.

Mary: Es ist nie zu früh. Aber Sie sollten dieses Zeug mal probieren. *Mucho cojones*. Das kriege ich von einer Kundin, einer wirklich netten katholischen Dame; mit einem Peruaner verheiratet. Der kriegt es von seiner Familie. Schicken es einfach mit der Post. Ich nehm' das nicht, damit ich *high* werde. Nur ein kleines bißchen, damit alles nicht mehr so häßlich ist, all das Schwere leichter wird. (Sie zieht an der Kippe, bis sie sich fast die Lippen verbrennt.) Andrew Trask. Armer Teufel, den haben sie ins Bockshorn gejagt. Der könnte auch mal so enden wie mein Pedro. Tot auf einer Parkbank, und keiner schert sich drum. Nicht, daß ich mich nicht um den Mann gekümmert hätte. In letzter Zeit muß ich immer wieder an die schönen Zeiten mit Pedro denken, und ich glaube, so geht es den meisten, wenn sie mal jemand geliebt und ihn dann verloren haben; das Schlimme vergißt man und trauert nur noch den guten Seiten nach, denen, die ihn anfangs so anziehend gemacht haben. Pedro, der junge Mann, in den ich mich damals verliebt habe, der war ein wunderbarer Tänzer, oh, konnte der Tango tanzen, oh, konnte der Rumba tanzen, der hat mir das Tanzen beigebracht und mit mir getanzt, bis ich glaubte, keine Füße mehr zu haben. Wir waren Stammgäste im alten Savoy Ballroom. Er war sauber und ordentlich – auch als ihn der Alkohol schon am Kragen hatte, waren seine Fingernägel immer geschnitten und poliert. Und kochen konnte der – phantastisch. Damit hat er sein Geld verdient, als Schnellkoch. Ich habe gesagt, er war nie gut zu den Kindern; na ja, er hat ihnen die Lunchbox für die Schule

gerichtet. Alle möglichen belegten Brote, eingewickelt in Wachspapier. Schinken, Erdnußbutter mit Gelee, Eiersalat, Thunfisch; dann Obst, Äpfel, Bananen, Birnen und eine Thermosflasche voll heißer Milch mit Honig. Jetzt tut es mir weh, wenn ich daran denke, wie er da im Park gesessen hat, und daß ich nicht mal geweint habe, als die Polizei kam und es mir eröffnete; daß ich überhaupt nicht geweint habe. Ich hätte weinen sollen. Das war ich ihm schuldig. Und eine kräftige Ohrfeige war ich ihm auch schuldig.

Ich werde für Mr. Trask das Licht brennen lassen. Ist so traurig, wenn er in ein dunkles Zimmer heimkommt.

(Als wir das Sandsteinhaus verließen, hatte es aufgehört zu regnen, aber der Himmel war schmutziggrau, und ein Wind war aufgekommen, der den Unrat den Rinnstein entlangtrieb und die Passanten den Hut festhalten ließ. Unser Ziel lag vier Blocks weiter, ein bescheidenes, aber modernes Mietshaus mit uniformiertem Portier, das Domizil von Miss Edith Shaw, einer jungen Frau Mitte Zwanzig, die in der Redaktion einer Zeitschrift arbeitete. »Irgendein Nachrichtenmagazin. Sie muß Tausende von Büchern besitzen. Aber sie sieht gar nicht aus wie ein Bücherwurm. Ist so ein gesunder Typ und hat jede Menge Freunde. Zu viele – scheint's einfach nicht lange bei einem einzigen auszuhalten. Wir haben uns ein bißchen angefreundet, weil ... Na ja, einmal bin ich in ihre Wohnung gekommen, da war sie sterbenskrank. Hatte gerade ihr Baby abtreiben lassen. Normalerweise bin ich ja dagegen; so was verstößt gegen meinen Glauben. Warum haben Sie den Mann nicht geheiratet, habe ich sie gefragt. Aber es war so, daß sie gar nicht wußte, wen sie hätte heiraten sollen; sie wußte nicht, wer der Vater war. Und außerdem, ein Mann und ein Kind waren das letzte, was sie sich wünschte.«)

Mary (begutachtet die Szene von der offenen Tür der Zweizimmerwohnung aus): Nicht viel zu tun hier. Bißchen Staubwischen. Sie hält alles selbst in Ordnung. Sehen Sie sich die vielen Bücher an! Von der Decke bis zum Boden, eine einzige große Bibliothek.

(Von den übervollen Bücherregalen abgesehen, war die Wohnung erstaunlich sparsam möbliert, skandinavisch hell und blank. Dazu ein antikes Möbelstück: ein Rollsekretär mit einer Schreibmaschine; in der Maschine steckte ein Blatt Papier; ich schaute, was darauf geschrieben stand:

»Zsa Zsa Gabor ist
305 Jahre alt.
Das weiß ich, denn ich
Habe ihre Ringe gezählt.«

Drei Zeilen tiefer stand getippt:

»Sylvia Plath, ich hasse dich
Und deinen verdammten Daddy.
Ich bin froh, hörst du,
Richtig *froh*, daß du deinen Kopf
In den Gasofen gesteckt hast!«)

TC: Ist Miss Shaw eine Dichterin?

Mary: Die schreibt immer irgendwas. Keine Ahnung, was das ist. Was ich so sehe, klingt für mich, als wär' sie auf Dope. Kommen Sie mal her, ich will Ihnen was zeigen.

(Sie führt mich ins Bad, einen überraschend großen, blitzblanken Raum. Sie öffnet eine Schranktür und zeigt auf einen Gegenstand, der in einem Fach liegt: ein rosa Plastikvibrator in Gestalt eines durchschnittlich großen Penis.)

Wissen Sie, was das ist?

TC: Sie nicht?

Mary: Ich habe *Sie* gefragt.

TC: Das ist ein Dildo, ein Vibrator.

Mary: Was ein Vibrator ist, weiß ich. Aber so einen hab' ich noch nie gesehen. ›Made in Japan‹ steht drauf.

TC: Ach, na ja. Der fernöstliche Touch.

Mary: Heiden! Aber sie hat wirklich prima Parfüms. Wenn man Parfüm mag. Ich tupfe mir nur ein bißchen Vanille hinter die Ohren.

(Mary begann zu arbeiten, moppte den gewachsten, teppichlosen Fußboden, reinigte die Bücherregale mit einem Staubwedel; und während sie arbeitete, blieb ihre Jointschachtel

offen und ihr Jointhalter gefüllt. Ich weiß nicht, wieviel »Schweres« sie leichter machen mußte, aber der Duft allein trug mich schon empor.)

Mary: Wollen Sie nicht doch ein paar Züge? Wirklich nicht?

TC: Na ja, bevor ich mich schlagen lasse.

(Mann, o Mann, ich habe so manches kräftige Kraut gekifft, niemals so viel, daß es zur Sucht wurde, aber genug, um Qualität beurteilen und den Unterschied zwischen gewöhnlichem mexikanischem *weed* und luxuriöser Konterbande wie Thai-Sticks oder dem himmlischen Maui-Wowee erkennen zu können. Aber nachdem ich einen von Marys Joints ganz und einen zweiten zur Hälfte geraucht hatte, war mir, als packe mich ein köstlicher Dämon, erfasse mich eine wahnsinnige, herrliche Fröhlichkeit: der Dämon kitzelte mich an den Zehen, kratzte mir den juckenden Kopf, küßte mich heiß mit den roten, zuckersüßen Lippen, schob mir die feurige Zunge bis tief in die Kehle. Alles funkelte; meine Augen glichen Gummilinsen; ich konnte die Titel der Bücher auf den obersten Regalen lesen: »The Neurotic Personality« von Karen Horney; »Eimi« von e.e. cummings; »Four Quartets«; die gesammelten Gedichte von Robert Frost.)

TC: Ich verabscheue Robert Frost. Er war ein böser, selbstsüchtiger Bastard.

Mary: Also, wenn Sie jetzt anfangen zu fluchen . . .

TC: Mit seinem Heiligenschein aus struppigen Haaren. Ein krankhaft selbstgefälliger, heuchlerischer Sadist. Er hat seine ganze Familie kaputtgemacht – fast die ganze. Mary, haben Sie darüber jemals mit Ihrem Beichtvater gesprochen?

Mary: Mit Pater McHale? Über was denn?

TC: Über diesen köstlichen Nektar, den wir beide hier auf so himmlische Art und Weise genießen, meine anbetungswürdige, kleine Taube. Haben Sie Pater McHale von dieser delikaten Betätigung in Kenntnis gesetzt?

Mary: Was er nicht weiß, macht ihn nicht heiß. Hier, nehmen Sie einen Life Saver. Pfefferminz. Verbessert den Geschmack von dem Zeug noch ein bißchen.

(Komisch, sie wirkte nicht *high*, nicht im geringsten. Ich war gerade an der Venus vorbeigesaust, und Jupiter, der nette, alte Jupiter, winkte von fern in den fliederfarbenen, sternfunkelnden planetarischen Weiten. Mary marschierte zum Telefon und wählte; sie ließ es sehr lange klingeln, ehe sie auflegte.)

Mary: Niemand da. Wenigstens etwas, wofür man dankbar sein kann. Mr. und Mrs. Berkowitz. Wären sie da gewesen, hätte ich Sie nicht mitnehmen können. Weil das nämlich so richtig spießige Juden sind. Und wie spießig die sind, wissen Sie ja.

TC: Juden? O Gott, ja. Sehr spießig. Die gehören alle ins Naturhistorische Museum. Allesamt.

Mary: Das Schlimme ist, daß Mr. Berkowitz ... der hat in Textilien gemacht, jetzt ist er im Ruhestand, und die beiden sind ewig zu Hause. Ständig im Weg. Wenn sie nicht gerade nach Greenwich fahren, da haben sie nämlich ein Grundstück. Wahrscheinlich sind sie heute auch dorthin. Und dann ist da noch ein Grund, warum ich ihnen kündigen möchte. Sie haben einen alten Papagei – der macht überall Dreck hin. Und dämlich ist der! Alles, was dieser blöde Papagei sagen kann, ist: »*Holy cow!*« und »*Oi wai!*« Jedesmal, wenn einer ins Haus kommt, schreit er »Oi wai!« Das geht mir fürchterlich auf die Nerven. Was halten Sie davon – jetzt rauchen wir noch einen, und dann verschwinden wir von hier, ja?

(Der Regen hatte wieder eingesetzt, der Wind aufgefrischt, eine Kombination, welche die Luft wie einen zersplitternden Spiegel wirken ließ. Die Berkowitz' wohnten in den oberen Achtzigern der Park Avenue, daher schlug ich vor, ein Taxi zu nehmen, aber Mary sagte nein, ob ich vielleicht aus Zucker sei, wir könnten gut zu Fuß gehen; daran merkte ich, daß auch sie, entgegen dem Anschein, auf Sternenpfaden wandelte. Wir gingen langsam wie an einem warmen, windstillen Tag unter türkisblauem Himmel und als seien die harten glatten Straßen perlfarbene Strandflächen der Karibik. Die Park Avenue ist nicht mein Lieblingsboulevard; sie prunkt mit einem absoluten Mangel an Charme; selbst wenn sie Mrs. Lasker von der

Grand Central Station bis nach Spanish Harlem mit Tulpen bepflanzte, würde das nichts helfen. Gewiß, da sind bestimmte Gebäude, die Erinnerungen wecken. Wir kamen an dem Haus vorbei, in dem Willa Cather, die amerikanische Schriftstellerin, die ich am meisten bewundere, mit ihrer Gefährtin Edith Lewis die letzten Lebensjahre verbrachte; ich habe oft an ihrem Kamin gesessen, Bristol Cream getrunken und beobachtet, wie der Feuerschein das blasse Prärieblau der heiteren Genius-Augen von Miss Cather entflammte. An der Eighty-fourth Street erkannte ich ein Haus wieder, in dem ich einst an einem kleinen, eleganten Dinner teilgenommen hatte, das Senator und Mrs. John F. Kennedy – damals noch so jung und unbekümmert – gaben. Trotz der freundlichen Bemühungen unserer Gastgeber verlief der Abend jedoch nicht so interessant, wie ich es gehofft hatte, denn als die Damen sich zurückzogen und die Herren noch im Eßzimmer verweilten, um ihren Cordial und ihre Havanna zu genießen, zog einer der Gäste, Oleg Cassini, ein Modeschöpfer mit fliehendem Kinn, das Gespräch mit einem ausführlichen Bericht über Las Vegas und die Myriaden Showgirls an sich, die er dort kurz zuvor in Augenschein genommen hatte: ihre Maße, ihre erotischen Fähigkeiten, ihre finanziellen Forderungen – eine Schilderung, die alle Zuhörer in Bann schlug, und keiner lauschte aufmerksamer als der kichernde zukünftige Präsident.
Als wir in Höhe der Eighty-seventh Street waren, deutete ich auf ein Fenster im dritten Stock des Hauses 1060 Park Avenue und erklärte Mary: »Da oben hat meine Mutter gewohnt. Das war ihr Schlafzimmer. Sie war wunderschön und hochintelligent, aber sie wollte nicht mehr leben. Dafür hatte sie viele Gründe – oder glaubte, sie zu haben. Zum Schluß aber war es dann nur ihr Mann, mein Stiefvater. Er war ein Selfmademan, relativ erfolgreich – sie betete ihn an, und er war wirklich ein netter Kerl, aber er spielte, geriet in Schwierigkeiten und veruntreute eine Menge Geld; er verlor sein Geschäft und kam nach Sing Sing.«
Mary schüttelt den Kopf: »Genau wie mein Junge.«

Wir stehen beide da und starren unentwegt zu dem Fenster hinauf, während uns der Wolkenbruch bis auf die Haut durchnäßt.

»Also hat sie sich eines Abends ganz fein gemacht und eine Dinner Party gegeben; alle sagten ihr, sie sehe bezaubernd aus. Nach der Party jedoch, bevor sie zu Bett ging, nahm sie dreißig Seconal und wachte nicht mehr auf.«

Mary ist zornig; mit raschen Schritten geht sie durch den Regen davon: »Dazu hatte sie kein Recht! So etwas kann ich nicht gutheißen. Das ist gegen meinen Glauben.«)

Kreischender Papagei: *Holy cow!*

Mary: Hören Sie das? Was habe ich Ihnen gesagt?

Papagei: Oi wai! Oi wai!

(Der Papagei, eine surrealistische Collage aus grünen, gelben und orangefarbenen Mauserfedern, hockt auf seiner Mahagonistange im erbarmungslos steifen Salon von Mr. und Mrs. Berkowitz, einem Raum, der mir vorkommt, als bestehe er nur aus Mahagoni: der Parkettboden, die Wandtäfelung, die Möbel, allesamt kostspielige Reproduktionen pompöser Stilmöbel – obwohl Gott allein wissen mag, aus welcher Periode, vielleicht frühes Grand Concourse. Stühle mit steilen Lehnen; Sofas, die auch die Ausdauer eines Professors für Körperhaltung auf eine harte Probe gestellt hätten. Maulbeerfarbene Samtdraperien umwallten die Fenster, die von stillosen, senfbraunen Jalousetten abgeschirmt wurden. Das mahagonigerahmte Porträtfoto des fahlgesichtigen, hängebackigen Mr. Berkowitz auf dem Mahagoni-Kaminsims stellte ihn als zur Fuchsjagd gekleideten Gutsherrn dar: scharlachroter Rock, Seidenplastron, unter dem einen Arm ein Jagdhorn, unter dem anderen eine Reitgerte. Wie der Rest dieser weitläufigen Behausung aussah, kann ich nicht sagen, denn ich bekam nur noch die Küche zu sehen.)

Mary: Was ist so komisch? Worüber lachen Sie?

TC: Ach, nichts. Das kommt von dem peruanischen Tabak, mein Cherub. Mr. Berkowitz ist Herrenreiter, nehme ich an?

Papagei: Oi wai! Oi wai!

Mary: Halt die Klappe! Oder ich dreh' dir den Hals um.
TC: Also, wenn Sie jetzt anfangen wollen zu fluchen ... (Mary murmelt etwas, bekreuzigt sich.) Hat das Viech auch einen Namen?
Mary: Hm-hm. Raten Sie mal.
TC: Polly.
Mary (ehrlich erstaunt): Woher wissen Sie das?
TC: Also ist es ein Weibchen.
Mary: Das ist ein Mädchenname, also muß es wohl ein Weibchen sein. Was immer sie aber ist, sie ist ein Biest. Sehen Sie sich die Scheiße auf dem Fußboden an. Und ich darf das alles aufwischen.
TC: Nein, diese Ausdrücke!
Polly: *Holy cow*!
Mary: Meine Nerven! Wir sollten uns lieber ein bißchen Erleichterung verschaffen. (Heraus mit der Blechschachtel, den Joints, dem Jointhalter, den Streichhölzern.) Und nun seh'n wir mal nach, was wir in der Küche auftreiben. Mir ist auf einmal so naschhaft zumute.

(Der Inhalt des Berkowitzschen Kühlschranks ist der Wunschtraum jedes Schlemmers, ein Füllhorn kalorienreicher Leckereien. Kein Wunder, daß der Hausherr solche Hamsterbacken hat. »O ja«, bestätigt mir Mary, »die sind alle beide so fett wie die Schweine. Ihr Bauch! Die sieht aus, als würde sie jede Minute die Dionne-Fünflinge werfen. Und seine Anzüge sind maßgeschneidert: Von der Stange paßt ihm nämlich keiner. Hmmm, lecker, ich hab' wirklich Lust auf was Schnuckeliges. Diese Kokosnußtörtchen sehen köstlich aus. Und die Mokkatorte da, von der möchte ich auch ein Stück. Wir können uns ja Eiscrem drauf tun.« Riesige Suppenschalen werden herausgekramt, in die Mary Törtchen, Mokkatorte und faustgroße Kugeln Pistazieneis häuft. Mit diesem Festmahl kehren wir in den Salon zurück und fallen wie ausgehungerte Waisenkinder darüber her. Es geht doch nichts über ein bißchen Gras als Appetitanreger. Nachdem wir das erste Quantum verdrückt und uns mit weiteren Joints

aufgemuntert haben, füllt Mary die Schalen mit noch größeren Portionen.)

Mary: Wie fühlen Sie sich?

TC: Gut.

Mary: Wie gut?

TC: Richtig gut.

Mary: Beschreiben Sie mir genau, wie Sie sich fühlen.

TC: Ich bin in Australien.

Mary: Waren Sie schon mal in Austria?

TC: Nicht Austria. Australien. Nein, aber jetzt bin ich da. Und alle haben sie immer gesagt, wie langweilig es dort sei. Da sieht man mal wieder, wieviel manche Leute wissen! So phantastisch läßt es sich nirgends auf der Welt surfen. Ich bin draußen auf dem Meer auf einem Surfbrett und reite auf einer Woge, so hoch wie . . . so hoch wie . . .

Mary: So *high* wie Sie. Ha, ha.

TC: Sie besteht aus schmelzenden Smaragden. Die Woge. Die Sonne brennt mir heiß auf den Rücken, und die Gischt salzt mein Gesicht, und überall lauern hungrige Haie. »Der weiße Hai«. War das nicht ein phantastischer Film? Ringsum hungrige, weiße Menschenfresser, aber ich habe keine Angst – ehrlich gesagt, es kümmert mich einen Scheiß . . .

Mary (mit angstvoll aufgerissenen Augen): Vorsicht, die Haie! Die haben Killerzähne. Die werden Sie fürs ganze Leben zum Krüppel machen. Und dann sitzen Sie an der Straßenecke und betteln.

TC: Musik!

Mary: Musik! Genau.

(Wie ein angeschlagener Ringer taumelt sie auf ein monströses Möbelstück zu, das meiner Aufmerksamkeit bisher gnädig entgangen ist: ein Mahagoniungetüm, das Fernseher, Plattenspieler und Radio in sich vereinigt. Sie dreht am Radio, bis sie einen Sender gefunden hat, der lateinamerikanische Rhythmen dröhnt.

Ihre Hüften kreisen, ihre Finger schnalzen, sie ist anmutig und dennoch enthemmt, als fühle sie sich in eine sinnliche, ju-

gendliche Nacht zurückversetzt und tanze mit einem Phantompartner eine unvergessene Choreographie. Und es ist ein Wunder, wie ihr jetzt altersloser Körper auf die Trommeln und Gitarren reagiert, sich den subtilsten Rhythmen hingibt: Sie ist in Trance, dem Zustand der Gnade, den die Heiligen erreichen sollen, wenn sie ihre Visionen haben. Und auch ich vernehme die Musik; sie jagt durch mich hindurch wie Amphetamin – jeder Ton klingt mit der streng geteilten Klarheit von Domglocken an einem stillen Wintersonntag. Ich bewege mich auf sie zu, lande in ihren Armen, und wir passen uns einander an, Schritt für Schritt, lachend und wiegend. Selbst als die Musik von einem Ansager unterbrochen wird, der sein Spanisch wie Kastagnettengeknatter herunterrattert, tanzen wir weiter, denn die Gitarren sind jetzt, da wir Gefangene unseres Lachens, unserer Umarmung sind, in unserem Kopf eingeschlossen: lauter und lauter, so laut, daß wir überhören, wie ein Schlüssel klirrt, eine Tür geöffnet wird und wieder ins Schloß fällt. Aber der Papagei hat es gehört.)

Polly: *Holy cow!*

Frauenstimme: Was ist denn das? Was geht hier vor?

Polly: Oi wai! Oi wai!

Mary: Ja hallo, Mrs. Berkowitz. Mr. Berkowitz. Wie geht's denn so?

(Und da stehen sie, tanzen vor unseren Augen in der Luft wie Micky- und Minniemausballons in der Thanksgiving-Parade von Macy. Obwohl diese beiden weit davon entfernt sind, putzig wie Mickymäuse auszusehen. Mit wutblitzenden Augen – die der Dame glühen heiß hinter einer Schmetterlingsbrille mit straßbesetzter Fassung – mustern sie die Szene: unsere verräterischen Eiscrembärte und den beißenden Rauch der Joints, der das Zimmer entweiht. Mrs. Berkowitz kommt mit steifen Schritten näher und stellt das Radio ab.)

Mrs. Berkowitz: Wer ist dieser Mann?

Mary: Ich dachte, Sie wären nicht zu Hause.

Mrs. Berkowitz: Offensichtlich. Ich frage Sie noch einmal: Wer ist dieser Mann?

Mary: Das ist bloß ein Freund von mir. Hilft mir ein bißchen bei der Arbeit. Ich habe heute so viel zu tun.
Mr. Berkowitz: Sie sind ja betrunken!
Mary (zuckersüß): Was haben Sie gesagt?
Mrs. Berkowitz: Sie sind betrunken, hat er gesagt. Ich bin entsetzt. Aufrichtig entsetzt.
Mary: Da wir gerade so aufrichtig sind – ich habe Ihnen ganz aufrichtig folgendes zu sagen: Heute hab' ich zum letztenmal hier den Nigger gemacht. Ich kündige.
Mrs. Berkowitz: Sie *mir* kündigen?
Mr. Berkowitz: Hinaus! Auf der Stelle. Oder wir holen die Polizei.

(Ohne viel Aufhebens suchen wir unsere Siebensachen zusammen. Mary winkt dem Papagei zu: »Wiedersehn, Polly. Du bist schon in Ordnung. Gutes Mädchen. Ich hab' ja bloß Spaß gemacht.« Und an der Wohnungstür, an der ihre ehemaligen Arbeitgeber finster Posten bezogen haben, verkündet sie noch: »Übrigens, zu Ihrer Information: Ich hab' noch nie im Leben einen Tropfen getrunken.«
Unten regnet es immer noch. Wir schlendern die Park Avenue entlang und peilen dann die Lexington an.)

Mary: Habe ich nicht gesagt, daß sie Spießer sind?
TC: In ein Museum gehören die.

(Doch unser Übermut hat einen Dämpfer bekommen; die Wirkung des peruanischen Krauts läßt nach, eine Ernüchterung hat eingesetzt, mein Surfbrett sinkt, und wenn ich jetzt Haie sähe, würde ich mir vor Angst in die Hosen scheißen.)

Mary: Ich müßte noch Mrs. Kronkite machen. Aber die ist nett; die wird es mir nachsehen, wenn ich erst morgen komme. Vielleicht gehe ich besser gleich nach Hause.
TC: Ich hole Ihnen ein Taxi.
Mary: Die sollen an mir nichts verdienen. Diese Taxifahrer, die mögen die Farbigen nicht. Auch wenn sie selber Farbige sind. Nein, ich kann hier an der Ecke Lex/Eighty-sixth Street die Subway nehmen.

(Mary wohnt in einer Sozialwohnung in der Nähe des

Yankee-Stadions; sie sagt, es sei eng gewesen, als ihre Familie noch zu Hause war, aber jetzt, wo sie allein sei, komme ihr die Wohnung riesig und furchteinflößend vor: »Ich habe drei Schlösser an jeder Tür, und alle Fenster sind zugenagelt. Ich hätte mir ja längst einen Polizeihund gekauft, aber den müßte ich zuviel allein lassen. Ich weiß, was es heißt, allein zu sein, und das würde ich keinem Hund zumuten.«)

TC: Bitte, Mary, lassen Sie mich Ihnen das Taxi bezahlen.

Mary: Mit der Subway geht's viel schneller. Aber erst möchte ich noch schnell wohin. Es ist gleich dahinten.

(Es handelt sich um eine schmale, zwischen zwei wuchtigen Gebäuden eingezwängte Kirche in einer Nebenstraße. Im Innern zwei schmale Bankreihen und ein kleiner Altar mit der Gipsfigur eines gekreuzigten Heilands darüber. Der Duft von Weihrauch und Wachs beherrscht die dämmrige Atmosphäre. Am Altar entzündet eine Frau eine Kerze, deren Licht flackert wie der Schlaf eines unruhigen Geistes; außer ihr sind wir die einzigen Bittsteller. Gemeinsam knien wir in der letzten Bank, und Mary holt zwei Rosenkränze aus ihrer Tasche [»Ich habe immer ein paar in Reserve«]. Einen für sich, den anderen für mich, obwohl ich nicht recht weiß, wie man damit umgeht, denn ich habe noch nie einen in der Hand gehabt. Mary bewegt flüsternd die Lippen.)

Mary: Lieber Gott, in Deiner Güte. Bitte, lieber Gott, hilf Mr. Trask, daß er aufhört zu trinken und seinen Job behält. Bitte, lieber Gott, laß Miss Shaw keinen Bücherwurm und keine alte Jungfer werden; sie soll Deine Kinder zur Welt bringen. Und, lieber Gott, ich bitte Dich, vergiß meine Söhne und meine Tochter nicht, und meine Enkel, jeden. Und bitte mach, daß Mr. Smith von seiner Familie nicht ins Altersheim geschickt wird, er will doch nicht und weint die ganze Zeit ...

(Für ihre Namensliste reichen die Perlen ihres Rosenkranzes nicht aus, und ihre Fürbitten glänzen so ernst wie die Kerzenflamme auf dem Altar. Sie hält inne, sieht mich an.)

Mary: Beten Sie nicht?

TC: Doch.

Mary: Ich höre aber nichts.
TC: Ich bete für Sie, Mary. Ich möchte, daß Sie ewig leben.
Mary: Beten Sie nicht für mich. Ich bin schon gerettet. (Sie ergreift meine Hand und hält sie fest.) Beten Sie für Ihre Mutter. Beten Sie für all die verlorenen Seelen da draußen im Dunkeln. Pedro. Pedro.

Hallo, Fremder

Zeit: Dezember 1977.
Ort: Ein New Yorker Restaurant, The Four Seasons.
Der Mann, von dem ich zum Lunch eingeladen worden war, George Claxton, hatte vorgeschlagen, wir sollten uns um zwölf Uhr treffen, ohne eine Erklärung für diese frühe Stunde zu geben. Jedoch schon bald wurde mir der Grund dafür klar; in dem Jahr oder etwas mehr seit unserer letzten Begegnung hatte sich George Claxton, bis dahin ein gemäßigt enthaltsamer Mann, zum handfesten Trinker entwickelt. Kaum hatten wir Platz genommen, da bestellte er sich einen doppelten Wild Turkey (»Pur bitte; ohne Eis«), und innerhalb der nächsten Viertelstunde verlangte er bereits den zweiten.
Ich war erstaunt, und zwar nicht nur über die Intensität seines Durstes. Er hatte mindestens dreißig Pfund zugenommen; die Knöpfe seiner Nadelstreifenweste schienen jeden Moment abplatzen zu wollen, und sein Gesicht, sonst immer recht frisch vom Joggen oder Tennisspielen, war ungewohnt blaß, als käme er unmittelbar aus einer Strafanstalt. Außerdem trug er eine Sonnenbrille, und ich dachte: Wie maniriert! Eigentlich kaum zu glauben, der gute, alte, schlichte George Claxton, ein fest im Sattel sitzender Wall-Street-Mann, der in Greenwich lebt, mit einer Frau namens Gertrude oder Alice oder sonstwie, mit drei oder vier oder fünf Kindern, kaum zu glauben, daß dieser Mann doppelte Wild Turkeys kippt und eine Sonnenbrille trägt!
Ich mußte mich zusammennehmen, um ihn nicht rundheraus zu fragen: Was zum Teufel ist in dich gefahren? Statt dessen erkundigte ich mich: »Wie geht's denn so, George?«

George: Gut. Gut. Weihnachten. Himmel. Ich komme einfach nicht mehr nach. Dieses Jahr brauchst du keine Karte von mir zu erwarten. Ich verschicke keine mehr.
TC: Wirklich? Deine Karten waren doch schon richtig Tradition. Diese Familienfotos, mit den Hunden. Und wie geht's der Familie?
George: Sie wächst. Meine älteste Tochter hat gerade ihr zweites Baby bekommen. Ein Mädchen.
TC: Ich gratuliere.
George: Na ja, wir hatten uns einen Jungen gewünscht. Wenn es ein Junge geworden wäre, hätte sie ihn nach mir benannt.
TC (denkt: Warum sitze ich hier? Warum esse ich mit diesem Kerl zu Mittag? Er langweilt mich, er hat mich immer gelangweilt): Und Alice? Wie geht's Alice?
George: Alice?
TC: Ich meine Gertrude.
George (stirnrunzelnd, verdrießlich): Die malt. Du weißt ja, unser Haus liegt direkt am Long Island Sound. Wir haben unseren eigenen kleinen Strand. Sie schließt sich den ganzen Tag in ihrem Zimmer ein und malt, was sie vom Fenster aus sieht. Boote.
TC: Wie schön.
George: Ach, ich weiß nicht. Sie war am Smith College; Hauptfach Kunst. Sie hat schon vor unserer Ehe ein bißchen gemalt. Dann hatte sie es vergessen. Scheinbar. Und jetzt malt sie dauernd. *Ununterbrochen*. Schließt sich in ihrem Zimmer ein . . . Kellner, würden Sie uns den Oberkellner mit der Speisekarte schicken? Und bringen Sie mir noch einen von dem hier. Ohne Eis.
TC: Das ist sehr britisch, nicht wahr? Whiskey pur, ohne Eis.
George: Ich hab' da was am Wurzelkanal. Bei allem, was kalt ist, tut mir der Zahn weh. Weißt du, von wem ich eine Weihnachtskarte gekriegt habe? Von Mickey Manolo. Dem reichen Bengel aus Caracas. Der in unserer Klasse war.

(Natürlich erinnerte ich mich nicht an Mickey Manolo, aber ich nickte und schwindelte, ja, ja. Ich hätte mich auch an

George Claxton nicht mehr erinnert, hätte er mich nicht seit über vierzig Jahren, seit unserer Schulzeit an einer besonders obskuren Privatschule, aufmerksam im Auge behalten. Er war ein gerader, sportlicher junger Mann, Sohn einer Familie des gehobenen Mittelstands aus Pennsylvania; wir hatten nichts gemeinsam, doch entwickelte sich zwischen uns eine Allianz, weil ich ihm sämtliche Literaturreferate und englischen Aufsätze verfaßte, während er mir dafür die Mathematikhausaufgaben machte und mir bei Prüfungen die Lösungen zuschmuggelte. Als Folge davon hatte ich seit vier Jahrzehnten eine »Freundschaft« am Hals, die etwa alle ein bis zwei Jahre die Pflichtübung eines gemeinsamen Mittagessens verlangte.)

TC: In diesem Restaurant sieht man aber wenig Frauen.

George: Deswegen mag ich es ja gerade. Nirgends albern schnatternde Weiber. Dafür eine schön maskuline Atmosphäre. Weißt du, ich glaube, ich werde doch lieber nichts essen. Mein Zahn. Er tut so weh, daß ich nicht kauen kann.

TC: Verlorene Eier?

George: Ich würde dir gern etwas erzählen. Vielleicht kannst du mir einen Rat geben.

TC: Leute, die auf meinen Rat hören, bereuen das später gewöhnlich. Aber ...

George: Angefangen hat es im letzten Juni. Kurz nach Jeffreys Schulabschluß – er ist mein Jüngster. An einem Samstag, ich war gerade mit Jeff unten an unserem kleinen Strand. Wir strichen ein Boot. Jeff ging ins Haus, um uns ein Bier und ein paar Sandwiches zu holen, und während er fort war, zog ich mich plötzlich aus und ging schwimmen. Das Wasser war noch zu kalt. Im Sound kann man eigentlich erst im Juli richtig schwimmen. Aber mir war eben danach.

Ich schwamm ziemlich weit raus, ließ mich auf dem Rücken treiben und betrachtete mein Haus. Es ist wirklich ein schönes Haus: Garage für sechs Wagen, Swimmingpool, Tennisplatz; zu schade, daß es uns nie gelingt, dich mal herauszulotsen. Jedenfalls trieb ich so auf dem Rücken dahin und fand das Leben

eigentlich recht schön, als ich plötzlich eine Flasche entdeckte, die auf den Wellen tanzte.
Es war eine Flasche aus farblosem Glas, die irgendeine Limonade enthalten hatte. Jemand hatte sie mit einem Korken verschlossen und mit Klebeband fest versiegelt. Aber ich konnte sehen, daß sie ein Stück Papier enthielt, einen Zettel. Ich mußte lachen; so was hatte ich als Kind oft getan – Zettel mit Nachrichten in Flaschen gesteckt und ins Wasser geworfen: *Hilfe! Ich bin schiffbrüchig!*
Also griff ich mir die Flasche und schwamm an Land. Ich wollte wissen, was sie enthielt. Nun, es war ein Zettel, datiert einen Monat zuvor und von einem Mädchen geschrieben, das in Larchmont wohnte. Die Nachricht lautete: *Hallo, Fremder. Ich heiße Linda Reilly und bin zwölf Jahre alt. Wenn Du diesen Brief findest, schreib mir doch bitte und teile mir mit, wann und wo Du ihn gefunden hast. Dafür schicke ich Dir dann eine Schachtel selbstgemachtes Konfekt.*
Das Dumme ist nun, daß ich Jeff, als er mit den Sandwiches wiederkam, nichts von der Flasche gesagt habe. Warum, weiß ich nicht, ich habe sie einfach nicht erwähnt. Jetzt wäre ich froh, wenn ich es doch getan hätte. Vielleicht wäre dann alles nicht passiert. Aber es war wie ein kleines Geheimnis, das ich für mich behalten wollte. Ein Scherz.
TC: Hast du wirklich keinen Hunger? Ich bestelle mir nur ein Omelette.
George: Okay. Ein Omelette, sehr weich.
TC: Und dann hast du dieser jungen Dame, dieser Miss Reilly, geschrieben?
George (zögernd): Ja. Ja, das habe ich.
TC: Was hast du ihr geschrieben?
George: Als ich am Montag wieder im Büro war und in meine Aktentasche sah, fand ich den Zettel. Ich sage »fand«, weil ich mich nicht daran erinnerte, ihn hineingetan zu haben. Mir war flüchtig der Gedanke gekommen, der Kleinen eine Karte zu schreiben – einfach so als nette Geste, weißt du. Aber an diesem Tag aß ich mit einem Klienten zu Mittag, der gern Martinis

trinkt. Also, ich hatte sonst nie was zum Lunch getrunken – und sonst eigentlich auch nicht viel. Aber da trank ich zwei Martinis mit, und als ich ins Büro zurückkam, wirbelte mir ein bißchen der Kopf. Deshalb schrieb ich dem kleinen Mädchen einen ziemlich langen Brief; ich habe ihn nicht diktiert, sondern mit der Hand geschrieben und ihr erzählt, wo ich wohne und wie ich ihre Flasche gefunden habe, ihr alles Gute gewünscht und noch so ein paar alberne Sachen, zum Beispiel, ich sei zwar ein Fremder für sie, sende ihr aber trotzdem liebe, freundschaftliche Grüße.

TC: Ein Zwei-Martini-Brief. Trotzdem – was ist so schlimm daran?

George: Silberne Kugeln. So sagt man zu den Martinis. Silberne Freikugeln.

TC: Was ist mit dem Omelette? Willst du es denn nicht wenigstens probieren?

George: Herrgott im Himmel! Tun mir die Zähne weh!

TC: Es ist aber wirklich gut. Für ein Restaurant-Omelette.

George: Ungefähr eine Woche später traf eine große Schachtel Konfekt ein. Adressiert an mein Büro. Schokoladenkonfekt mit Pekannüssen. Ich ließ es im Büro herumgehen und erzählte allen, meine Tochter habe es gemacht. Einer von den Burschen sagte: »Ach ja? Ich möchte wetten, der alte George hat eine heimliche Freundin.«

TC: Und hat sie auch einen Brief geschrieben?

George: Nein. Aber ich schickte ihr ein Dankschreiben. Sehr kurz . . . Hast du eine Zigarette?

TC: Ich rauche schon seit Jahren nicht mehr.

George: Also, ich habe gerade erst angefangen. Aber ich kaufe mir noch keine. Schnorre nur hier und da mal ein paar. Kellner, könnten Sie mir eine Schachtel Zigaretten bringen? Egal, welche Sorte, bloß keine mit Menthol. Und bitte noch einen Wild Turkey.

TC: Ich hätte gern einen Kaffee.

George: Aber ich bekam Antwort auf mein Dankschreiben. Einen langen Brief. Und der hat mich wirklich zutiefst aufge-

wühlt. Sie hatte ein Bild von sich beigelegt. Ein Polaroidfarbfoto. Sie trug einen Badeanzug und stand am Strand. Mag ja sein, daß sie erst zwölf ist, aber da sah sie wie sechzehn aus. Ein reizendes Mädchen mit kurzen, schwarzen Locken und leuchtend blauen Augen.

TC: Erinnert mich Humbert Humbert.

George: An wen?

TC: Ach nichts. Eine Figur in einem Roman.

George: Ich lese keine Romane. Ich lese überhaupt nicht gern.

TC: Ich weiß. Schließlich habe ich dir sämtliche Literaturreferate verfaßt. Also, was hatte Miss Linda Reilly dir mitzuteilen?

George (nach einer Pause von fünf langen Sekunden): Es war sehr traurig. Rührend. Sie wohne noch nicht lange in Larchmont, schrieb sie, und sie habe keine Freunde, sie habe Dutzende von Flaschen ins Wasser geworfen, doch ich sei der einzige, der eine gefunden und ihr geantwortet hätte. Sie sei aus Wisconsin, schrieb sie, aber ihr Vater sei gestorben, und ihre Mutter habe einen Mann geheiratet, der selber drei Töchter habe, von denen keine sie leiden möge. Der Brief war zehn Seiten lang, ohne einen Rechtschreibfehler. Sie schrieb eine Menge intelligente Sachen. Aber es klang, als sei sie wirklich übel dran. Sie hoffe, ich würde ihr wieder einmal schreiben, meinte sie, und ob ich nicht mal nach Larchmont kommen würde, dann könnten wir uns irgendwo treffen ... Magst du mir überhaupt noch zuhören? Wenn nicht ...

TC: Bitte, erzähl weiter.

George: Ich habe das Bild aufbewahrt. Ich habe es sogar in meine Brieftasche gesteckt. Zusammen mit den Schnappschüssen von meinen anderen Kindern. Denn siehst du, aufgrund dieses Briefes begann ich sie allmählich als eins von meinen eigenen Kindern zu betrachten. Der Brief ging mir nicht mehr aus dem Sinn. Und an jenem Abend, als ich mit dem Zug nach Hause fuhr, tat ich etwas, das ich sonst nur sehr, sehr selten getan hatte. Ich ging in den Salonwagen und bestellte mir ein paar harte Drinks. Und las den Brief immer wieder. Lernte ihn praktisch auswendig. Als ich dann nach Hause kam, sagte ich zu

meiner Frau, ich müsse noch einige Büroarbeiten erledigen. Ich schloß mich im Herrenzimmer ein und begann einen Brief an Linda zu schreiben. Ich schrieb bis Mitternacht.
TC: Hast du dabei die ganze Zeit getrunken?
George (erstaunt): Warum?
TC: Weil es sich auf das, was du geschrieben hast, ausgewirkt haben könnte.
George: Ja, ich habe getrunken, und ich glaube, es wurde ein ziemlich gefühlsduseliger Brief. Aber ich machte mir so große Sorgen um die Kleine. Ich wollte ihr wirklich helfen. Ich schrieb ihr von den Schwierigkeiten, die meine eigenen Kinder durchgemacht haben. Von Harriets Akne, und daß sie auch keinen einzigen Freund gehabt hat. Erst nach der Hautschälung. Ich erzählte ihr, wie schwer ich selbst es als Heranwachsender gehabt habe.
TC: Ach, wirklich? Ich dachte, du hättest das ideale Leben eines idealen jungen Amerikaners genossen.
George: Ich ließ die Leute sehen, was sie sehen sollten. Innerlich sah es ganz anders aus.
TC: Da hast du mich mit Erfolg an der Nase herumgeführt.
George: Gegen Mitternacht klopfte meine Frau an die Tür. Sie wollte wissen, ob alles in Ordnung sei, und ich bat sie, wieder ins Bett zu gehen, ich müsse noch einen dringenden Geschäftsbrief beenden, und wenn der fertig sei, müsse ich damit noch schnell zur Post. Sie fragte, ob das denn nicht bis zum nächsten Morgen Zeit habe, es sei schon nach zwölf. Ich verlor die Beherrschung. Dreißig Jahre verheiratet, und ich konnte die Gelegenheiten, bei denen ich ihr gegenüber die Beherrschung verloren habe, an den zehn Fingern abzählen. Gertrude ist eine wunderbare, eine großartige Frau. Ich liebe sie von ganzem Herzen. Ehrlich, verdammt noch mal! Aber jetzt schrie ich sie an: Nein, es hat nicht bis morgen Zeit. Der Brief muß heute nacht noch weg. Es ist sehr wichtig.

(Ein Kellner brachte George eine bereits geöffnete Schachtel Zigaretten. Er steckte sich eine zwischen die Lippen, und der Kellner gab ihm Feuer – zum Glück, denn Georges Finger

waren so unsicher, daß er kein Streichholz hätte halten können, ohne sich selbst zu gefährden.)

George: Und, Herr im Himmel, es *war* wichtig. Denn ich ahnte, wenn ich diesen Brief nicht noch in der Nacht aufgab, würde ich ihn niemals aufgeben. In nüchternem Zustand würde ich ihn vielleicht für zu persönlich halten. Und da war dieses einsame, unglückliche Kind, das mir sein ganzes Herz ausgeschüttet hatte: Wie würde ihm zumute sein, wenn es nie wieder ein Wort von mir hörte? Nein. Ich stieg in den Wagen und fuhr zur Post, und sobald ich den Brief aufgegeben, ihn in den Schlitz geworfen hatte, war ich zu müde, um noch nach Hause zurückzufahren. Ich schlief in meinem Wagen ein. Als ich aufwachte, brach schon der Tag an, aber meine Frau schlief und merkte nichts, als ich heimkam.

Ich hatte gerade noch Zeit, mich zu rasieren und umzuziehen, bevor ich wieder zum Zug hasten mußte. Während ich mich rasierte, kam Gertrude ins Badezimmer. Sie lächelte; von meinem kleinen Wutausbruch erwähnte sie nichts. Aber sie hatte meine Brieftasche in der Hand und sagte: »George, ich möchte Jeffs Schulabschlußfoto für deine Mutter vergrößern lassen.« Damit begann sie in den Fotos in meiner Brieftasche zu kramen. Ich dachte mir nichts dabei, bis sie plötzlich fragte: »Wer ist denn dieses Mädchen?«

TC: Es war die junge Dame aus Larchmont.

George: In diesem Moment hätte ich ihr die ganze Geschichte erzählen sollen. Aber ich . . . Jedenfalls behauptete ich, es sei die Tochter eines Mitpendlers. Ich erklärte, er habe es einigen Passagieren im Zug gezeigt, es dann vergessen und auf der Bartheke liegen lassen. Ich hätte es in meine Brieftasche gesteckt, weil ich es ihm bei nächster Gelegenheit wiedergeben wolle.

Garçon, un autre de Wild Turkey, s'il vous plaît.

TC (zum Kellner): Aber einen einfachen.

George (in unangenehm freundlichem Ton): Willst du behaupten, ich hätte zuviel getrunken?

TC: Wenn du noch mal ins Büro mußt, ja.

George: Aber ich gehe nicht ins Büro. Ich bin seit Anfang

November nicht mehr im Büro gewesen. Angeblich habe ich einen Nervenzusammenbruch. Überarbeitung. Erschöpfung. Ich soll mich zu Hause ausruhen, hingebungsvoll umsorgt von meiner liebenden Ehefrau. Die sich in ihrem Zimmer eingeschlossen hat und Bilder mit Booten malt. Mit einem Boot. Immer und immer wieder ein und dasselbe verdammte Boot.

TC: George, ich muß mal pinkeln.

George: Du willst doch nicht etwa kneifen? Du läßt doch nicht deinen alten Schulfreund im Stich, der dir immer die Mathematiklösungen zugeschmuggelt hat!

TC: Und ich bin trotzdem durchgefallen. Komme gleich wieder. (Ich mußte gar nicht pinkeln; ich wollte nur meine Gedanken ordnen. Ich hatte nicht den Mut, mich davonzuschleichen und irgendwo in einem stillen Kino zu verkriechen, aber ich hatte absolut keine Lust, an diesen Tisch zurückzukehren. Ich wusch mir die Hände und kämmte mich. Zwei Herren kamen herein und postierten sich an den Urinierbecken. Einer sagte: »Der Kerl, der so besoffen ist. Vorhin dachte ich einen Moment, es sei jemand, den ich kenne.« Sein Freund erwiderte: »Nun, ganz unbekannt ist er auch nicht. Das ist George Claxton.« – »Mach keine Witze!« – »Ich muß es schließlich wissen. Er war mein Chef.« – »Aber mein Gott, was ist denn mit dem passiert?« – »Da gibt es verschiedene Versionen.« Dann verstummten die beiden Herren, vielleicht aus Rücksicht auf meine Anwesenheit. Ich kehrte ins Restaurant zurück.)

George: Du hast dich also doch nicht verdrückt. (Er wirkte ruhiger, weniger alkoholisiert. Es gelang ihm mit relativer Sicherheit, ein Streichholz anzureißen und sich eine Zigarette anzuzünden.)

George: Bist du bereit, auch den Rest zu hören?

TC: (Schweigt, nickt aber aufmunternd.)

George: Meine Frau sagte gar nichts, schob nur das Foto in die Brieftasche zurück. Ich rasierte mich weiter, schnitt mich aber zweimal dabei. Es war so lange her, daß ich einen richtigen Kater gehabt hatte, ich hatte völlig vergessen, wie das ist. Das Schwit-

zen; mein Magen – er fühlte sich an, als müsse ich Rasierklingen scheißen. Ich steckte mir eine Flasche Bourbon in die Aktentasche, und sobald ich im Zug war, ging ich aufs Klo. Als erstes zerriß ich das Foto und warf es in die Toilette. Dann setzte ich mich auf die Toilette und öffnete die Flasche. Anfangs kriegte ich das Würgen. Und es war heiß wie die Hölle da drin. Wie im Hades. Nach einer Weile jedoch beruhigte ich mich und fragte mich: Also, weswegen rege ich mich eigentlich auf? Ich habe schließlich nichts Böses getan. Doch als ich aufstand, sah ich, daß das zerrissene Polaroidbild noch immer in der Kloschüssel schwamm. Ich spülte, und die Bildfetzen, ihr Kopf, ihre Beine und Arme, begannen zu wirbeln, und davon wurde mir schwindlig: Ich kam mir vor wie ein Killer, der ein Messer genommen und sie zerstückelt hatte.

Als wir in den Grand Central einliefen, wußte ich, daß ich in einem Zustand war, in dem ich das Büro nicht verkraften konnte, also ging ich zum Yale Club rüber und nahm mir ein Zimmer. Ich rief meine Sekretärin an und erklärte, ich müsse nach Washington und käme erst am folgenden Tag wieder. Dann rief ich zu Hause an und sagte meiner Frau, es sei etwas dazwischengekommen, eine geschäftliche Angelegenheit, ich würde hier im Club übernachten. Dann ging ich zu Bett und dachte: Ich werde den ganzen Tag schlafen; ich werde einen schönen, großen Entspannungsdrink kippen, damit das Zittern aufhört, und dann werde ich schlafen. Aber ich konnte nicht schlafen – bis ich die ganze Flasche geleert hatte. Mann, habe ich danach schlafen können! Bis gegen zehn Uhr am nächsten Vormittag.

TC: Ungefähr zwanzig Stunden.

George: Ja, ungefähr. Und als ich aufwachte, fühlte ich mich relativ wohl. Im Yale Club haben sie einen großartigen Masseur, einen Deutschen, mit Händen so stark wie ein Gorilla. Der Kerl kann einen so richtig aufmöbeln. Also ging ich in die Sauna, ließ mir eine echte SS-Massage verpassen und stand anschließend fünfzehn Minuten unter der eiskalten Dusche. Ich blieb noch im Club und aß dort zu Mittag. Keine Drinks, aber Mann, hab' ich

geschlungen! Vier Lammkoteletts, zwei gebackene Kartoffeln, Rahmspinat, Maiskolben, einen Liter Milch, zwei Stück Blaubeertorte ...

TC: Wenn du nur jetzt auch etwas essen würdest.

George (ein scharfes Bellen, erschreckend grob): Halt die Klappe!

TC: (Schweigt.)

George: Tut mir leid. Ich meine, es war beinahe, als halte ich ein Selbstgespräch. Ich hatte fast vergessen, daß du hier bist. Und deine Stimme ...

TC: Ich verstehe. Jedenfalls hast du eine kräftige Mahlzeit zu dir genommen, und du hast dich wohl gefühlt.

George: Allerdings. Allerdings. Der zum Tode Verurteilte nahm eine kräftige Mahlzeit zu sich. Zigarette?

TC: Ich rauche nicht.

George: Ach ja. Du rauchst nicht. Hast seit Jahren nicht mehr geraucht.

TC: Warte, ich gebe dir Feuer.

George: Ich bin durchaus in der Lage, ein Streichholz zu benutzen, ohne das Lokal in Brand zu stecken, danke.

Also, wo waren wir? Ach ja, der zum Tode Verurteilte war auf dem Weg ins Büro, frisch und ausgeruht.

Es war Mittwoch, die zweite Juliwoche, glühend heiß. Ich war allein in meinem Büro, als meine Sekretärin durchklingelte und mir mitteilte, eine Miss Reilly sei am Apparat. Ich begriff nicht gleich und fragte: Wer? Was will sie denn? Und meine Sekretärin antwortete, es sei persönlich, habe sie gesagt. Da fiel der Groschen. Ach ja, sagte ich, stellen Sie durch.

Und dann hörte ich: »Mr. Claxton, hier ist Linda Reilly. Ich habe Ihren Brief gekriegt. Es ist der netteste Brief, den ich jemals bekommen habe. Ich habe das Gefühl, Sie sind ein echter Freund, und deswegen dachte ich mir, ich versuche Sie mal anzurufen. Ich dachte, Sie können mir vielleicht helfen. Es ist nämlich was passiert, und ich weiß nicht, was ich machen soll, wenn Sie mir nicht helfen können.« Sie hatte eine süße Mädchenstimme, war aber so atemlos, so aufgeregt, daß ich sie bitten

mußte, etwas langsamer zu sprechen. »Ich habe nicht viel Zeit, Mr. Claxton. Ich rufe von hier oben aus an, und meine Mutter kann jeden Moment unten das Telefon abnehmen. Es ist nämlich, ich habe einen Hund. Jimmy. Er ist sechs Jahre alt, aber noch sehr lustig. Ich habe ihn schon, seit ich ganz klein war, und er ist das einzige, was ich habe. Er ist ein richtig feiner Kerl, der niedlichste kleine Hund, den Sie sich vorstellen können. Aber meine Mutter will ihn einschläfern lassen. Dann sterbe ich! Dann sterbe ich auch. Bitte, Mr. Claxton, können Sie nicht nach Larchmont kommen und sich mit mir vor dem Supermarkt treffen? Ich bringe Jimmy mit, dann können Sie ihn mitnehmen. Ihn verstecken, bis wir uns überlegt haben, was wir unternehmen können. Jetzt muß ich aufhören. Meine Mutter kommt die Treppe herauf. Ich rufe Sie morgen an, sobald ich kann, dann können wir uns verabreden . . .«

TC: Was hast *du* gesagt?

George: Gar nichts. Sie hatte aufgelegt.

TC: Aber was *hättest* du gesagt?

George: Na ja, sobald sie aufgelegt hatte, beschloß ich, ja zu sagen, wenn sie noch einmal anrief. Jawohl, ich wollte der armen Kleinen helfen, den Hund zu retten. Das bedeutete ja nicht gleich, daß ich ihn mit nach Hause nehmen mußte. Ich konnte ihn in einen Zwinger geben oder so. Und wenn alles nicht anders gekommen wäre, hätte ich das wohl auch getan.

TC: Aha. Aber sie hat nicht noch einmal angerufen.

George: Kellner, ich bekomme noch einen von diesen dunklen. Und ein Glas Perrier, bitte . . . Doch, sie rief an. Und was sie mir zu sagen hatte, war sehr kurz. »Mr. Claxton, es tut mir leid; ich habe mich in ein Nachbarhaus geschlichen, um Sie anzurufen, und muß mich beeilen. Meine Mutter hat gestern abend Ihre Briefe gefunden, die Briefe, die Sie mir geschrieben haben. Sie tobt, und ihr Mann tobt auch. Die bilden sich alle möglichen furchtbaren Sachen ein, und heute morgen hat sie mir sofort Jimmy weggenommen, aber jetzt muß ich aufhören; ich werde später noch mal versuchen, Sie anzurufen.«

Aber ich hörte nichts mehr von ihr – jedenfalls nicht von ihr

persönlich. Ein paar Stunden später rief meine Frau an; ich würde sagen, es war ungefähr drei Uhr nachmittags. »Liebling«, sagte sie, »komm bitte so schnell wie möglich nach Hause.« Und ihre Stimme war so ruhig, daß ich wußte, sie war in größter Bedrängnis; und ich ahnte auch halbwegs, warum, obwohl ich erstaunt tat, als sie mir mitteilte: »Hier sind zwei Polizeibeamte. Einer aus Larchmont und einer von hier. Sie wollen dich sprechen. Warum, wollen sie mir nicht sagen.«

Ich wartete nicht auf den nächsten Zug. Ich nahm mir einen Mietwagen. Eine von diesen Limousinen mit eingebauter Bar. Es ist keine lange Fahrt, etwas mehr als eine Stunde, aber ich schaffte es, ziemlich viele Silberkugeln zu kippen. Es half mir wenig; ich hatte große Angst.

TC: Warum denn aber, um Himmels willen? Was hattest du denn getan? Den guten Freund gespielt, den netten Briefpartner.

George: Wenn's bloß so einfach gewesen wäre. So klar. Jedenfalls, als ich nach Hause kam, saßen die Polizisten im Wohnzimmer und sahen fern. Meine Frau servierte ihnen Kaffee. Als sie sich erbot, das Zimmer zu verlassen, sagte ich, nein, ich möchte, daß du bleibst und alles hörst, ganz gleich, um was es sich handelt. Aber die Polizisten waren sehr jung und verlegen. Schließlich war ich ein reicher Mann, ein prominenter Bürger, ein Kirchgänger, der Vater von fünf Kindern. Vor ihnen hatte ich keine Angst. Nur vor Gertrude.

Der Polizist aus Larchmont schilderte die Situation: Bei seiner Dienststelle war eine Beschwerde von einem Mr. und einer Mrs. Henry Wilson eingegangen, daß ihre zwölfjährige Tochter Linda Reilly von einem zweiundfünfzigjährigen Mann, nämlich mir, Briefe mit »verdächtigem Inhalt« bekommen habe; und die Wilsons beabsichtigten, mich anzuzeigen, wenn ich keine zufriedenstellende Erklärung abgeben könne.

Ich lachte. Oh, ich war jovial wie der Weihnachtsmann. Ich habe ihnen dann die ganze Geschichte erzählt. Wie ich die Flasche gefunden habe. Erklärte, ich hätte nur geantwortet, weil ich so gern Schokoladenkonfekt äße. Ich schaffte es, daß sie grinsten, sich entschuldigten, mit den großen Füßen scharrten und sagten,

na ja, man weiß ja, daß manche Eltern heutzutage auf die merkwürdigsten Ideen kommen. Die einzige, die das Ganze nicht als dummen Witz auffaßte, war Gertrude. Sie hatte sogar, ohne daß ich es merkte, das Zimmer verlassen, bevor ich meinen Bericht beenden konnte.

Nachdem die Polizisten weg waren, wußte ich, wo ich sie finden würde. In diesem Zimmer, in dem sie sitzt und malt. Es war dunkel, und sie saß da auf einem Stuhl und starrte in die Dunkelheit. »Das Foto in deiner Brieftasche«, sagte sie. »Das war dieses Mädchen.« Ich stritt es ab, aber sie fuhr fort: »Bitte, George. Du brauchst nicht zu lügen. Du brauchst nie wieder zu lügen.«

Und sie schlief in jener Nacht in diesem Zimmer, und das tut sie nun jede Nacht. Schließt sich ein und malt ihre Boote. Ein Boot.

TC: Vielleicht hast du ein bißchen unüberlegt gehandelt. Aber ich sehe nicht ein, warum sie so nachtragend sein muß.

George: Ich werde dir sagen, warum. Es war nicht das erste Mal, daß wir Besuch von der Polizei bekamen.

Vor sieben Jahren hatten wir plötzlich einen schweren Schneesturm. Ich war mit meinem Wagen unterwegs, und obwohl es nicht weit bis nach Hause war, verfuhr ich mich ein paarmal. Ich erkundigte mich bei mehreren Personen nach dem Weg, unter anderem bei einem Kind, einem jungen Mädchen. Wenige Tage darauf kam die Polizei zu uns. Ich war nicht da, aber sie sprachen mit Gertrude. Und sie berichteten ihr, während des kürzlichen Schneesturms sei ein Mann, dessen Beschreibung auf mich passe und der einen Buick mit meinem Nummernschild gefahren habe, aus dem Wagen gestiegen und habe sich vor dem Mädchen entblößt. Obszöne Dinge zu ihr gesagt. Das Mädchen behauptete, die Autonummer unter einem Baum in den Schnee gemalt zu haben, und als der Sturm nachließ, war sie noch zu entziffern. Daß es sich um meine Zulassungsnummer handelte, war nicht zu leugnen, aber die Behauptung selbst stimmte nicht. Ich konnte Gertrude überzeugen, und ich konnte die Polizei überzeugen, daß das Mädchen gelogen oder sich bei der Nummer geirrt haben mußte.

Aber nun war die Polizei zum zweitenmal dagewesen. Und wieder wegen eines jungen Mädchens.
Und darum sitzt meine Frau in ihrem Zimmer. Und malt. Weil sie mir nicht glaubt. Sie glaubt, das Mädchen, das die Nummer in den Schnee geschrieben hat, habe die Wahrheit gesagt. Ich bin aber unschuldig. Bei Gott, beim Leben meiner Kinder, ich bin unschuldig! Doch meine Frau schließt ihre Tür ab und sieht aus dem Fenster. Sie glaubt mir nicht. Glaubst du mir?

(George nahm die Sonnenbrille ab und putzte sie mit einer Serviette. Jetzt verstand ich, warum er sie trug. Nicht wegen der gelblichen, von roten, geschwollenen Äderchen durchzogenen Augäpfel, sondern weil seine Augen zwei zersplitterten Prismen glichen. Nie habe ich Schmerz, Qual so tief eingegraben gesehen – als habe der Ausrutscher eines Chirurgenmessers ihn unrettbar entstellt. Es war unerträglich, und als er mich anstarrte, wichen meine Augen schnell aus.)

George: Glaubst *du* mir?
TC (langt über den Tisch, ergreift seine Hand, hält sie ums liebe Leben fest umklammert): Natürlich, George. Natürlich glaube ich dir.

Verborgene Gärten

Ort: Der Jackson Square, nach Andrew Jackson benannt – eine dreihundert Jahre alte Oase, beschaulich mitten in der Altstadt von New Orleans gelegen: ein Park von bescheidenen Ausmaßen, im Schatten der grauen Türme der St. Louis Cathedral und der ältesten, in gewisser Weise düster-eleganten Mietshäuser Amerikas, der Pontalba Buildings.
Zeit: 26. März 1979, ein prickelnder Frühlingstag. Bougainvilleen wuchern, Azaleen sprießen, Straßenhändler verhökern Erdnüsse, Rosen, Kutschenfahrten und gebackene Shrimps in Pappbechern, auf dem nahen Mississippi tuten die Signalhörner vorbeiziehender Schiffe, und lustige Ballons, die an lachende, hüpfende Kinder geknüpft sind, tanzen hoch in der blauen, silbrigen Luft.
»Also, ich sag's ja, der Mann muß hinaus« – wie mein Onkel Bud zu klagen pflegte, der Handlungsreisender war, wenn er sich lange genug von der Hollywoodschaukel auf der Veranda und seinem Gin Fizz losreißen konnte, um auf Reisen zu gehen. Jawohl, allerdings, der Mann muß hinaus; allein in den letzten Monaten war ich in Denver, Cheyenne, Butte, Salt Lake City, Vancouver, Seattle, Portland, Los Angeles, Boston, Toronto, Washington und Miami gewesen. Doch sollte mich jemand danach fragen, so würde ich wohl antworten und auch daran glauben: Also, nirgendwo bin ich gewesen, ich war den ganzen Winter über in New York.
Trotzdem, der Mann muß hinaus. Und jetzt bin ich wieder in New Orleans, meinem Geburtsort, meiner alten Heimatstadt. Sonne mich auf einer Parkbank des Jackson Square, der schon

immer, seit meiner Schulzeit, mein Lieblingsplatz war, wo ich die Beine ausstrecken kann, mich umsehen, umhören, gähnen, mich kratzen und träumen, wo ich Selbstgespräche führen kann. Vielleicht gehören Sie zu jenen Menschen, die niemals Selbstgespräche führen. Laut, meine ich. Vielleicht sind Sie der Meinung, daß nur Verrückte so etwas tun. Ich persönlich halte es für eine gesunde Sache, sich selbst auf diese Weise Gesellschaft zu leisten: kein Mensch, der widerspricht. Man kann ungehindert drauflosquasseln und sich vieles von der Seele reden.

Betrachten Sie zum Beispiel diese Pontalba Buildings da drüben. Ziemlich vornehme Gebäude, mit ihren Gitterwerkfassaden und den hohen, dunklen, von Läden gesicherten Fenstern. Die ersten Mietshäuser der USA; in diesen hohen, luftigen aristokratischen Räumen wohnen heute noch Nachkommen der ursprünglichen Mieter. Ich war lange Zeit sauer auf die Pontalba Buildings. Aus folgendem Grund: Damals, als ich neunzehn war oder so, hatte ich ein paar Blocks von hier entfernt in der Royal Street ein Appartement, ein unscheinbares, heruntergekommenes, schabenverseuchtes Appartement, das jedesmal, wenn eine Straßenbahn auf der schmalen Straße draußen vorbeirumpelte, von erdbebenähnlichen Zuckungen heimgesucht wurde. Es war ungeheizt; im Winter mochte man nicht aus dem Bett steigen, und während der sumpffeuchten Sommermonate war es so, als schwimme man in einer Schüssel voll lauwarmer Consommé. In meiner Phantasie träumte ich ständig davon, eines wunderschönen Tages aus dieser Bruchbude in die himmlischen Gefilde der Pontalbas umziehen zu können. Doch selbst wenn ich es mir hätte leisten können, wäre dies niemals zu verwirklichen gewesen. Denn eine Wohnung bekommt man in diesen Häusern praktisch nur, wenn ein Mieter stirbt und sie einem vererbt; und wird dennoch mal eine frei, so pflegt die Stadt New Orleans sie einem verdienten Bürger für eine sehr symbolische Miete zu offerieren.

Eine Menge längst Verstorbener sind auf diesem Platz spazierengegangen. Piraten. Lafitte höchstpersönlich. Bonnie Parker und Clyde Barrow. Huey Long. Oder, im Schatten eines schar-

lachroten Sonnenschirms, die Komtesse Willie Piazza, Inhaberin eines der vornehmeren *maisons de plaisir* im Rote-Laternen-Viertel; ihr Haus war berühmt für eine dort gereichte exotische Erfrischung: frische Kirschen, in Sahne gekocht, mit Absinth gewürzt und in der Vagina einer liegenden Terzeronen-Schönheit serviert. Und noch eine Frau, eine ganz andere als die Komtesse: Annie Christmas, eine zwei Meter große Leichterführerin, die man häufig unter jedem Arm ein Zentnerfaß Mehl schleppen sah. Und Jim Bowie. Und Mr. Neddie Flanders, ein munterer Gentleman von über achtzig, vielleicht sogar über neunzig, der bis vor wenigen Jahren noch Abend für Abend auf dem Jackson Square erschien, von Mitternacht bis zum Morgengrauen graziös und gelenkig wie eine Marionette Step tanzte und sich dazu auf der Harmonika begleitete. *Originale.* Ich könnte Hunderte von ihnen aufzählen.

Oho! Was kommt mir da zu Ohren? Ärger. Ein Streit. Ein Mann und eine Frau, beide schwarz: der Mann ungeschlacht, stiernackig, mit modischer Frisur, aber zu weich in seiner Art; die Frau mager, limonengelb, schrill, aber beinahe hübsch.

Sie: Scheißer. Was soll 'n das: Pinke unterschlagen? Ich hab keine Pinke nich unterschlagen. Scheißer.

Er: Ruhig, Frau! Ich hab dich gesehn. Ich hab mitgezählt. Drei Freier. Sin sechzig Mäuse. Un du hast mir nur dreißig gegehm.

Sie: Verdammich, Nigger. Die Oh'n abrasieren sollte ich dir. Die Leber rausschneiden und den Katzen hinwerfen. Deine Augen in Terpentin braten. Hör zu, Nigger. Wenn ich noch *eiiiiin*mal höre, daß du behauptest, ich lüge . . .

Er (beschwichtigend): Aber Süße . . .

Sie: *Süße*. Ich süße dir was.

Er: Miss Myrtle, ich weiß doch, was ich gesehn hab.

Sie (langsam, drohend gedehnt): Schwein! Niggerschwein. Du hast keine Mutter nich gehabt. Dich hat 'n Hund aus'm Arsch verlorn.

(Ohrfeigt ihn. Kräftig. Macht kehrt und stolziert hocherhobenen Hauptes davon. Er folgt ihr nicht, sondern bleibt stehen und reibt sich die Wange.)

Eine Weile beobachte ich die hüpfenden, frühlingsflinken Ballonkinder und sehe, wie sie sich gierig um den Wagen eines Eismannes drängen, der eine Erfindung namens Sweetmouth verkauft: flockige Eiskugeln, mit einer Regenbogenvielfalt bunter Sirups versüßt. Plötzlich merke ich, daß auch ich hungrig bin – und durstig. Ich erwäge, zum French Market hinüberzugehen und mir den Bauch mit schmalzgebackenen Doughnuts und dem bitter-köstlichen, nach Zichorie schmeckenden Kaffee vollzuschlagen, der für New Orleans typisch ist. Das ist besser als alles, was bei Antoine auf der Speisekarte steht – übrigens ein lausiges Restaurant. Genau wie die meisten berühmten Speiselokale der Stadt. Gallatoire ist nicht so übel, aber da ist es zu voll; Tischbestellungen werden nicht angenommen, man muß in einer langen Schlange warten, und das ist das Essen nicht wert, wenigstens mir nicht. Gerade, als ich beschlossen habe, zum Markt hinüberzumarschieren, werde ich daran gehindert.

Also, wenn ich etwas hasse, dann Leute, die sich von hinten anschleichen und sagen . . .

Stimme (whiskey-heiser, maskulin und dennoch weiblich): Zweimal darfst du raten. (Schweigen:) Los doch, Jockey. Du weißt, wer ich bin. (Schweigen; dann – die Hände verschwinden von meinen Augen – ein wenig schmollend:) Soll das heißen, Jockey, du wußtest nicht, daß *ich* es bin, Junebug?

TC: Da soll mich doch . . . Big Junebug Johnson! *Comment ça va?*

Big Junebug Johnson (kichert vergnügt): O Baby, wenn ich *davon* erst anfange! Steh auf, Junge. Nimm deine alte Junebug in den Arm. Gott, bist du mager! Genau wie damals, als ich dich kennengelernt habe. Wieviel wiegst du eigentlich, Jockey?

TC: Sechsundfünfzig, siebenundfünfzig Kilo.

(Es fällt mir schwer, sie in die Arme zu schließen, denn sie wiegt das Doppelte; mehr. Ich kenne sie seit fast vierzig Jahren – seit ich damals allein in dem finsteren Haus in der Royal Street wohnte und die deftige Hafenkneipe frequentierte, die ihr gehörte und noch gehört. Hätte sie rote Augen, könnte man sie als Albino bezeichnen, denn ihre Haut ist weiß wie

eine Callablüte, ebenso ihr krauses, dünnes Haar. [Einmal erzählte sie mir, ihr Haar sei über Nacht weiß geworden, bevor sie sechzehn Jahre alt war, und als ich fragte: »Über Nacht?« ergänzte sie: »Die Achterbahn und der Dingerich von Ed Jenkins waren schuld. Beides passierte so kurz nacheinander. Eines Abends, weißt du, fuhr ich mit der Achterbahn draußen am See, und wir saßen im letzten Wagen. Irgendwie löste sich der Wagen von den anderen und sauste allein los, wir wären fast vom Gleis geschleudert worden, und am nächsten Morgen waren meine Haare grau gesprenkelt. Ungefähr eine Woche später hatte ich dann dies Erlebnis mit Ed Jenkins, einem Jungen, den ich kannte. Eine von meinen Freundinnen hatte mir gesagt, ihr Bruder habe ihr erzählt, Ed Jenkins hätte den größten Dingerich, den man sich vorstellen könnte. Ed sah ganz nett aus, war aber ein spilleriger Kerl, nicht viel größer als du, deswegen glaubte ich ihr das nicht, also sagte ich eines Tages aus Spaß zu ihm: ›Ed Jenkins, du sollst ja einen Riesendingerich haben‹, und er sagte: ›Ja, paß auf, ich werd ihn dir zeigen.‹ Das tat er, und ich schrie auf. ›Und jetzt werde ich ihn in dich reinschieben‹, sagte er, und ich sagte: ›O nein, das wirst du nicht tun!‹ – der Dingerich war nämlich so groß wie 'n Kinderarm mit 'nem Apfel in der Faust. Gütiger Gott! Aber er tat es doch. Schob ihn einfach in mich rein. Nach einem wahnsinnigen Ringkampf. Und ich noch Jungfrau. Beinahe. Sozusagen. Du kannst dir's ja vorstellen. Also, es dauerte nicht lange, und ich hatte Haare so weiß wie 'ne Hexe.«]

B. J. J. kleidet sich wie ein Schauermann: Overall, blaues Männerhemd, Ärmel bis zu den Ellbogen aufgerollt, knöchelhohe, geschnürte Arbeitsstiefel und kein Make-up, das ihre Blässe gemildert hätte. Aber sie ist sehr feminin, ist trotz ihrer unromantischen Art eine würdevolle Person. Und sie benutzt teure Parfüms, persische Duftnoten aus der Maison Blanche in der Canal Street. Außerdem hat sie ein prachtvolles, goldgezahntes Lächeln; gleich einem herzerfrischenden, plötzlichen Sonnendurchbruch nach kaltem Regen. Ihnen

würde sie sicher gefallen; die meisten Menschen mögen sie. Jene, die sie nicht mögen, sind hauptsächlich Besitzer der rivalisierenden Hafenkneipen, denn Big Junebugs Lokal ist sehr beliebt, wenn auch über den Hafen und die Bewohner der Umgegend hinaus wenig bekannt. Es besteht aus drei Räumen: dem großen Barraum selbst mit seiner zinkblechbeschlagenen Mammuttheke, einem zweiten mit drei stets besetzten Poolbillardtischen und einem Alkoven mit einer Musikbox zum Tanzen. Es hat rund um die Uhr geöffnet und ist im Morgengrauen nicht weniger voll als zur Abenddämmerung. Die Gäste sind natürlich vor allem Seeleute und Hafenarbeiter, dann die Farmer, die ihre Produkte mit dem Lastwagen von entfernt liegenden Dörfern auf den French Market bringen, Polizisten und Feuerwehrleute, Glücksspieler mit hartem sowie Flittchen mit noch härterem Blick, und bei Sonnenaufgang quillt das Lokal über von den Unterhaltungskünstlern aus den Touristenfallen der Bourbon Street. Oben-ohne-Tänzerinnen, Stripperinnen, Transvestiten, Animiermädchen, Kellner, Barkeeper und die heiseren Portiers und Anreißer, die sich so lautstark bemühen, Bauerntölpel in die Nepplokale des *vieux carré* zu locken.

Was nun dieses Jockey-Gerede betrifft, so war das ein Spitzname, den ich Ginger Brennan verdanke. Vor etwas mehr als vierzig Jahren war Ginger Chefverkäufer in dem alten, die ganze Nacht geöffneten Doughnuts-und-Kaffee-Café am Markt; dieses Café gibt es nicht mehr, und Ginger starb schon vor langer Zeit, als ihn ein Blitzschlag traf, auf einer Pier am Lake Pontchartrain, wo er angelte. Wie dem auch sei, eines Abends hörte ich, daß ein anderer Gast Ginger fragte, wer denn dieser »kleine Knirps« in der Ecke sei, und Ginger, ein pathologischer Lügner, Gott hab ihn selig, erklärte ihm, ich sei Jockey von Beruf: »Das ist ein ganz heißer Tip auf dem Rennplatz.« Es klang plausibel; ich war klein, ein Federgewicht, und hätte mich vielleicht als Jockey ausgeben können; und zufällig war das eine Idee, die mir sehr zusagte: Mir gefiel die Vorstellung, die Leute könnten mich für einen neunmal-

gescheiten Rennplatz-Roué halten. Ich begann »Racing Form« zu lesen und den Fachjargon zu erlernen. Die Nachricht verbreitete sich, und ehe ich mich versah, nannten mich alle nur noch »Jockey« und versuchten mich nach Renntips auszuhorchen.)

Big Junebug Johnson: Ich habe auch abgenommen. Ungefähr fünfzig Pfund. Seit ich verheiratet bin, nehme ich ständig ab. Die meisten Frauen, wenn die mal den Ring am Finger haben, gehen in die Breite. Aber nachdem ich mir Jim geschnappt hatte, war ich so glücklich, daß ich aufhörte, ständig zum Kühlschrank zu rennen. Depressionen, daran liegt es, daß man dick wird.

TC: Big Junebug Johnson verheiratet? Davon hat mir keiner was geschrieben. Ich dachte, du wärst eine eingefleischte Junggesellin.

Big Junebug Johnson: Kann man denn nicht seine Meinung ändern? Nachdem ich die Geschichte mit Ed Jenkins verdaut, nachdem ich diesen Anblick aus meinem Hirn verdrängt hatte, war ich genauso hinter den Männern her wie andere Frauen. 'türlich hat das Jahre gedauert.

TC: Jim? So heißt er doch?

Big Junebug Johnson: Jim O'Reilly. Ist aber kein Ire. Er kommt aus Plaquemine, und die sind fast alle Cajuns, seine Leute da. Ich weiß nicht mal, ob das sein richtiger Name ist. Ich weiß überhaupt nicht viel von ihm. Er ist ziemlich verschlossen.

TC: Aber anscheinend ein großartiger Liebhaber. Wenn er dich gekriegt hat.

Big Junebug Johnson (rollt die Augen): O Baby, wenn ich *davon* erst anfange!

TC (lacht): Das ist auch etwas, woran ich mich, wenn ich an dich denke, gut erinnere. Ganz gleich, was du gefragt wurdest, ob es ums Wetter ging oder um sonstwas, immer hast du nur geantwortet: »O Baby, wenn ich *davon* erst anfange!«

Big Junebug Johnson: Na ja. Paßt doch auch immer, findest du nicht?

(Was ich schon eher hätte erwähnen sollen: Sie spricht mit einem Brooklyn-Akzent. Das mag zwar etwas befremdlich

klingen, ist es aber durchaus nicht. Die Sprache der Hälfte aller Einwohner von New Orleans klingt überhaupt nicht nach den Südstaaten; wenn man die Augen schließt, könnte man sich gut vorstellen, einen Taxifahrer aus Bensonhurst zu hören – ein Phänomen, das angeblich auf einem eigenen Sprachgefüge des als Irish Channel bekannten Sektors der Stadt beruht, eines Viertels, das vornehmlich von den Nachkommen der Einwanderer von der Grünen Insel bewohnt wird.)

TC: Wie lange bist du denn schon Mrs. O'Reilly?

Big Junebug Johnson: Im Juli werden es drei Jahre. Eigentlich blieb mir gar nichts anderes übrig. Ich war ehrlich verblüfft. Er ist viel jünger als ich, ungefähr zwanzig. Und gut sieht er aus, Himmel! Ein gefundenes Fressen für die Damen. Aber er war einfach verrückt nach mir, ist mir auf Schritt und Tritt nachgestiegen, hat mich ununterbrochen bequatscht, ich soll ihn doch nehmen, sonst würde er noch vom Deich springen. Und jeden Tag Geschenke. Einmal sogar Perlenohrringe. Echte Perlen: Ich hab reingebissen, und sie sind nicht kaputtgegangen. Und einen ganzen Wurf junge Katzen. Er wußte nicht, daß ich von Katzen niesen muß, und daß meine Augen anschwellen. Alle haben mich gewarnt, er sei nur hinter meinem Geld her. Warum sollte sich so was Hübsches wie er an eine alte Schachtel wie mich hängen? Aber das machte eigentlich wenig Sinn, weil er nämlich einen echt guten Job bei der Streckfus Steamship Company hat. Aber sie haben gehauptet, er wäre pleite und hätte 'ne Menge Ärger mit Red Tibeaux und mit Ambrose Butterfield und all den Spielern.

Ich fragte ihn danach, und er antwortete, das sei gelogen, aber es hätte stimmen können, es gab 'ne Menge, was ich nicht von ihm wußte und immer noch nicht weiß. Ich weiß nur, daß er mich nie auch nur um einen Dime angehauen hat.

Ich war so unsicher.

Also ging ich zu Augustine Genet. Erinnerst du dich an Madame Genet? Die die Geister hören konnte? Ich hatte erfahren, sie liege im Sterben, also bin ich sofort hin, und tatsächlich, sie war schon

ganz schwach. Hundert Jahre mindestens, und blind wie ein Maulwurf; sie konnte kaum flüstern, aber sie sagte zu mir: Heirate diesen Mann, das ist ein guter Mann, er wird dich glücklich machen – heirate ihn, versprich mir, daß du ihn heiratest. Also hab ich's ihr versprochen. Deswegen blieb mir nichts anderes übrig. Ich konnte doch ein Versprechen, das ich einer Lady auf dem Sterbebett gegeben hatte, nicht brechen. Und ich bin ja *soooo* froh, daß ich das nicht getan habe. *Ich bin glücklich*. Ich bin eine glückliche Frau. Auch wenn ich immer niesen muß, wegen der Katzen. Und du, Jockey? Bist du auch zufrieden mit dir?

TC: Soso.

Big Junebug Johnson: Wann bist du zum letztenmal beim Mardi Gras gewesen?

TC (antwortet widerwillig, will seine Erinnerungen an den Mardi Gras nicht wecken: Es waren alles andere als fröhliche Erinnerungen für mich, die Straßen wimmelten von betrunkenen, kreischenden, verkleideten Gestalten mit gespenstischen Masken; nach meinen Kindheitsausflügen in das Gewimmel des Mardi Gras hatte ich jedesmal Alpträume): Seit meiner Kindheit nicht mehr. Ich verirrte mich immer in diesem Gewühl. Als ich mich das letzte Mal verlaufen hatte, brachten sie mich zur Polizei. Dort habe ich die ganze Nacht geweint, bevor mich endlich meine Mutter abholte.

Big Junebug Johnson: Diese verdammte Polizei! Weißt du, daß wir in diesem Jahr keinen Mardi Gras hatten, weil die Polizei streikte? Stell dir das vor, zu einem solchen Zeitpunkt zu streiken! Hat die Stadt Millionen gekostet. Erpressung, anders kann man das nicht nennen. Ich habe ein paar gute Freunde bei der Polizei, gute Kunden. Aber sie sind allesamt ein Haufen Gauner, die ganze Bande. Ich hab noch nie Respekt vor der Polizei hier gehabt, und wie sie Mr. Shaw behandelt haben, das hat mir den Rest gegeben. Dieser sogenannte District Attorney *Jim* Garrison. Was für 'n trauriger Scheißkerl. Ich hoffe nur, der Teufel brät ihn schön langsam am Spieß. Und das tut er bestimmt. Zu schade, daß Mr. Shaw das nicht sehen kann. Da

oben im Himmel, wo Mr. Shaw ist, das weiß ich genau, kann er nicht sehen, wie der alte Garrison in der Hölle schmort.

(B. J. J. meint Clay Shaw, einen freundlichen, kultivierten Architekten, der für einen Großteil der hervorragenden historisch getreuen Restaurierungen von New Orleans verantwortlich war. Dieser Clay Shaw wurde einmal von James Garrison, dem rücksichtslosen, publicity-süchtigen District Attorney der Stadt, beschuldigt, die Schlüsselfigur einer angeblichen Verschwörung zur Ermordung Präsident Kennedys zu sein. Shaw stand wegen dieser aus den Fingern gesogenen Behauptung zweimal vor Gericht, und obwohl er in beiden Fällen uneingeschränkt freigesprochen wurde, war er anschließend mehr oder weniger bankrott. Sein Gesundheitszustand verschlechterte sich, bis er vor mehreren Jahren starb.)

TC: Nach seinem letzten Prozeß schrieb mir Clay: »Ich hatte immer befürchtet, ein bißchen paranoid zu sein, doch nachdem ich dies überstanden habe, weiß ich, daß ich es niemals war und daß ich es auch niemals sein werde.«

Big Junebug Johnson: Was ist das – paranoid?

TC: Also . . . Ach nichts. Paranoia ist wirklich nichts. Solange man sie nicht ernst nimmt.

Big Junebug Johnson: Mir fehlt Mr. Shaw wirklich. Während dieser ganzen Affäre konnte man sehr genau unterscheiden, wer hier in der Stadt ein Gentleman war und wer nicht. Wenn ein Gentleman Mr. Shaw auf der Straße begegnete, zog er den Hut; die Scheißkerle sahen an ihm vorbei. (Kichernd:) Mr. Shaw, der war 'ne Marke! Jedesmal, wenn er zu mir in die Bar kam, brachte er mich zum Lachen. Hast du mal seine Jesse-James-Story gehört? Da raubt Jesse James also eines Tages im Wilden Westen einen Zug aus. Mit seiner Bande stürmt er mit gezogenen Pistolen in einen Waggon und schreit: »Hände hoch! Den Weibern wird alles abgenommen, die Männer werden alle vergewaltigt.« Sagt einer von den Passagieren: »Haben Sie das nicht verwechselt, Sir? Sie meinen doch sicher, den Männern wird alles abgenommen und die Frauen werden alle vergewaltigt, wie?« Aber da sitzt auch so 'n süßer, kleiner Schwuler im Zug,

und der protestiert mit Piepsstimme: »Kümmern Sie sich doch um Ihre eigenen Angelegenheiten! Mr. James wird schon wissen, wie man einen Zug ausraubt.«

(Zwei und drei und vier: die Uhr der St. Louis Cathedral schlägt: . . . fünf . . . sechs . . . Der Klang tönt feierlich, wie eine goldene Baritonstimme, die uralte Strophen vorträgt, echot; ein Klang, der so getragen über den Park dahinzieht wie die nahende Abenddämmerung: Musik, die sich vermischt mit dem fröhlichen Geplapper, dem freundlichen Abschiednehmen der heimkehrenden Kinder, die, mit klebrigen Mündern, ihre Ballons mitziehen, Musik, in die sich auch das einsame Klagen eines fernen Schiffshorns und das Klingeln der Frühlingsglöckchen am Wagen des Sirupeisverkäufers mischen. Demonstrativ wirft Junebug Johnson einen Blick auf ihre große, häßliche Rolex-Uhr.)

Big Junebug Johnson: Großer Gott! Ich sollte schon längst zu Hause sein. Jim will um Punkt sieben Uhr das Abendbrot auf dem Tisch haben, und er läßt nicht zu, daß jemand anders für ihn kocht als ich. Frag mich nicht, warum. Meine Kochkunst ist nicht mal 'n Eulenarsch wert, war sie noch nie. Das einzige, was ich wirklich gut kann, ist Bierzapfen. Und . . . Ach ja, da fällt mir ein: Ich hab' ja heute nacht Dienst in der Bar. Sonst arbeite ich immer tagsüber, und die übrige Zeit ist Irma da. Aber einer von Irmas kleinen Jungen ist krank, deshalb will sie lieber zu Hause bleiben. Stimmt, das hab ich dir ja noch gar nicht erzählt: Ich habe jetzt eine Teilhaberin, eine junge Witwe mit echtem Sinn für Humor, und fleißig obendrein. Irma war mit 'nem Hühnerfarmbesitzer verheiratet, aber der ist gestorben und hat sie mit fünf kleinen Jungen allein gelassen, zwei davon Zwillinge, und ist sie noch nicht mal dreißig. Dann hat sie sich also auf dieser Farm abgerackert – Hühner gezüchtet, ihnen den Hals umgedreht und sie mit dem Lastwagen hierher zum Markt gebracht. Alles allein. Wo sie doch so ein Winzling ist, aber mit einer fabelhaften Figur und natürlichen, erdbeerroten Haaren, so kraus wie meine. Sie könnte nach Atlantic City gehen und einen Schönheitswettbewerb gewinnen, wenn sie nicht schielen würde

wie 'ne Flunder: Die Irma schielt so, daß man nie weiß, was oder wen sie gerade ansieht. Zuerst kam sie mit ein paar anderen Fernfahrerinnen zu mir in die Bar. Ich dachte zunächst, sie wär 'n kesser Vater, so wie die meisten von diesen Fahrerinnen. Aber da lag ich wirklich falsch. Sie mag Männer, und die Männer fliegen auf sie trotz der Schielerei. Ich glaube sogar, der meine hat auch 'ne Schwäche für sie; ich ziehe ihn manchmal damit auf, und dann wird er *soooo* wütend. Aber ich will dir was sagen, ich bin fast sicher, daß es Irma richtig juckt, wenn Jim in der Nähe ist. Das merkt man daran, wie sie ihn ansieht. Und *da* weißt du sofort, wen sie ansieht. Na ja, ich werde nicht ewig leben, und wenn ich mal nicht mehr da bin und die beiden sich zusammentun wollen, soll's mir nur recht sein. Ich bin glücklich genug gewesen. Und Irma wird Jim gut versorgen, das weiß ich. Sie ist ein prachtvolles Mädchen. Deswegen hab' ich sie auch überredet, in mein Geschäft einzutreten. Also, war schön, dich wiederzusehen, Jockey. Komm doch gelegentlich bei mir vorbei. Wir haben uns noch viel zu erzählen. Aber jetzt muß ich meine alten Knochen in Trab setzen.

Sechs . . . sechs . . . sechs . . . : Die Stimme der Uhr klingt nach in der grünlicher werdenden Luft, versinkt vibrierend im Schlaf der Geschichte.

Manche Städte bergen, wie Päckchen unter dem Weihnachtsbaum, unvermutete Geschenke, geheime Freuden. Manche Städte bleiben freilich ewig verschlossene Päckchen, Schachteln voller Rätsel, die niemals gelöst, ja von Urlaubern oder sogar den neugierigsten, hartnäckigsten Reisenden nicht einmal erkannt werden. Um solche Städte kennenzulernen, sie sozusagen auszupacken, muß man dort geboren sein. Venedig ist so eine Stadt. Nach dem Oktober, wenn die adriatischen Winde den letzten Amerikaner, sogar den letzten Deutschen davonfegen, sie wegtragen und ihnen das Gepäck im Flug nachschicken, beginnt sich allmählich ein anderes Venedig zu regen: eine Clique venezianischer *élégants*, zerbrechliche Herzöge in bestickten Westen, dürre Contessas, auf die Arme bleicher, hochgeschossener Nef-

fen gestützt: James'sche Geschöpfe, D'Annunzio-Romantiker, denen es niemals einfallen würde, an einem Sommertag, wenn die Fremden unterwegs sind, aus den malvenfarbenen Schatten ihrer Palazzi hervorzukommen, tauchen jetzt auf, um die Tauben zu füttern und unter den Arkaden der Piazza San Marco spazierenzugehen, tauchen auf, um in der Halle des Danieli (das Gritti ist bis zum Frühjahr geschlossen) den Tee einzunehmen und, höchst belustigend, in den gemütlichen vier Wänden von Harry's American Bar Martinis zu kippen und gegrillte Käsesandwiches zu verzehren, an einem Ort, der noch vor kurzem ausschließlich die Tränke lärmender Horden von jenseits der Alpen und des Atlantik war.

Fez ist ebenfalls eine rätselhafte Stadt, die ein Doppelleben führt, und Boston auch – wir alle wissen, daß hinter den gepflegten Fassaden und purpurnen Bogenfenstern des Louisburg Square faszinierende Stammesriten stattfinden, doch bis auf das, was einige wenige literarische Bostoner ausgeplaudert haben, wissen wir nicht, wie diese kodierten Rituale aussehen, und werden es nie erfahren. Von all diesen geheimnisvollen Städten jedoch ist New Orleans, wie mir scheint, die geheimnisvollste, die, deren Wirklichkeit am weitesten von dem entfernt ist, was man die Fremden sehen läßt. Das Vorherrschen der hohen Mauern, des schützenden Laubwerks, der großen, festen, verschlossenen Eisentore, der hinter Läden verborgenen Fenster, der dunklen Tunnels, die in überwucherte Gärten führen, wo Mimosen und Kamelien kontrastierende Farbinseln bilden und träge Eidechsen, die gespaltenen Zungen vorschnellend, über Palmwedel huschen – all das ist kein zufälliges Dekor, sondern bewußte Architektur, die dazu bestimmt ist, das Leben jener, die in diese schützenden Gebäude hineingeboren wurden, zu tarnen, zu maskieren wie auf einem Mardi-Gras-Ball: Zwei Cousinen, die zusammen dank der verzweigten, ineinander verwobenen Familienbeziehungen hundert andere Cousinen haben und miteinander flüsternd unter einem Feigenbaum neben dem Springbrunnen sitzen, der ihren verborgenen Garten kühlt.

Die Klänge eines Klaviers. Ich kann nicht ausmachen, woher sie

kommen: Kräftige Finger spielen eine schwungvolle, mitreißende Melodie: »*I want, I want . . .*« Da singt ein Schwarzer; er ist gut . . . »*I want, I want a mama, a big fat mama, I want a big fat mama with the meat shakin' on her, yeah!*«
Schritte. Hochhackige, weibliche Schritte, die näherkommen und vor mir halt machen. Es ist die magere, beinahe hübsche Hellgelbe, die ich vorhin mit ihrem »Manager« streiten hörte. Sie lächelt, dann zwinkert sie mir zu, erst mit dem einen Auge, dann mit dem anderen, und ihre Stimme klingt nicht mehr wütend. Sie klingt, wie Bananen schmecken.
Sie: Na, was liegt an?
TC: Ich ruhe mich aus.
Sie: Wie sieht's denn bei dir mit der Zeit aus?
TC: Moment mal. Ich glaube, es ist sechs oder kurz danach.
Sie (lacht): Ich meine, wie's bei dir mit der *Zeit* aussieht? Ich wohne gleich da um die Ecke.
TC: Lieber nicht. Heute nicht.
Sie: Du bist süß.
TC: Jeder hat ein Recht auf eigene Meinung.
Sie: Ich will dir nicht schöntun. Ich meine es ehrlich. Du bist süß.
TC: Na, dann danke.
Sie: Aber du siehst nicht aus, als würdest du dich großartig amüsieren. Komm doch mit. Ich mach's dir schön. Wir könnten uns fabelhaft miteinander amüsieren.
TC: Nein, lieber nicht.
Sie: Was ist denn los? Magst du mich nicht?
TC: Doch. Ich mag dich.
Sie: Was ist es dann? Sag mir einen Grund.
TC: Es gibt eine Menge Gründe.
Sie: Okay. Sag mir einen – einen einzigen.
TC: O Baby, wenn ich *davon* erst anfange!

Mutprobe

Zeit: November 1970
Ort: Los Angeles International Airport.
Ich sitze in einer Telefonzelle. Es ist kurz nach elf Uhr vormittags, und ich sitze da seit einer halben Stunde, tue so, als würde ich telefonieren. Von der Zelle aus habe ich einen guten Blick auf Gate 38, von dort aus soll die Nonstop-Mittagsmaschine der TWA nach New York starten. In dieser Maschine habe ich einen Platz gebucht, unter falschem Namen, doch es bestehen berechtigte Zweifel daran, daß ich in diese Maschine jemals einsteigen werde. Denn an diesem Flugsteig haben sich zwei hochgewachsene Männer postiert, harte Burschen mit heruntergezogenen Hutkrempen, und ich kenne sie alle beide. Es sind Kriminalbeamte vom Sheriff's Office von San Diego, bewaffnet mit einem Haftbefehl für mich. Deswegen verkrieche ich mich in der Telefonzelle. Ich stecke nämlich in einem Dilemma.
Dieses Dilemma geht auf eine Reihe von Gesprächen zurück, die ich ein Jahr zuvor mit Robert M. geführt habe, einem schmächtigen, mageren, harmlos wirkenden jungen Mann, der damals in der Todeszelle von San Quentin saß, wo er auf seine Hinrichtung wartete, nachdem man ihn des dreifachen Mordes für schuldig befunden hatte: an seiner Mutter und einer Schwester – er hatte sie beide erschlagen – und an einem Mithäftling, den er erwürgt hatte, während er im Gefängnis auf den Prozeß wegen der zwei ersten Mordtaten wartete. Robert M. war ein intelligenter Psychopath; ich lernte ihn relativ gut kennen, und er sprach offen mit mir über sein Leben und seine Verbrechen – unter der einen Bedingung, daß ich über alles, was er mir anvertraute,

weder schreiben noch sprechen dürfe. Ich stellte gerade Recherchen über Mehrfachmörder an, und Robert M. war eines der Fallbeispiele, die ich in meine Unterlagen aufnahm. Was mich betraf, war die Sache damit erledigt.
Dann aber, zwei Monate vor meiner Einkerkerung in dieser drückend heißen Telefonzelle auf dem Flughafen von Los Angeles, bekam ich einen Anruf von einem Kriminalbeamten des Sheriff's Office von San Diego. Er rief mich in Palm Springs an, wo ich ein Haus besaß. Er war höflich und hatte eine angenehme Stimme; er sei von den vielen Gesprächen unterrichtet, die ich mit verurteilten Mördern geführt habe, erklärte er mir, und würde mir gern einige Fragen stellen. Also lud ich ihn ein, am folgenden Tag nach Springs herunterzukommen und mit mir zu Mittag zu essen.
Der Gentleman erschien nicht allein, sondern in Begleitung von drei weiteren Kriminalbeamten aus San Diego. Und obwohl Palm Springs mitten in der Wüste liegt, hing plötzlich ein kräftiger Fischgeruch in der Luft. Ich tat jedoch, als fände ich nichts Außergewöhnliches daran, auf einmal vier Gäste zu haben statt einen. Nur waren sie an meiner Gastfreundschaft nicht interessiert; ja, sie schlugen die Einladung zum Essen rundweg aus. Sie wollten nur über Robert M. sprechen. Wie gut ich ihn kenne. Ob er mir gegenüber jemals einen der Morde eingestanden hat. Ob ich Aufzeichnungen unserer Gespräche besitze. Ich ließ sie ihre Fragen stellen und vermied es, diese zu beantworten, bis ich meine eigene Frage gestellt hatte: Warum interessierten sie sich so sehr für meine Bekanntschaft mit Robert M.?
Der Grund war folgender: Einer juristischen Spitzfindigkeit zufolge hatte ein Bundesgericht Robert M.'s Todesurteil aufgehoben und den Staat Kalifornien angewiesen, seinen Fall noch einmal zu verhandeln. Der Beginn dieses neuen Prozesses war auf Ende November festgesetzt worden, mit anderen Worten, in annähernd zwei Monaten. Nachdem sie mir diese Fakten mitgeteilt hatten, überreichte mir einer der Kriminalbeamten ein unscheinbares, aber ausnehmend offiziell wirkendes Papier. Es

war die unter Strafandrohung ausgesprochene Vorladung zu Robert M.'s Prozeß, vermutlich als Zeuge der Anklage. Okay, sie hatten mich reingelegt, und ich war stinkwütend, aber ich lächelte und nickte, und sie lächelten und sagten, was für ein anständiger Mensch ich doch sei und wie dankbar sie seien, daß meine Aussage dazu beitragen würde, Robert M. auf dem schnellsten Weg in die Gaskammer zu befördern. Diesen Menschen mordenden Geisteskranken! Sie lachten und verabschiedeten sich: »Bis bald vor Gericht.«

Ich hatte nicht die Absicht, mich von der Strafandrohung einschüchtern zu lassen, obwohl ich mir der Konsequenzen, die das haben mußte, bewußt war: Man würde mich wegen Mißachtung des Gerichts verhaften, mir eine Geldstrafe aufbrummen und mich ins Gefängnis schicken. Ich hatte keine hohe Meinung von Robert M. und auch nicht den Wunsch, ihn zu beschützen; ich wußte, daß er des dreifachen Mordes, den man ihm vorwarf, schuldig und daß er außerdem ein gefährlicher Psychotiker war, den man niemals in die Freiheit entlassen durfte. Aber ich wußte ebenfalls, daß der Staat auch ohne meine Aussage mehr als genug handfeste Beweise hatte, um ihn von neuem schuldig zu sprechen. Der springende Punkt jedoch war, daß Robert M. sich mir nur gegen das ehrenwörtliche Versprechen anvertraut hatte, von dem, was er mir erzählte, niemals Gebrauch zu machen. Ihn unter diesen Umständen zu hintergehen, wäre moralisch verwerflich gewesen und hätte bei Robert M. sowie bei den vielen anderen Männern seines Schlages, die ich interviewt hatte, den Eindruck erweckt, daß sie ihr Vertrauen einem Polizeiinformanten, schlicht und einfach einem Spitzel geschenkt hatten.

Ich konsultierte mehrere Anwälte. Alle gaben mir denselben Rat: Leisten Sie der Vorladung Folge, sonst haben Sie das Schlimmste zu befürchten. Jeder hatte Verständnis für meine verzwickte Lage, aber keiner sah eine Lösung – *es sei denn, ich verließ Kalifornien.* Mißachtung des Gerichts war kein auslieferungsfähiges Vergehen, und sobald ich den Staat verlassen hatte, konnten die Behörden nichts mehr gegen mich unternehmen. Doch, eines: Ich konnte nie wieder nach Kalifornien *zurück.*

Das schien mir allerdings keine besondere Härte zu sein, obwohl es aufgrund verschiedener Eigentumsfragen und beruflicher Engagements schwierig war, so überstürzt abzureisen.
Ich merkte nicht, wie schnell die Zeit verging, und so war ich am Tag des Prozeßbeginns noch in Palm Springs. An jenem Morgen kam meine Haushälterin, eine gute, fürsorgliche Freundin namens Myrtle Bennett, ins Haus gestürzt und rief aufgeregt: »Schnell, schnell! Sie brachten's im Radio. Sie kommen mit einem Haftbefehl. Jeden Moment können sie hier sein.«
Tatsächlich dauerte es keine zwanzig Minuten, bis die Polizei von Palm Springs in voller Stärke und mit gezückten Handschellen anrückte (eine Überreaktion, aber glauben Sie mir, die kalifornische Polizei ist eine Institution, die nicht mit sich spaßen läßt). Jedoch: Obwohl sie den Garten verwüsteten und das Haus vom Dachboden bis zum Keller durchstöberten, fanden sie nichts als meinen Wagen in der Garage und die getreue Mrs. Bennett im Wohnzimmer. Sie erklärte ihnen, ich sei am Vortag nach New York abgereist. Zwar glaubten sie ihr nicht, doch Mrs. Bennett war eine gewichtige Persönlichkeit in Palm Springs, eine Schwarze und seit vierzig Jahren angesehenes und einflußreiches Mitglied der Gemeinde; also drangen sie nicht weiter in sie, sondern lösten kurzerhand eine Großfahndung nach mir aus.
Und wo *war* ich inzwischen? Nun, ich zockelte mit Mrs. Bennetts altem, dunkelblauem Chevrolet auf dem Highway dahin, einem Wagen, der schon an dem Tag, an dem sie ihn gekauft hatte, höchstens noch achtzig Stundenkilometer schaffte. Aber wir hatten uns ausgerechnet, daß ich in ihrem Wagen sicherer sein würde als in meinem. Ganz sicher war ich natürlich nirgendwo; ich war so nervös wie ein Katzenwels mit einem Angelhaken im Maul. Als ich in Palm Desert ankam, ungefähr dreißig Minuten von Palm Springs entfernt, bog ich vom Highway in die einsame, kurvige, steile kleine Straße ein, die von der Wüste in die San Jacinto Mountains hinaufführt. In der Wüste war es heiß gewesen, über vierzig Grad Celsius, doch als ich in die öden Berge hinaufkam, wurde die Luft erst kühl, dann kalt,

dann noch kälter. Was ganz in Ordnung gewesen wäre, hätte die Heizung des alten Chevys funktioniert und ich nicht bloß die Kleider getragen, die ich am Leib gehabt hatte, als Mrs. Bennett in heller Panik mit ihrer Warnung hereingestürzt kam: Sandalen, eine weiße Leinenhose und ein leichtes Polohemd. Mehr hatte ich nicht mitgenommen – dazu meine Brieftasche mit den Kreditkarten und ungefähr dreihundert Dollar.

Immerhin hatte ich ein Ziel und einen Plan. Hoch oben in den San Jacinto Mountains, auf halbem Weg zwischen Palm Springs und San Diego, liegt ein tristes kleines Dorf namens Idylwyld. Im Sommer fahren die Bewohner der Wüste dorthinauf, um der Hitze zu entfliehen, im Winter ist es ein Skizentrum, obwohl die Qualität des Schnees und der Abfahrten recht dürftig ist. Jetzt aber, außerhalb der Saison, würde diese trostlose Ansammlung mittelmäßiger Motels und imitierter Chalets ein guter Platz zum Untertauchen sein, wenigstens, bis ich wieder zu Atem kam.

Es schneite, als der alte Wagen die letzte Steigung empor- und nach Idylwyld hineinkeuchte: ganz zarte Flocken, welche die Luft füllen, sich aber im Fallen schon wieder auflösen. Das Dorf lag verlassen, die meisten Motels waren geschlossen. Jenes, in dem ich schließlich unterkam, nannte sich Eskimo Cabins. Und das Quartier war, weiß Gott, so eiskalt wie ein Iglu. Einen Vorteil hatte es jedoch: Besitzer und anscheinend das einzige menschliche Wesen dort war ein schwerhöriger Achtziger, und die Patience, die er gerade legte, interessierte ihn weit mehr als ich.

Ich rief Mrs. Bennett an, die sehr aufgeregt war: »Ach, Schätzchen, die suchen Sie überall! Es kommt alles im Fernsehen!« Ich entschied, es sei besser, ihr zu verschweigen, wo ich war, versicherte ihr jedoch, mir gehe es gut und ich würde morgen noch einmal anrufen. Dann telefonierte ich mit einem guten Freund in Los Angeles; auch er war aufgeregt: »Dein Foto ist im ›Examiner‹!« Nachdem ich ihn beruhigt hatte, gab ich ihm detaillierte Anweisungen: mir ein Ticket für einen Direktflug nach New York auf den Namen George Thomas zu besorgen und mich morgen vormittag um zehn Uhr zu Hause zu erwarten.

Mir war zu kalt und ich hatte zu großen Hunger, um einschlafen zu können; bei Tagesanbruch fuhr ich los und kam gegen neun in Los Angeles an. Mein Freund erwartete mich bereits. Wir ließen den Chevrolet vor seinem Haus stehen und fuhren, nachdem ich ein paar Sandwiches hinuntergeschlungen und so viel Brandy, wie ich unbeschadet vertragen konnte, in mich hineingeschüttet hatte, mit seinem Wagen zum Flughafen, wo wir uns verabschiedeten und er mir das Ticket für die TWA-Mittagsmaschine aushändigte.

So kam es, daß ich jetzt in dieser verdammten Telefonzelle hocke und über mein Dilemma nachdenke. Die Uhr über dem Flugsteig zeigt die Stunde: 11.35 Uhr. Der Passagierraum ist voll; bald wird die Maschine zum Einsteigen freigegeben. Und dort, zu beiden Seiten des Durchganges, durch den ich hinaus muß, stehen zwei jener vier Herren, die mich in Palm Springs aufgesucht haben, zwei hochgewachsene, wachsame Kriminalbeamte aus San Diego.

Ich erwog, meinen Freund anzurufen, ihn zu bitten, zum Flughafen zurückzukommen und mich irgendwo auf dem Parkplatz abzuholen. Aber er hatte schon genug getan, und wenn wir geschnappt wurden, konnte er sich eine Anklage wegen Beherbergung eines polizeilich Gesuchten einhandeln. Das traf übrigens ebenso auf die vielen anderen Freunde zu, die wahrscheinlich auch bereit waren, mir zu helfen. Vielleicht war es am besten, mich den Häschern drüben am Durchgang zu stellen. Sonst – was? Nur ein Wunder konnte mich noch retten, um eine gebräuchliche Formulierung zu gebrauchen. Aber wir glauben doch nicht an Wunder, oder?

Plötzlich jedoch geschieht ein Wunder.

Dort, an meinem engen Glaskäfig vorbei, schreitet eine stolze, schöne, schwarze Amazone in goldenem Zobel, behängt mit Brillanten im Wert von Millionen, ein Star, umschwärmt von einer flatternden, schnatternden Gefolgschaft aufgeputzter Chorknaben. Und wer ist diese blendende Erscheinung, deren Aufputz und Auftreten ein solches Aufsehen unter den Passanten auslöst? Eine Freundin! Eine uralte Freundin!

TC (öffnet die Tür der Telefonzelle, ruft): *Pearl!* Pearl Bailey! (Ein Wunder! Sie *hört* mich. Alle hören sie mich, ihre gesamte Gefolgschaft.) Pearl! Bitte komm her . . .

Pearl (blinzelt, setzt in ein strahlendes Grinsen auf): Ja, Baby! Warum versteckst du dich denn da drin?

TC (winkt sie näher heran; flüstert): Hör zu, Pearl. Ich stecke furchtbar in der Klemme.

Pearl (wird sofort ernst, denn sie ist eine sehr intelligente Frau und begreift schnell, daß es sich hier, ganz gleich, was es sein mag, um etwas handelt, das keineswegs komisch ist): Erzähl.

TC: Nimmst du auch diese Maschine nach New York?

Pearl: Ja, wir alle.

TC: Ich muß unbedingt mit, Pearl. Ich habe zwar ein Ticket. Aber da drüben am Flugsteig warten zwei Burschen, die mich hier festhalten wollen.

Pearl: Welche? (Ich zeige sie ihr.) Wieso können die dich festhalten?

TC: Das sind Kriminalbeamte. Pearl, ich habe nicht genügend Zeit, um dir alles zu erklären . . .

Pearl: Du brauchst mir nichts zu erklären.

(Sie mustert ihren jugendlichen Trupp gutaussehender, schwarzer Chorknaben; es ist ein halbes Dutzend – Pearl, so erinnere ich mich, reiste schon immer gern in großer Gesellschaft. Sie winkt einen zu uns herüber, einen geschniegelten Burschen mit gelbem Cowboyhut, einem Sweatshirt mit der Aufschrift SUCK DAMMIT, DONT'T BLOW, einem weißen Lederblouson mit Hermelinfutter, gelben Jitterbughosen [ca. 1940] und gelben Keilschuhen.)

Pearl: Das ist Jimmy. Er ist ein bißchen größer als du, aber ich glaube, es wird schon gehen. Jimmy, du gehst jetzt mit meinem Freund hier auf die Herrentoilette und tauscht die Kleider mit ihm. Jimmy, du hältst die Klappe und tust, was Pearl-Mae sagt. Wir werden hier auf euch warten. Und jetzt los! Noch zehn Minuten, und wir verpassen unser Flugzeug.

(Die zehn Meter zwischen der Telefonzelle und der Herrentoilette schafften wir im Sprint. Wir schlossen uns in eine

Münzkabine ein und begannen mit dem Garderobenwechsel. Jimmy hielt das Ganze für einen Riesenspaß: Er kicherte wie ein Schulmädchen, das seinen allerersten Joint pafft. Ich sagte zu ihm: »Pearl! Das war ein echtes Wunder für mich. Noch nie habe ich mich so gefreut, jemanden zu begegnen. Noch nie.« Jimmy antwortete: »O ja, Miss Bailey ist schon in Ordnung. Sie hat ein großes Herz. Wissen Sie, was ich meine? Ein großes Herz.«

Es hatte eine Zeit gegeben, da hätte ich ihm widersprochen, eine Zeit, da ich Pearl Bailey als herzloses Biest bezeichnet hätte. Das war damals, als sie die Madame Fleur spielte, die Hauptrolle in »Das Blumenhaus«, einem Musical, für das ich das Buch und mit Harold Arlen zusammen die Liedertexte geschrieben hatte. Bei diesem Unternehmen haben eine Menge guter Leute mitgemacht: Regisseur war Peter Brook, Choreograph George Balanchine; Oliver Messel war für die einmalig bezaubernde Ausstattung und für die Kostüme verantwortlich.

Aber Pearl Bailey war so energisch, so fest entschlossen, ihren Willen durchzusetzen, daß sie auf die gesamte Produktion Einfluß nahm, letztlich sehr zu deren Nachteil. Aber leben heißt lernen, man soll auch vergeben und vergessen, und als das Stück am Broadway auslief, waren Pearl und ich wieder Freunde. Von ihrem schauspielerischen Können ganz abgesehen, habe ich auch ihren Charakter zu schätzen gelernt; er mag im Umgang zuweilen störend wirken, ganz zweifellos aber ist er vorhanden: Sie ist eine Frau mit Charakter, eine, die weiß, wer sie ist und wo sie steht.

Als Jimmy sich in meine Hose zwängte, die ihm peinlicherweise zu eng war, und ich in seinen weißen, hermelingefütterten Lederblouson schlüpfte, ertönte ein aufgeregtes Klopfen an der Tür.)

Männerstimme: He! Was geht da drinnen vor?

Jimmy: Und was geht *Sie* das an, wenn ich fragen darf?

Männerstimme: Ich bin der Toilettenmann. Und werden Sie nicht unverschämt. Was da drinnen vorgeht, ist gesetzwidrig.

Jimmy: Wollen Sie mich verscheißern?

Toilettenmann: Ich sehe vier Füße da drin. Ich sehe, daß Kleidungsstücke ausgezogen werden. Glauben Sie, ich bin so dämlich, um nicht zu wissen, was Sie da treiben? Das ist gesetzwidrig. Es ist gesetzwidrig, wenn sich zwei Männer zur selben Zeit in derselben Toilette einschließen.

Jimmy: Ach, schieben Sie doch ab.

Toilettenmann: Ich hole die Polizei. Die werden Ihnen dann ein *L and L* anhängen.

Jimmy: Was zum Teufel ist denn ein *L and L*?

Toilettenmann: Lewd and lascivious conduct. Ein Verfahren wegen Unzucht. Jawohl, Sir. Ich hole die Polizei.

TC: Jesus, Maria und Joseph . . .

Toilettenmann: Machen Sie die Tür auf!

TC: Sie fassen das völlig falsch auf.

Toilettenmann: Ich weiß doch, was ich sehe. Ich sehe vier Füße.

TC: Wir wechseln nur die Kostüme für die nächste Szene.

Toilettenmann: Was für 'ne nächste Szene?

TC: Von unserem Film. Wir ziehen uns für die nächste Szene um.

Toilettenmann (neugierig und beeindruckt): Die drehen hier draußen einen Film?

Jimmy (begreift): Mit Pearl Bailey. Sie ist der Star. Und Marlon Brando ist auch dabei.

TC: Kirk Douglas.

Jimmy (beißt sich auf die Knöchel, um nicht zu lachen): Und Shirley Temple. Es soll ihr Comeback werden.

Toilettenmann (halbgläubig und doch ungläubig): Also, na ja, wer sind denn Sie?

TC: Wir sind nur Statisten. Deswegen haben wir keine eigene Garderobe.

Toilettenmann: Ist mir egal. Zwei Männer, vier Füße. Das ist gesetzwidrig.

Jimmy: Sehen Sie doch mal hinaus. Da ist Pearl Bailey höchstpersönlich. Marlon Brando, Kirk Douglas, Shirley Temple. Mahatma Gandhi – die macht auch mit. Ein Juwel!

Toilettenmann: Wer?

Jimmy: Mamie Eisenhower.

TC (öffnet die Tür, da der Kleiderwechsel vollzogen ist; meine Sachen sehen nicht schlecht aus an Jimmy, aber ich argwöhne, daß seine Aufmachung, von mir getragen, eine elektrisierende Wirkung ausüben wird, und der Gesichtsausdruck des Toilettenmannes, eines zornigen, kleinen Schwarzen, bestätigt meine Vorahnung): Tut mir leid. Wir wußten nicht, daß wir gegen irgendwelche Vorschriften verstoßen haben.

Jimmy (fegt hoheitsvoll an dem Toilettenmann vorbei, der zu verblüfft zu sein scheint, um zu reagieren): Komm nur mit, mein Süßer. Wir werden dich mit dem Team bekanntmachen. Da kriegst du jede Menge Autogramme.

(Wenigstens waren wir jetzt im Korridor, wo eine ernste Pearl mich in die zobelweichen Arme schloß; ihre Begleiter bildeten einen schützenden Kreis um uns. Sie machten weder Witze noch dumme Bemerkungen. Meine Nerven knisterten wie eine vom Blitz getroffene Katze, und was Pearl selber betraf – jene Eigenschaften, die mich damals an ihr beunruhigt hatten, diese Tatkraft, dieser Eigenwille, durchströmten sie jetzt wie Energie aus einem Wasserfall.)

Pearl: Von jetzt an hältst du den Mund. Was ich auch sage, du sprichst kein Wort. Zieh dir den Hut tiefer ins Gesicht. Stütz dich auf mich, als wärst du krank und schwach. Leg dein Gesicht an meine Schulter. Mach die Augen zu. Laß dich von mir führen. So ist's schön. Wir gehen jetzt zum Schalter hinüber. Jimmy hat unsere Tickets. Der letzte Aufruf war schon, daher sind nicht mehr allzu viele Menschen hier. Die Leisetreter haben sich nicht von der Stelle gerührt, aber sie scheinen müde zu sein und irgendwie angewidert. Jetzt schauen sie in unsere Richtung. Beide. Wenn wir zwischen ihnen hindurchgehen, werden die Boys sie irgendwie ablenken und zu quasseln anfangen. Hier kommt jemand. Lehn dich fester an mich, stöhn ein bißchen – ein VIP-Betreuer von der TWA. Jetzt paß mal auf, wie Mama ihre Rolle hinlegt . . . (Veränderte Stimme, wie auf der Bühne, gleichzeitig komisch, träge und ein bißchen trocken:) Mr. Calloway? Mit C und a wie *Cab*? Also, Sie sind ein Engel, daß Sie

uns helfen wollen. Und wir können wirklich Hilfe gebrauchen. Wir müssen so schnell wie möglich an Bord. Mein Freund hier – einer von meinen Musikern – fühlt sich entsetzlich. Kann kaum noch gehen. Wir haben in Vegas ein bißchen gespielt, wissen Sie, und da hat er vielleicht zuviel Sonne abgekriegt. Die Sonne kann sich aufs Hirn und auf den Magen schlagen. Vielleicht ist es auch seine Diät. Musiker haben komische Eßgewohnheiten. Vor allem Klavierspieler. Er ißt kaum etwas anderes als Hot Dogs. Gestern abend hat er zehn Hot Dogs verdrückt. Also, das kann doch nicht gesund sein, oder? Kein Wunder, daß er sich fühlt, als hätte er Gift geschluckt. Wundert Sie das, Mr. Calloway? Na ja, Sie wundern sich vermutlich über gar nichts mehr, hier bei der Fliegerei. Diese ständigen Entführungen. Wo man hinsieht, Verbrecher. Wenn wir in New York ankommen, werde ich meinen Freund sofort zum Arzt bringen. Ich werde dem Doktor sagen, er soll ihm verbieten, sich in die Sonne zu legen und so viele Hot Dogs zu essen. Oh, tausend Dank, Mr. Calloway. Nein, ich nehme den Platz am Gang. Auf dem Fensterplatz werden wir unseren Freund hier unterbringen. Da fühlt er sich wohler, am Fenster. Wegen der frischen Luft.
So, jetzt ist wieder alles okay, Bursche. Du kannst jetzt die Augen aufmachen.
TC: Ich glaube, ich lasse sie lieber zu. Dann ist es eher wie ein Traum.
Pearl (entspannt, kichernd): Jedenfalls haben wir's geschafft. Deine Freunde haben dich nicht gesehen. Als wir an ihnen vorbeikamen, hat Jimmy den einen in den Hintern gekniffen und Billy ist dem anderen auf die Zehen gestiegen.
TC: Wo ist Jimmy?
Pearl: Die Boys fliegen Economy. Jimmys Klamotten heben dich übrigens sehr. Flott siehst du aus. Mir gefallen vor allem die Keilschuhe – die liebe ich einfach.
Stewardeß: Guten Tag, Miss Bailey. Möchten Sie ein Glas Champagner?
Pearl: Nein, Schätzchen. Aber mein Freund könnte vielleicht eines gebrauchen.

TC: Brandy.
Stewardeß: Verzeihung, Sir, aber bis nach dem Start servieren wir ausschließlich Champagner.
Pearl: Der Herr wünscht Brandy.
Stewardeß: Tut mir leid, Miss Bailey. Das ist nicht gestattet.
Pearl (in dem sanften, aber metallharten Ton, den ich von den Proben zu »Das Blumenhaus« kenne): Bringen Sie dem Herrn seinen Brandy. Die ganze Flasche. Sofort.

(Die Stewardeß brachte den Brandy, und ich schenkte mir mit unsteter Hand eine kräftige Portion davon ein: Hunger, Müdigkeit, Angst, die schwindelerregenden Ereignisse der letzten vierundzwanzig Stunden forderten ihren Tribut. Ich gönnte mir gleich noch einen Drink und fühlte mich sofort ein wenig besser.)

TC: Ich finde, ich sollte dir jetzt mal erzählen, was eigentlich los ist.
Pearl: Nicht unbedingt.
TC: Dann eben nicht. So hast du wenigstens ein unbelastetes Gewissen. Ich möchte nur sagen, daß ich nichts getan habe, was ein vernünftiger Mensch als Verbrechen einstufen würde.
Pearl (sieht auf ihre Brillantarmbanduhr): Wir müßten jetzt eigentlich über Palm Springs sein. Ich hab' schon vor einer Ewigkeit gehört, daß die Türen geschlossen wurden. Stewardeß!
Stewardeß: Ja, Miss Bailey?
Pearl: Was ist los?
Stewardeß: Ah, da ist der Captain ...
Stimme des Captains (über Lautsprecher): Meine Damen und Herren, bitte entschuldigen Sie die Verzögerung. Wir werden in Kürze starten. Ich danke Ihnen für Ihre Geduld.
TC: Jesus, Maria und Joseph.
Pearl: Trink noch einen Schluck. Du zitterst ja. Man könnte meinen, es wäre dein erster Flug. Ich meine, *so* schlimm kann's doch gar nicht sein.
TC: Noch schlimmer. Und ich kann nicht aufhören zu zittern – bis wir in der Luft sind. Vielleicht sogar, bis wir in New York angekommen sind.

Pearl: Wohnst du immer noch in New York?
TC: Gott sei Dank.
Pearl: Erinnerst du dich an Louis? Meinen Mann?
TC: Louis Bellson. Sicher. Der beste Drummer von der Welt. Besser als Gene Krupa.
Pearl: Wir arbeiten beide so oft in Vegas, daß es günstiger war, dort ein Haus zu kaufen. Ich bin eine richtige Hausfrau geworden. Ich koche viel. Ich schreibe ein Kochbuch. In Las Vegas wohnen, ist eigentlich auch nichts anderes, als irgendwo sonst zu wohnen, solange man sich von den unangenehmen Typen fernhält. *Spielern.* Arbeitslosen. Jedesmal, wenn mir ein Mann sagt, er würde ja arbeiten, wenn er nur eine Stellung fände, antworte ich, er soll mal im Telefonbuch unter G nachsehen. G wie Gigolo. Da findet er Arbeit. Jedenfalls in Las Vegas. Das ist die Stadt der verzweifelten Frauen. Ich habe Glück gehabt: Ich habe den richtigen Mann gefunden und hatte Köpfchen genug, das zu erkennen.
TC: Wirst du in New York arbeiten?
Pearl: Im Persian Room.
Stimme des Captains: Meine Damen und Herren, ich bitte um Verzeihung, aber der Start wird sich noch um einige Minuten verzögern. Bitte bleiben Sie auf Ihren Plätzen. Wer rauchen möchte, kann das tun.
Pearl (erstarrt plötzlich): Das gefällt mir nicht. Sie machen die Tür auf.
TC: Was?
Pearl: Sie machen die Tür auf.
TC: Jesus, Maria . . .
Pearl: Das gefällt mir gar nicht.
TC: Jesus, Maria . . .
Pearl: Du rutscht jetzt ganz tief in den Sitz. Und ziehst dir den Hut tief ins Gesicht.
TC: Ich habe Angst.
Pearl (packt meine Hand, drückt sie fest): Schnarch!
TC: Wie bitte?
Pearl: Schnarchen sollst du!

TC: Ich ersticke. Ich *kann nicht* schnarchen.
Pearl: Dann solltest du's lieber ganz schnell versuchen, denn jetzt kommen unsere Freunde zur Tür herein. Anscheinend wollen sie den Vogel filzen. Mit einem ganz feinen Kamm.
TC: Jesus, Maria ...
Pearl: Schnarch, du Arsch! Schnarch doch endlich!

(Ich schnarchte, und sie drückte meine Hand noch stärker; gleichzeitig begann sie ein Wiegenlied zu summen, wie eine Mutter, die ihr verängstigtes Kind trösten will. Aber auch noch ein anderes Gesumm umgab uns: das Geräusch menschlicher Stimmen, die besorgt fragten, was denn los sei, was diese beiden geheimnisvollen Männer wollten, die im Gang auf und ab marschierten und immer wieder stehenblieben, um einen Passagier zu überprüfen. Minuten verstrichen. Ich zählte sie: sechs, sieben, tick-tick-tick. Endlich hörte Pearl wieder auf, ihre mütterliche Melodie zu summen und löste ihre Hand von der meinen. Dann hörte ich, wie die große, runde Tür der Maschine geschlossen wurde.)

TC: Sind sie weg?
Pearl: Hm-hm. Aber wen die auch immer gesucht haben, die waren mächtig scharf hinter ihm her.

Das waren sie allerdings. Obwohl Robert M.'s neu aufgerollter Prozeß genauso ausging, wie ich es vorausgesagt hatte, und das Gericht ihn des heimtückischen Mordes in drei Fällen für schuldig erkannte, hielt die Justiz von Kalifornien an ihrer strengen Beurteilung meiner Weigerung, mit ihr zusammenzuarbeiten, fest. Ich hatte jedoch keine Ahnung davon; ich dachte, die Sache würde mit der Zeit in Vergessenheit geraten. Deshalb hatte ich auch nicht die geringsten Bedenken, nach Kalifornien zurückzukehren, als es ein Jahr darauf notwendig wurde, dort einen kurzen, persönlichen Besuch zu machen. Also, Sir, ich hatte mich kaum im Bel Air Hotel eingetragen, da wurde ich schon verhaftet und einem gestrengen Richter vorgeführt, der mir fünftausend Dollar Geldbuße und eine zeitlich unbegrenzte Haftstrafe im Gefängnis von Orange County aufbrummte, was

bedeutete, daß sie mich dort für Wochen, Monate und sogar Jahre festhalten konnten. Trotzdem wurde ich wieder entlassen, denn mein Haftbefehl enthielt einen zwar kleinen, aber folgenschweren Fehler: Er bezeichnete mich als Einwohner von Kalifornien, während ich doch in Wirklichkeit in New York ansässig war – eine Tatsache, die meine Verurteilung und Haft aufhob. Aber das alles lag noch weit in der Zukunft, unerahnt, unerträumt, als der silberne Vogel Pearl und ihren kriminellen Freund in den ätherischen Novemberhimmel entführte. Ich sah den Schatten des Flugzeugs die Wüste durchqueren und über den Grand Canyon ziehen. Wir plauderten, lachten, aßen und sangen. Sterne und das Violett der Abenddämmerung erfüllten die Luft, und vor uns ragten, in bläulichen Schnee gehüllt, die Rocky Mountains empor, während über ihnen wie eine Zitronenscheibe der Neumond hing.

TC: Sieh nur, Pearl. Der Neumond. Wir dürfen uns was wünschen.
Pearl: Was wünschst du dir denn?
TC: Ich wünsche mir, immer so glücklich zu sein wie jetzt, in diesem Moment.
Pearl: Aber Schätzchen, das hieße ein Wunder verlangen. Wünsch dir lieber was Reales.
TC: Aber ich glaube an Wunder.
Pearl: Dann kann ich dir nur eines sagen: Versuch dich nie, niemals im Glücksspiel.

Und dann ist eben alles passiert

Szene: Eine Zelle im Sicherheitstrakt erster Ordnung von San Quentin, Kalifornien. Die Zelle ist mit einer einzigen Pritsche möbliert, so daß ihr ständiger Bewohner, Robert Beausoleil, und sein Besucher gezwungen sind, in reichlich verkrampfter Haltung darauf zu sitzen. Die Zelle ist aufgeräumt, nichts liegt herum; eine gut gewachste Gitarre steht in der Ecke. Doch es ist ein später Winternachmittag, und in der Luft hängt eine Kühle, ja eine Andeutung von Dunst, als sei der Nebel von der San Francisco Bay bis hierher ins Gefängnis gedrungen.
Beausoleil trägt trotz der Frische kein Hemd, steckt nur in seiner Sträflingsdrillichhose, und es ist offensichtlich, daß er mit seiner Erscheinung zufrieden ist, vor allem mit seinem Körper: katzengeschmeidig und in Anbetracht der Tatsache, daß er seit über einem Jahrzehnt eingesperrt ist, gut durchtrainiert. Brust und Arme bilden ein Panorama von Tätowierungen: zornige Drachen, geringelte Chrysanthemen, entringelte Schlangen. Manche halten ihn für besonders gutaussehend; das ist er auch, aber auf eine eher ganovenhafte Art, im Camp-Macho-Stil. Kein Wunder, daß er als Kind Schauspieler gewesen und in mehreren Hollywood-Filmen aufgetreten ist; später, als sehr junger Mann, war er für eine Weile Protegé von Kenneth Anger, dem Experimentalfilmer (»Scorpio Rising«) und Autor (»Hollywood Babylon«); Anger gab ihm sogar die Titelrolle in »Lucifer Rising«, einem von ihm nicht fertiggestellten Film.
Robert Beausoleil, jetzt einunddreißig, ist die eigentliche mysteriöse Figur des Charles-Manson-Kults; genauer gesagt – und das ist ein Punkt, der in den Berichten über diese Gruppe nie klar

herausgearbeitet wurde –, er ist die Schlüsselfigur (bei den unerklärlichen Mordunternehmungen der sogenannten Manson-Familie, vor allem bei den Morden an Sharon Tate und den Lo Biancos.

Alles begann mit dem Mord an Gary Hinman, einem Berufsmusiker mittleren Alters, der sich mit verschiedenen Mitgliedern der Manson-Gemeinschaft angefreundet hatte und zu seinem Unglück allein in einem kleinen, einsam gelegenen Haus im Topanga Canyon, Los Angeles County, wohnte. Hinman war tagelang gefesselt und gefoltert worden (unter anderem hatte man ihm ein Ohr abgetrennt), bevor man ihm barmherzigerweise endgültig die Kehle durchschnitt. Als Hinmans Leiche, aufgedunsen und von Augustfliegen wimmelnd, gefunden wurde, entdeckte die Polizei mit Blut geschriebene Parolen an den Wänden seines bescheidenen Hauses (*Tod den Schweinen!*) – Schmierereien ganz ähnlicher Art, wie man sie kurz darauf in den Häusern von Miss Tate und von Mr. und Mrs. Lo Bianco finden sollte.

Wenige Tage vor den Tate-Bianco-Morden jedoch saß Robert Beausoleil, der geschnappt worden war, als er einen Wagen fuhr, der dem Opfer gehört hatte, unter der Anklage, den wehrlosen Mr. Hinman umgebracht zu haben, im Gefängnis. Deshalb kamen Manson und seine Kumpane in der Hoffnung, Beausoleil dadurch freizubekommen, auf die Idee, eine Reihe ganz ähnlicher Mordtaten wie an Hinman zu verüben; wenn nämlich Beausoleil zum Zeitpunkt dieser neuen Morde in Haft war, wie könnte er dann die entsetzliche Tat an Hinman begangen haben? So folgerte jedenfalls die Manson-Bande. Das heißt also, Tex Watson und die jungen Mordmädchen Susan Atkins, Patricia Krenwinkel und Leslie Van Hooten hatten sich nur aus Ergebenheit gegenüber »Bobby« Beausoleil zu ihren grauenhaften Bluttaten verleiten lassen.

RB: Komisch. Beausoleil. Das ist französisch. Ich habe einen französischen Namen. Das heißt Schöne Sonne. Scheiße. In diesem Sanatorium kriegt keiner viel Sonne zu sehen. Hören Sie

sich die Nebelhörner an. Wie eine Lokomotive. Tuut, tuut. Und im Sommer sind sie noch schlimmer als im Winter. Kann sein, daß es im Sommer noch mehr Nebel gibt als im Winter. Ein Wetter. Scheiße, ich geh ja doch nirgendwo hin. Aber hören Sie sich das an. Tuut, tuut. Also, was haben Sie heute alles gemacht?
TC: Ich bin nur so rumgelaufen. Hatte ein kleines Gespräch mit Sirhan.
RB (lacht): Sirhan B. Sirhan. Den hab' ich kennengelernt, als ich in der Todeszelle saß. Der ist krank. Der gehört nicht hierher. Der müßte in Atascadero sein. Wollen Sie einen Kaugummi? Ja, also, Sie scheinen sich hier ziemlich gut auszukennen. Ich hab' Sie draußen im Hof beobachtet. War ziemlich platt, daß der Direktor Sie ganz allein auf dem Hof rumlaufen läßt. Könnte ja sein, daß jemand Sie sticht.
TC: Warum?
RB: Nur so aus Spaß. Aber Sie waren schon oft hier, nicht wahr? Das haben mir 'n paar von den Jungens gesagt.
TC: Etwa ein halbes Dutzend mal, hab' verschiedenes nachgeforscht.
RB: Hier gibt's nur eins, was ich noch nicht gesehen habe. Aber ich würd' sie wirklich mal gern sehen, diese kleine, apfelgrüne Kammer. Als die mich wegen der Hinman-Sache eingelocht und zum Tode verurteilt haben, also, da haben sie mich 'ne ganze Zeit lang in die Todeszelle gesteckt. Bis zu dem Tag, als das Gericht die Todesstrafe abschaffte. Und da hab' ich mir natürlich Gedanken gemacht über die kleine, grüne Kammer.
TC: Eigentlich sind es eher drei Räume.
RB: Ich dachte, es wär 'ne kleine, runde Kammer mit einer Art verglastem Iglu in der Mitte. Mit Fenstern drin, in dem Iglu, damit die Zeugen draußen zusehen können, wie der Bursche an diesem Pfirsichparfüm erstickt.
TC: Ja, das ist die Gaskammer. Aber wenn der Häftling aus der Todeszelle kommt, betritt er vom Lift aus unmittelbar einen »Warte«-Raum, der an den Zeugenraum grenzt. In diesem »Warte«-Raum gibt es zwei Zellen – zwei für den Fall, daß es sich um eine Doppelhinrichtung handelt. Es sind ganz normale

Zellen, genau wie die, in denen der Häftling die letzte Nacht vor der Hinrichtung am frühen Morgen verbringt, wo er liest, Radio hört, mit den Wärtern Karten spielt. Interessanterweise habe ich jedoch entdeckt, daß es noch einen *dritten* Raum in dieser kleinen Suite gibt. Hinter einer geschlossenen Tür, unmittelbar neben der »Warte«-Zelle. Ich habe einfach die Tür aufgemacht und bin hineingegangen, und keiner der Wärter, die mich begleiteten, hat den Versuch gemacht, mich daran zu hindern. Und das war der unheimlichste Raum, den ich jemals gesehen habe. Denn wissen Sie, was der enthielt? Sämtliche Hinterlassenschaften, alle persönlichen Gegenstände, welche die verschiedenen Todeskandidaten in den »Warte«-Zellen bei sich gehabt hatten: Bücher. Bibeln, Western-Taschenbücher. Alte, vergilbte Zeitungen; manche von ihnen zwanzig Jahre alt. Unfertige Kreuzworträtsel. Unbeendete Briefe. Fotos von Freundinnen. Verblaßte, zerknitterte kleine Kodakkinder. Erschütternd.

RB: Haben Sie schon mal gesehen, wie einer vergast wurde?

TC: Einmal. Aber bei dem sah das aus wie ein Vergnügen. Er war froh, daß er sterben durfte, er wollte es hinter sich bringen; er setzte sich in diesen Stuhl, als wäre er beim Zahnarzt, um sich die Zähne reinigen zu lassen. Aber in Kansas habe ich einmal zugesehen, wie zwei Männer gehängt wurden.

RB: Perry Smith? Und – wie hieß noch der andere – Dick Hickock? Na ja, ich glaube, wenn man am Strick baumelt, spürt man nichts mehr.

TC: Das *sagt* man immer. Doch nach dem Fall leben sie weiter – fünfzehn, zwanzig Minuten lang. Zappeln. Ringen um Luft, während sich der Körper noch gegen den Tod wehrt. Ich konnte mir nicht helfen, ich mußte mich übergeben.

RB: Dann sind Sie vielleicht doch nicht so *cool*, eh? Sie wirken so *cool*. Also, hat Sirhan sich über die verschärften Haftbedingungen beschwert?

TC: Gewissermaßen. Er ist einsam. Er möchte mit den anderen Häftlingen zusammensein, sich der Allgemeinheit anschließen.

RB: Der weiß nicht, was gut für ihn ist. Draußen würden die den mit Sicherheit umlegen.

TC: Warum?
RB: Aus genau demselben Grund, aus dem er Kennedy umgelegt hat: Beachtung. Die Hälfte aller Leute, die andere Leute umlegen, will nur das eine: beachtet werden. Damit ihr Bild in die Zeitung kommt.
TC: Deswegen haben Sie aber Gary Hinman nicht umgebracht.
RB (schweigt).
TC: Sie haben ihn umgebracht, weil Sie und Manson von ihm verlangten, daß er Ihnen sein Geld und seinen Wagen gibt, und als er nicht wollte ... na ja ...
RB (schweigt).
TC: Ich habe nachgedacht. Ich kenne Sirhan, und ich kannte Robert Kennedy. Ich kannte Lee Harvey Oswald, und ich kannte Jack Kennedy. Der Umstand, daß eine einzige Person alle diese vier Männer kennt, ist doch verblüffend.
RB: Oswald? Sie haben Oswald gekannt? Wirklich?
TC: Ich begegnete ihm in Moskau, kurz nachdem er übergelaufen war. Eines Abends wollte ich mit einem Freund, einem italienischen Korrespondenten, essen gehen, und als er kam, um mich abzuholen, fragte er mich, ob ich etwas dagegen hätte, vorher mit ihm noch einen jungen amerikanischen Überläufer zu interviewen, einen gewissen Lee Harvey Oswald. Oswald wohnte im Metropole, einem alten, zaristischen Hotel am Roten Platz. Das Metropole hat eine große, düstere Halle voller Schatten und toter Palmen. Und da saß er, im Dunkeln, unter einer toten Palme. Dünn und blaß, mit schmalen Lippen, wie ausgehungert. Er trug Köperhosen, Tennisschuhe und ein Lumberjack-Hemd. Und war sofort aufgebracht – knirschte mit den Zähnen, sein Blick geisterte unstet umher. Er kochte vor Zorn über alles mögliche: den amerikanischen Botschafter, die Russen – auf die war er wütend, weil sie ihn nicht in Moskau bleiben lassen wollten. Wir unterhielten uns ungefähr eine halbe Stunde lang, und mein italienischer Freund war der Meinung, der Kerl sei es nicht wert, daß man eine Story über ihn schreibe. Nichts weiter als ein paranoider Hysteriker; die Wälder um Moskau wimmelten von ihnen. Ich habe nie wieder an ihn gedacht, erst

viele Jahre später. Erst nach dem Attentat, als ich sein Bild im Fernsehen sah.

RB: Und Sie sind nun der einzige, der beide kannte, Oswald und Kennedy?

TC: Nein. Da war noch eine junge Amerikanerin, Priscilla Johnson. Sie arbeitete bei der United Press in Moskau. Die kannte Kennedy und lernte Oswald ungefähr zur selben Zeit kennen wie ich. Aber ich kann Ihnen noch etwas beinahe ebenso Merkwürdiges erzählen. Über einige von den Personen, die von Ihren Freunden umgebracht worden sind.

RB (schweigt).

TC: Ich kannte sie. Das heißt, von den fünf Personen, die in jener Nacht in Sharon Tates Haus ermordet wurden, kannte ich vier. Sharon Tate hatte ich beim Film-Festival in Cannes kennengelernt. Jay Sebring hat mir ein paarmal die Haare geschnitten. Mit Abigail Folger und ihrem Freund Frykowski habe ich einmal in San Francisco zu Mittag gegessen. Mit anderen Worten, ich kannte sie alle unabhängig voneinander. Und dennoch waren sie eines Nachts dort alle zusammen im selben Haus und warteten auf das Eintreffen Ihrer Freunde. Ein seltsamer Zufall.

RB (steckt sich eine Zigarette an; lächelt): Wissen Sie, was ich dazu sagen würde? Daß es nicht gerade Glück bringt, Sie zu kennen, würde ich sagen. Mist. Hören Sie sich das an. Tuut, tuut. Mir ist kalt. Ist Ihnen auch kalt?

TC: Warum ziehen Sie sich kein Hemd an?

RB (schweigt).

TC: Es ist eigenartig, mit den Tätowierungen. Ich habe mit gut hundert abgeurteilten Mördern gesprochen – Mehrfachmördern in den meisten Fällen. Den einzigen gemeinsamen Nenner, den ich für sie finden konnte, stellten die Tätowierungen dar. Gut achtzig Prozent von ihnen waren stark tätowiert. Richard Speck. York und Latham. Smith und Hickock.

RB: Ich werde meinen Pullover anziehen.

TC: Wenn Sie nicht hier wären, wenn Sie irgendwo sein könnten, wo Sie sein wollen, tun könnten, was Sie wollen, wo würden Sie dann sein und was würden Sie tun?

RB: Rausfahren. Auf meiner Honda die Küstenstraße entlangtuckern, die schnellen Kurven, die Wellen und das Wasser, viel Sonne. Draußen vor San Fran, Richtung Mendocino, zwischen den Mammutbäumen rumfahren. Liebe machen. Am Strand neben einem Feuer Liebe machen. Musik machen, bumsen, ein bißchen gutes *Acapulco weed* rauchen und zusehen, wie die Sonne untergeht. Treibholz aufs Feuer werfen. Gute Weiber, gutes Hasch, einfach drauflosfahren.
TC: Hasch kriegen Sie hier drinnen auch.
RB: Und alles andere ebenfalls. Jeden Stoff – wenn man bezahlen kann. Die Burschen hier drin stehen auf alles, außer auf Rollerskates.
TC: Hat Ihr Leben so ausgesehen, bevor Sie verhaftet wurden? Einfach in der Gegend rumfahren? Haben Sie nie einen Job gehabt?
RB: Hin und wieder. Manchmal hab' ich in einer Bar Gitarre gespielt.
TC: Man sagt, Sie sollen ein ziemlicher Weiberheld gewesen sein. Herrscher eines regelrechten Harems. Wie viele Kinder haben Sie gezeugt?
RB (schweigt – zuckt aber die Achseln, grinst, raucht).
TC: Es wundert mich, daß Sie eine Gitarre haben dürfen. In manchen Gefängnissen ist das verboten, weil man die Saiten abnehmen und als Waffe verwenden kann. Als Garrotte. Seit wann spielen Sie?
RB: Ach, seit ich noch klein war. Ich war eins von diesen Hollywood-Kindern. Bin in ein paar Filmen aufgetreten. Aber meine Leute waren dagegen. Das sind echt anständige Menschen. Jedenfalls habe ich mir aus der Schauspielerei nie was gemacht. Ich wollte immer nur komponieren, Musik machen und singen.
TC: Aber was ist mit dem Film, den Sie mit Kenneth Anger gemacht haben: »Lucifer Rising«?
RB: Tja.
TC: Wie sind Sie mit Anger ausgekommen?
RB: Ganz gut.

TC: Warum trägt Kenneth Anger dann ein Kettchen mit einem Medaillon um den Hals? Auf einer Seite des Medaillons ist ein Bild von Ihnen; auf der anderen das Bild von einem Frosch mit der Unterschrift: *Bobby Beausoleil, von Kenneth Anger in einen Frosch verwandelt.* Ein Voodoo-Amulett sozusagen. Ein Fluch, mit dem er Sie belegt hat, weil Sie ihn angeblich abblitzen ließen. Mitten in der Nacht mit seinem Wagen auf und davon sind – und noch ein paar Sachen mehr.
RB (mit zusammengekniffenen Augen): Hat er Ihnen das erzählt?
TC: Nein, ich bin ihm noch nie persönlich begegnet. Aber eine ganze Anzahl anderer Leute hat mir davon erzählt.
RB (greift nach seiner Gitarre, stimmt sie, spielt, singt): »*This is my song, this is my song, this is my dark song, my dark song . . .*« Alle wollen immer wissen, wie ich mit Manson zusammengekommen bin. Durch die Musik kam das. Er spielt auch ein bißchen. Eines Nachts war ich mit ein paar von meinen Mädchen unterwegs. Also, wir kamen da an dieses alte Wirtshaus an der Straße, eine Bierkneipe mit einer Menge Autos davor. Wir sind reingegangen, und da war Charlie mit einigen von seinen Mädchen. Wir sind ins Gespräch gekommen, haben ein bißchen zusammen gespielt; am nächsten Tag kam Charlie zu mir in den Wohnwagen, und wir alle, seine Leute und meine Leute, haben schließlich draußen zusammen gecampt. Brüder und Schwestern. Eine Familie.
TC: Haben Sie in Manson eine Führerfigur gesehen? Haben Sie sich sofort von ihm beeinflußt gefühlt?
RB: Nein, verdammt. Er hatte seine Leute, ich hatte meine. Falls jemand beeinflußt wurde, dann war er das. Von mir.
TC: Ja, er fühlte sich zu Ihnen hingezogen. Er war fasziniert. Sagt er jedenfalls. Sie scheinen auf sehr viele Menschen so gewirkt zu haben, auf Männer und Frauen.
RB: Wie's kommt, so kommt's eben. Alles ist gut.
TC: Finden Sie Mord an unschuldigen Menschen gut?
RB: Wer sagt denn, daß sie unschuldig waren?
TC: Nun, wir werden darauf zurückkommen. Vorerst einmal:

Wie steht es mit Ihrem eigenen Moralgefühl? Wie unterscheiden Sie zwischen gut und böse?
RB: Gut und böse? *Alles* ist gut. Wenn es passiert, muß es gut sein. Sonst würde es nicht *passieren*. Einfach so, wie das Leben fließt. Zusammenströmt. Ich fließe mit. Ich stelle es nicht in Frage.
TC: Mit anderen Worten, Sie stellen die Tat, den Mord, nicht in Frage. Sie halten ihn für »gut«, weil er »passiert« ist. Gerechtfertigt.
RB: Ich habe meine eigene Gerechtigkeit. Ich lebe nach meinen eigenen Gesetzen, wissen Sie. Ich achte die Gesetze dieser Gesellschaft nicht. Weil die Gesellschaft selbst ihre Gesetze nicht achtet. Ich mache mir meine eigenen Gesetze und lebe nach ihnen. Ich habe mein eigenes Gerechtigkeitsgefühl.
TC: Und wie sieht dieses Gerechtigkeitsgefühl aus?
RB: Ich glaube, daß alles, was geht, kommt. Was emporsteigt, kommt herunter. So fließt das Leben, und ich fließe mit.
TC: Das klingt aber nicht sehr logisch – wenigstens nicht für mich. Und ich glaube nicht, daß Sie dumm sind. Versuchen wir's noch mal von vorn. Ist es Ihrer Meinung nach richtig, daß Manson Tex Watson und die Mädchen in jenes Haus geschickt hat, um absolut fremde, unschuldige Menschen abzuschlachten . . .
RB: Ich sagte doch: Wer sagt denn, daß sie unschuldig waren? Sie haben Leute bei Rauschgiftgeschäften ausgeschmiert. Sharon Tate und diese Bande. Sie haben auf dem Strip junge Leute aufgelesen, sie mit nach Hause genommen und ausgepeitscht. Filme davon gedreht. Fragen Sie die Cops; die haben die Filme gefunden. Obwohl die Ihnen bestimmt nicht die Wahrheit sagen.
TC: Die Wahrheit ist, daß die Lo Biancos und Sharon Tate und ihre Freunde umgebracht wurden, um Sie zu decken. Ihr Tod stand in unmittelbarem Zusammenhang mit dem Mord an Gary Hinman.
RB: Ich weiß schon, wie der Hase läuft . . .
TC: Das waren lauter Nachahmungen des Hinman-Mordes –

um zu beweisen, daß Sie Hinman nicht hatten töten können. Und um Sie dadurch aus dem Gefängnis zu holen.
RB: Mich aus dem Gefängnis zu holen. (Nickt, lächelt, seufzt – geschmeichelt.) Nichts davon kam bei den Prozessen ans Licht. Die Mädchen gingen in den Zeugenstand und versuchten wirklich zu erzählen, wie alles gekommen war, aber kein Mensch wollte zuhören. Die Leute glaubten überhaupt nichts, nur das, was von den Medien behauptet wurde. Die Medien hatten sie so programmiert, daß sie glaubten, es sei alles passiert, weil wir darauf aus gewesen seien, einen Rassenkrieg anzuzetteln. Daß es gemeine Nigger waren, die rumliefen, um all diesen guten Weißen was anzutun. Nur – es war so, wie Sie eben gesagt haben. Die Medien haben uns als »Familie« bezeichnet. Und das war das einzige, was zutraf. Wir *waren* eine Familie. Wir waren Mutter, Vater, Bruder, Schwester, Tochter, Sohn. Wenn ein Mitglied unserer Familie in Gefahr war, haben wir es nicht im Stich gelassen. Und so passierten all diese Morde – aus Liebe zu einem Bruder, einem Bruder, der unter Mordverdacht im Gefängnis saß.
TC: Und das tut Ihnen nicht leid?
RB: Nein. Wenn meine Brüder und Schwestern es getan haben, dann ist es gut. Alles im Leben ist gut. Alles fließt. Alles ist gut. Alles ist Musik!
TC: Als Sie in der Todeszelle saßen – wenn man Sie da gezwungen hätte, in die Gaskammer zu fließen und die Pfirsiche zu riechen, hätte das dann Ihre Billigung gefunden?
RB: Wenn's so gekommen wäre. Alles, was passiert, ist gut.
TC: Krieg. Hungernde Kinder. Schmerz. Grausamkeit. Blindheit. Gefängnisse. Verzweiflung. Gleichgültigkeit. Alles gut?
RB: Warum sehen Sie mich so an?
TC: Nur so. Ich habe gemerkt, wie sich Ihr Gesicht verändert. In diesem Moment, nach einer winzigen Veränderung des Blickwinkels, sehen Sie jungenhaft, absolut unschuldig aus, bezaubernd. Und dann . . . also, dann wieder könnte man in Ihnen eine Art Luzifer der Forty-second Street sehen. Haben Sie »Die Nacht muß kommen« gesehen? Einen alten Film mit Robert

Montgomery? Nein? Also, der handelt von einem lustigen, unschuldig wirkenden jungen Mann, der im ländlichen England herumzieht, alte Damen bezaubert, ihnen den Kopf abschneidet und die Köpfe in ledernen Hutschachteln mit sich herumträgt.

RB: Was hat denn das mit mir zu tun?

TC: Ich habe gedacht – falls er je neu gedreht werden sollte, falls man eine amerikanische Version machen würde, aus Montgomery einen jungen Herumtreiber mit haselnußbraunen Augen und rauchiger Stimme, wären Sie für die Rolle bestens geeignet.

RB: Wollen Sie etwa sagen, daß ich ein Psychopath bin? Ich bin nicht verrückt. Wenn ich Gewalt anwenden muß, wende ich sie an, aber vom Töten halte ich nichts.

TC: Dann muß ich schwerhörig sein. Irre ich mich, oder haben Sie mir nicht eben gesagt, es spiele keine Rolle, was für Greueltaten ein Mensch am anderen verübe, es sei gut, alles sei gut?

RB (schweigt).

TC: Sagen Sie, Bobby, wie sehen Sie sich selbst?

RB: Als Sträfling.

TC: Davon abgesehen.

RB: Als Mann. Als *weißen* Mann. Und alles, wofür ein Weißer einsteht.

TC: Ja, einer der Wärter sagte mir, Sie seien der Anführer der Arischen Bruderschaft.

RB (feindselig): Was wissen *Sie* denn von der Bruderschaft?

TC: Daß sie aus einer Bande hartgesottener Weißer besteht. Daß es sich um eine annähernd faschistische Vereinigung handelt. Daß sie in Kalifornien entstanden ist und sich über das gesamte amerikanische Gefängnissystem in Nord, Süd, Ost und West verbreitet hat. Daß die Gefängnisbehörden sie für einen gefährlichen, unruhestiftenden Kult hält.

RB: Ein Mann muß sich doch wehren. Wir waren zahlenmäßig unterlegen. Sie haben ja keine Ahnung, wie schwer das ist. Wir haben alle voreinander mehr Angst als vor den Wärtern hier drin. Wenn man kein Messer in den Rücken kriegen will, muß man jede Sekunde auf der Hut sein. Die Schwarzen und die Chicanos, die haben ihre eigenen Gangs. Die Indianer auch;

oder sollte ich lieber sagen: die »amerikanischen Ureinwohner« – so nennen sich diese Rothäute nämlich – lächerlich! Jawohl, Sir, *schwer*. Mit all den Rassenspannungen, der Politik, dem Rauschgift, dem Glücksspiel und dem Sex. Die Schwarzen sind wirklich scharf auf die jungen Weißen. Ganz wild sind die drauf, ihre großen, schwarzen Schwänze in die kleinen weißen Ärsche zu schieben.

TC: Haben Sie sich mal überlegt, was Sie mit Ihrem Leben anfangen würden, falls Sie begnadigt werden?

RB: Das ist ein Tunnel, dessen Ende ich noch nicht sehe. Charlie werden die nie laufen lassen.

TC: Ich hoffe, sie haben recht, und ich glaube es auch. Trotzdem ist es höchst wahrscheinlich, daß Sie eines Tages begnadigt werden. Vielleicht eher, als Sie denken. Was dann?

RB (zupft seine Gitarre): Dann möchte ich einiges von meiner Musik aufnehmen lassen. Damit sie im Radio gespielt wird.

TC: Das war auch der große Traum von Perry Smith. Und von Charlie Manson. Vielleicht habt ihr doch mehr gemeinsam als nur die Tätowierungen.

RB: Ganz unter uns, Charlie ist nicht besonders begabt. (Schlägt ein paar Akkorde.) »*This is my song, my dark song, my dark song*«. Meine erste Gitarre hab' ich gekriegt, als ich elf Jahre alt war; ich hab' sie bei meiner Grandma auf dem Dachboden gefunden und mir das Spielen selbst beigebracht, und seitdem bin ich völlig verrückt nach Musik. Meine Grandma war eine liebe Frau, und ihr Dachboden war mein Lieblingsplatz. Ich hab' gern da oben gelegen und dem Regen zugehört. Mich da oben versteckt, wenn mein Dad mit dem Ledergürtel hinter mir her war. Scheiße. Hören Sie das? Tuut, tuut. Das kann einen ja wahnsinnig machen!

TC: Hören Sie zu, Bobby. Und überlegen Sie sich Ihre Antwort gut. Angenommen, Sie kämen hier raus, und dann käme jemand zu Ihnen – sagen wir Charlie – und forderte Sie auf, eine Gewalttat zu verüben, einen Menschen zu töten, würden Sie's tun?

RB (nachdem er sich eine neue Zigarette angesteckt, nachdem er

sie halb geraucht hat): Möglich. Kommt drauf an. Ich hatte nie die Absicht, Gary Hinman zu . . . zu . . . ihm was anzutun. Aber erst kam das eine. Und dann kam das andere. Und dazu kam was dazu. Und dann ist eben alles passiert.

TC: Und das war alles gut.

RB: Das war alles gut.

Ein wunderschönes Kind

Zeit: 28. April 1955.
Szene: Die Kapelle des Universal Funeral Home, Ecke Lexington Avenue/Fifty-second Street, New York City. Eine interessante Versammlung füllt die Bankreihen: Prominente, zum größten Teil aus der internationalen Arena des Theaters, des Films, der Literatur; alle sind gekommen, um Constance Collier, der englischstämmigen Schauspielerin, die am Tag zuvor im Alter von fünfundsiebzig Jahren gestorben ist, die letzte Ehre zu erweisen. Geboren im Jahre 1880, hatte Miss Collier ihre Karriere als Gaiety Girl im Varieté begonnen und sich zu einer der größten Shakespeare-Darstellerinnen emporgearbeitet und zur langjährigen Verlobten von Sir Max Beerbohm, den sie jedoch nicht heiratete; möglicherweise inspirierte sie ihn aus diesem Grund zu der kokett-unerreichbaren Heldin seines Romans »Zuleika Dobson«. Schließlich emigrierte sie in die Vereinigten Staaten, wo sie sich als bedeutende Persönlichkeit der New Yorker Bühnen, aber auch des Hollywoodfilms etablierte. Während ihrer letzten Lebensjahrzehnte lebte sie in New York, wo sie als unerreicht großartige Schauspiellehrerin arbeitete; sie nahm nur Profis als Schüler, und für gewöhnlich nur Profis, die bereits Stars waren – Katherine Hepburn war ihre ständige Schülerin; eine andere Hepburn, Audrey, war ebenfalls ein Collier-Schützling, genauso wie Vivien Leigh und, einige Monate vor ihrem Tod, eine Anfängerin, die Miss Collier als »mein spezielles Problem« bezeichnete: Marilyn Monroe.
Marilyn Monroe, die ich durch John Huston kennengelernt hatte, unter dessen Regie sie ihre erste Sprechrolle in »Asphalt-

Dschungel« spielte, hatte sich auf meinen Vorschlag hin unter Miss Colliers Fittiche begeben. Ich kannte Miss Collier seit etwa sechs Jahren und bewunderte sie als wahrhaft große Frau, körperlich, gefühlsmäßig, schöpferisch, und trotz ihres Kommandotons, ihrer großartigen, kathedralenfüllenden Stimme, als bewunderungswürdigen Menschen, ein wenig boshaft, doch überaus herzlich, würdevoll und dennoch gemütlich. Ich nahm gern an ihren häufigen, kleinen Lunchparties teil, die sie in ihrem dunklen, viktorianischen Studio in Mid-Manhattan gab; sie hatte einen endlosen Vorrat an Geschichten über ihre Abenteuer als Hauptdarstellerin neben Sir Beerbohm Tree und dem großen französischen Schauspieler Coquelin, über ihre Beziehungen zu Oscar Wilde, dem jugendlichen Chaplin und der Garbo während der Entwicklungsjahre der schweigsamen Schwedin. Sie war wirklich eine Wonne, genau wie Phyllis Wilbourn, ihre treue Sekretärin und Gesellschafterin, eine still augenzwinkernde, unverheiratete Dame, die nach dem Hinscheiden ihrer Arbeitgeberin Katherine Hepburns Gesellschafterin wurde und blieb. Miss Collier machte mich mit vielen Menschen bekannt, die zu meinen Freunden wurden: mit den Lunts, den Oliviers und vor allem mit Aldous Huxley. Marilyn Monroe jedoch stellte ich ihr vor, und das war anfangs keine Bekanntschaft, auf die sie erpicht war: Ihr Augenlicht ließ nach, sie hatte keinen von Marilyns Filmen gesehen und wußte eigentlich nichts über sie, es sei denn, daß sie eine platinblonde Sexbombe war, die weltweite Berühmtheit erlangt hatte; kurz gesagt, sie schien kaum angemessener Lehm für Miss Colliers strenge, klassische Gestaltung zu sein. Aber ich fand, die beiden könnten eine anregende Kombination ergeben.

Und so war es. »O ja«, berichtete mir Miss Collier, »es ist etwas da. Sie ist ein wunderschönes Kind. Ich meine das nicht im augenscheinlichen Sinn – im vielleicht zu augenscheinlichen Sinn. Ich glaube nicht, daß sie überhaupt eine Schauspielerin ist, nicht nach traditioneller Auffassung. Was sie hat – diese Präsenz, dieses Leuchten, diese aufblitzende Intelligenz –, könnte auf der Bühne niemals herauskommen. Es ist so zerbrechlich

und subtil, daß nur die Kamera es einfangen kann. Es gleicht einem fliegenden Kolibri: Nur eine Kamera kann die Poesie festhalten, die darin liegt. Aber jeder, der glaubt, dieses Mädchen sei nichts weiter als eine neue Harlow oder Hure oder was immer, ist *wahnsinnig*. Und da wir gerade vom Wahnsinn sprechen, genau daran haben wir beide gearbeitet: Ophelia. Ich vermute, die Leute werden bei dieser Vorstellung lachen, aber wirklich, sie könnte eine absolut vollkommene Ophelia sein. Letzte Woche habe ich mit Greta gesprochen und ihr von Marilyns Ophelia erzählt, und Greta sagte, ja, das könne sie sich vorstellen, denn sie habe zwei ihrer Filme gesehen, ganz schlechte und vulgäre Filme, und trotzdem habe sie Marilyns Möglichkeiten erkannt. Greta hat übrigens eine amüsante Idee. Wissen Sie, daß sie ›Dorian Gray‹ verfilmen will? Mit ihr als Dorian natürlich. Also, sie meinte, sie hätte Marilyn gern mit dabei als eines von den Mädchen, die Dorian verführt und kaputtmacht. Greta! Brachliegend! Eine solche Begabung – und, wenn man's recht bedenkt, eine ganz ähnliche wie die von Marilyn. Natürlich ist Greta eine vollendete Künstlerin, eine Künstlerin von äußerster Selbstbeherrschung. Dieses wunderschöne Kind dagegen hat überhaupt keine Ahnung von Disziplin und Opfer. Irgendwie glaube ich nicht, daß sie alt werden wird. Absurd, wenn ich das sage, aber irgendwie habe ich das Gefühl, sie wird jung sterben. Ich hoffe, ich bete aufrichtig darum, daß sie lange genug lebt, um dieses seltsame, faszinierende Talent freizusetzen, das in ihr umgeht wie ein gefangener Geist.«

Nun aber war Miss Collier gestorben, und ich stand im Vestibül der Universal Chapel herum und wartete auf Marilyn; wir hatten am Abend zuvor telefoniert und verabredet, an der Trauerfeier, die auf zwölf Uhr mittags angesetzt war, gemeinsam teilzunehmen. Inzwischen hatte sie sich um eine halbe Stunde verspätet; sie verspätete sich *immer*, aber ich hatte gedacht, dieses eine Mal wenigstens . . .

Mein Gott, wirklich!

Und dann war sie urplötzlich da, und ich erkannte sie erst, als sie sagte . . .

Marilyn: O Baby, es tut mir ja so leid! Aber weißt du, ich hatte mich erst ganz groß aufgemacht, und dann fand ich, vielleicht sollte ich doch lieber keine falschen Wimpern tragen und Lippenstift und so, also mußte ich alles wieder abwaschen, und dann konnte ich mich nicht entscheiden, was ich anziehen sollte ...

(Das, was sie schließlich angezogen hatte, hätte der Äbtissin eines Nonnenklosters bei einer Papstaudienz angestanden. Ihr Haar hatte sie unter einem schwarzen Chiffontuch verborgen; das schwarze Kleid hing lang und lose an ihr herab und wirkte irgendwie geliehen; schwarze Seidenstrümpfe verdunkelten den blonden Schimmer ihrer schlanken Beine. Eine Äbtissin, dessen kann man wohl sicher sein, hätte allerdings niemals die leicht erotischen, schwarzen, hochhackigen Schuhe gewählt, die sie trug, oder die eulenartige, schwarze Sonnenbrille, welche die Vanilleblässe ihres milchfrischen Teints noch unterstrich.)

TC: Du siehst großartig aus.

Marilyn (nagt an ihrem schon ganz abgekauten Daumennagel): Bist du sicher? Ich meine, ich bin so nervös. Wo ist das Klo? Wenn ich mal ganz schnell dort verschwinden könnte ...

TC: Um eine Pille einzuschießen? Nein! Psst. Das ist Cyril Ritchards Stimme: Er hat mit seiner Rede begonnen.

(Auf Zehenspitzen betraten wir die voll besetzte Kapelle und quetschten uns auf einen schmalen Platz in der letzten Bankreihe. Cyril Ritchard endete; nach ihm folgte Cathleen Nesbitt, die lebenslange Kollegin Miss Colliers, und schließlich sprach Brian Aherne zu den Trauergästen. Währenddessen hatte meine Begleiterin immer wieder die Brille abgenommen, um sich die Tränen abzuwischen, die ihren blaugrauen Augen entquollen. Ich hatte sie schon öfter ohne Make-up gesehen, heute aber bot sie ein ganz neues visuelles Erlebnis, ein Gesicht, wie ich es noch nie an ihr gesehen hatte, und anfangs wollte mir einfach nicht einfallen, woran das lag. Aha! An dem alles verhüllenden Kopftuch. Wenn man ihre Haare nicht sah, wirkte sie so ohne jede Schminke wie eine Zwölfjährige,

ein pubertierendes Jüngferchen, das soeben in ein Waisenhaus eingeliefert worden ist und nun ihr trauriges Schicksal beklagt. Endlich war die Trauerfeier beendet, und die Teilnehmer begannen sich zu zerstreuen.)

Marilyn: Bitte, laß uns noch sitzen bleiben. Ich möchte warten, bis die anderen fort sind.

TC: Warum?

Marilyn: Weil ich mit niemandem reden möchte. Ich weiß doch nie, was ich sagen soll.

TC: Dann bleib du sitzen, ich warte draußen. Ich muß eine Zigarette rauchen.

Marilyn: Du kannst mich doch jetzt nicht allein lassen! Mein Gott! Rauch doch einfach hier!

TC: Hier? In der Kapelle?

Marilyn: Warum denn nicht? Was willst du? Einen Joint?

TC: Sehr witzig. Komm, wir gehen.

Marilyn: Bitte! Da draußen sind so viele Fotografen. Und ich möchte nicht, daß sie mich fotografieren, wenn ich so aussehe.

TC: Das kann ich dir nicht verdenken.

Marilyn: Du hast gesagt, ich sehe großartig aus.

TC: Tust du auch. Einfach perfekt – wenn du Frankensteins Braut spielen solltest.

Marilyn: Jetzt lachst du mich aus.

TC: Sehe ich so aus?

Marilyn: Du lachst innerlich. Und das ist die schlimmste Art zu lachen. (Runzelt die Stirn; kaut auf dem Daumennagel.) Eigentlich hätte ich ruhig Make-up auflegen können. Die anderen hier tragen auch alle Make-up.

TC: Ich zum Beispiel. Fingerdick.

Marilyn: Nein, im Ernst. Es liegt an meinen Haaren. Ich brauche Farbe. Und ich hatte keine Zeit, mich färben zu lassen. Alles kam so unerwartet, Miss Colliers Tod und so. Verstehst du?

(Sie lüftete das Kopftuch und zeigte mir rechts und links vom Scheitel einen dunklen Rand.)

TC: Ich armer Tor! Und ich dachte die ganze Zeit, du seist eine echte Blondine.

Marilyn: Bin ich auch. Aber kein Mensch kann *so* echt sein. Und außerdem, scheiß drauf.
TC: Okay, jetzt sind alle weg. Also auf, auf.
Marilyn: Die Fotografen sind noch draußen. Das weiß ich genau.
TC: Wenn sie dich beim Hereinkommen nicht erkannt haben, werden sie dich beim Hinausgehen auch nicht erkennen.
Marilyn: Einer hat mich erkannt. Aber ich bin durch die Tür geschlüpft, bevor er anfangen konnte zu schreien.
TC: Ich bin sicher, daß es hier einen Hinterausgang gibt. Wir könnten dort hinausgehen.
Marilyn: Ich will aber keine Leichen sehen.
TC: Wie kommst du denn darauf?
Marilyn: Dies ist doch ein Beerdigungsinstitut. Irgendwo müssen sie die doch aufbewahren. Und das würde mir noch fehlen, heute, plötzlich in einem Zimmer voll Leichen zu stehen. Hab' doch ein kleines bißchen Geduld. Ich lade dich auch zu einer Flasche Kribbelwasser ein.

(Wir blieben also sitzen und plauderten, und Marilyn sagte: »Ich hasse Beerdigungen. Ich bin nur froh, daß ich nicht zu meiner eigenen gehen muß. Aber ich will gar nicht beerdigt werden – ich will, daß eines von meinen Kindern, falls ich jemals welche habe, meine Asche aufs Meer streut. Heute wäre ich auch nicht gekommen, aber Miss Collier hat sich so nett um mich, um mein Fortkommen gekümmert, und sie war wie eine Großmama zu mir, eine strenge, alte Großmama, aber sie hat mir viel beigebracht. Sie hat mir gezeigt, wie man richtig atmet. Ich mache auch fleißig Gebrauch davon, und ich meine, nicht nur beim Spielen. Es gibt auch *andere* Gelegenheiten, wo die Atmung ein Problem ist. Aber als ich hörte, daß Miss Collier das Zeitliche gesegnet hat, da war mein erster Gedanke: Lieber Himmel, was soll jetzt nur aus Phyllis werden? Miss Collier war ihr ganzes Leben. Aber ich höre, daß sie jetzt bei Miss Hepburn bleiben wird. Da hat sie Glück; sie wird bestimmt 'ne Menge Spaß haben. Ich würde jederzeit mit ihr tauschen. Miss Hepburn ist eine phantasti-

sche Frau, ohne Scheiß. Ich wünschte, sie wäre meine Freundin. Dann könnte ich sie manchmal anrufen und . . . na ja, ich weiß nicht, sie einfach anrufen.«

Wir sprachen davon, wie sehr wir New York mochten und Los Angeles verabscheuten. [»Obwohl ich dort geboren bin, ich wüßte nicht, was ich Gutes über die Stadt sagen soll. Wenn ich die Augen zumache und mir L. A. vorstelle, sehe ich nichts als eine einzige große Krampfader.«]; wir unterhielten uns über Schauspieler und die Schauspielerei [»Alle sagen, ich kann nicht spielen. Das haben sie auch von Elizabeth Taylor gesagt. Und sich geirrt. In ›Ein Platz an der Sonne‹ war sie großartig. Ich kriege nie die richtigen Rollen, nichts, was ich wirklich gern machen möchte. Mein Aussehen ist mir da im Wege. Das ist zu festgelegt.«]; wir unterhielten uns noch ein bißchen länger über Elizabeth Taylor, und sie wollte wissen, ob ich sie kenne, und ich antwortete, ja, und sie sagte, also, wie ist sie denn so, wie ist sie *wirklich*, und ich antwortete, also, sie ist ein kleines bißchen wie du, sie trägt das Herz auf der Zunge und macht gepfefferte Bemerkungen, und Marilyn sagte, scheiß drauf, und dann sagte sie, na ja, wenn man mich fragen würde, wie Marilyn Monroe denn so sei, wie Marilyn Monroe *wirklich* sei, was ich dann sagen würde, und ich antwortete, darüber müsse ich erst nachdenken).

TC: Glaubst du, wir können jetzt endlich hier raus? Du hast mir Champagner versprochen, weißt du noch?

Marilyn: Ich weiß. Aber ich habe kein Geld bei mir.

TC: Du kommst immer zu spät, und du hast nie Geld bei dir. Bildest du dir etwa ein, du bist Queen Elizabeth?

Marilyn: Wer?

TC: Queen Elizabeth, die Königin von England.

Marilyn (stirnrunzelnd): Was hat denn die alte Fotze damit zu tun?

TC: Queen Elizabeth hat auch nie Geld bei sich. Weil sie nicht darf. Die königliche Hand darf nicht vom schmutzigen Mammon verunreinigt werden. Das ist ein Gesetz oder sowas Ähnliches.

Marilyn: Ich wünschte, die würden für mich auch so ein Gesetz erlassen.
TC: Mach nur so weiter, dann kommt's noch dazu.
Marilyn: Also, Himmel. Womit bezahlt die denn? Zum Beispiel, wenn sie einkaufen geht?
TC: Ihre Hofdame trabt mit einem Sack voll Farthings hinter ihr her.
Marilyn: Weißt du was? Ich möchte wetten, die kriegt alles umsonst. Nur gegen Unterschrift.
TC: Höchstwahrscheinlich. Würde mich nicht wundern. Königlicher Hoflieferant. Corgi-Hunde. All diese hübschen Sächelchen von Fortnum & Mason. Marihuana. Kondome.
Marilyn: Was soll die denn mit Kondomen?
TC: Sie doch nicht, du Dummchen. Für den Lackel, der immer zwei Schritte hinter ihr her geht. Prinz Philip.
Marilyn: Ach so, der. Ach ja. Der ist süß. Sieht aus, als hätte er 'n hübschen Schwanz. Hab' ich dir schon erzählt, daß ich mal gesehen habe, wie Errol Flynn seinen Schwanz rausgeholt und damit Klavier gespielt hat? Na ja, das ist jetzt schon ewig her. Ich war damals noch Fotomodell, da bin ich zu dieser dämlichen Party gegangen, und Errol Flynn, so wahnsinnig eitel, der war auch da und holt seinen Schwanz raus und spielt damit Klavier. Haut richtig auf die Tasten. ›You are my Sunshine‹ hat er gespielt. Mann! Alle behaupten, Milton Berle hat den größten Pimmel von Hollywood. Aber wen *interessiert* denn das? Hör mal, hast du denn *überhaupt* kein Geld?
TC: Höchstens fünfzig Dollar.
Marilyn: Na ja, das müßte doch reichen für 'ne Flasche Kribbelwasser.

(Draußen war die Lexington Avenue bis auf ein paar harmlose Passanten leer. Es war gegen zwei und ein so schöner Aprilnachmittag, wie man ihn sich nur wünschen kann: ideales Spaziergehwetter. Und so schlenderten wir zur Third Avenue hinüber. Ein paar Neugierige drehten sich nach uns um, nicht, weil sie Marilyn als *die* Marilyn erkannten, sondern wegen ihrer Traueraufmachung; sie kicherte ihr ganz

besonderes kleines Kichern, eine Melodie, so verführerisch wie die klingenden Glöckchen eines Good-Humor-Eiswagens, und sagte: »Vielleicht sollte ich mich immer so anziehen. So anonym.«

Als wir in die Nähe von P.J. Clarke's kamen, meinte ich, P.J. sei das Richtige für eine kleine Erfrischung, aber sie protestierte: »Da drin wimmelt es von diesen Werbefritzen. Und dieses Biest, Dorothy Kilgallen, die ist auch immer da und läßt sich vollaufen. Was ist eigentlich los mit diesen Iren? So wie die trinken, sind die noch schlimmer als die Indianer.«

Ich fühlte mich verpflichtet, Dorothy Kilgallen, mit der ich befreundet war, in Schutz zu nehmen, und bemerkte, sie könne zuweilen sehr gescheit und witzig sein. Marilyn entgegnete: »Jedenfalls hat sie ziemlich gemeine Sachen über mich geschrieben. All diese alten Fotzen hassen mich. Hedda. Louella. Ich weiß, angeblich soll man sich daran gewöhnen, aber das bringe ich einfach nicht fertig. Mir tut das echt weh. Was hab' ich diesen alten Hexen getan? Der einzige, der ein paar nette Worte für mich übrig hat, ist Sidney Skolsky. Aber das ist ein Mann. Die Männer behandeln mich fair. Fast so, als wär' ich 'n richtiger Mensch. Die verurteilen mich wenigstens nicht in Bausch und Bogen. Auch Bob Thomas ist ein Gentleman. Und Jack O'Brian.«

Wir betrachteten die Schaufenster eines Antiquitätengeschäftes; in einem lag ein Tablett mit alten Ringen, und Marilyn sagte: »Der da ist hübsch. Der Granat mit den kleinen Perlen. Wenn ich nur Ringe tragen könnte, aber ich möchte nicht, daß die Leute meine Hände ansehen. Die sind zu dick. Elizabeth Taylor hat auch dicke Hände. Aber bei diesen Augen, wer schaut da noch auf die Hände? Ich tanze gern nackt vor dem Spiegel und sehe zu, wie meine Titten hopsen. An denen stimmt alles. Aber wenn nur meine Hände nicht so dick wären.«

In einem anderen Schaufenster war eine hübsche Standuhr ausgestellt, die sie zu der Bemerkung veranlaßte: »Ich habe nie ein Zuhause gehabt. Kein richtiges, mit eigenen Möbeln.

Aber wenn ich je wieder heirate und eine Menge Geld verdiene, werde ich mir ein paar Lastwagen mieten, die Third Avenue runterfahren und lauter verrückte Sachen kaufen. Ein Dutzend Standuhren werde ich kaufen, sie alle in einem Zimmer aufstellen und alle gleichzeitig schlagen lassen. Das wird dann richtig gemütlich, meinst du nicht auch?«)

Marilyn: He! Da drüben!

TC: Was denn?

Marilyn: Siehst du das Schild mit der Hand? Das muß eine Wahrsagerin sein.

TC: Bist du in der richtigen Stimmung für sowas?

Marilyn: Komm, wir sehen uns das mal an.

(Es war kein einladendes Etablissement. Durch eine verschmierte Fensterscheibe sahen wir ein kahles Zimmer mit einer dürren, wirrhaarigen Zigeunerin in einem Segeltuchsessel unter einer höllenfeuerroten Deckenlampe, deren Licht schmerzte; die Frau strickte an einem Paar Babyschuhen und reagierte nicht auf unsere neugierigen Blicke. Trotzdem schickte sich Marilyn an, hineinzugehen, besann sich dann jedoch wieder anders.)

Marilyn: Manchmal möchte ich gern wissen, was die Zukunft bringt. Dann wieder meine ich, lieber doch nicht. Zwei Dinge jedoch möchte ich wirklich wissen. Erstens, ob ich abnehmen werde.

TC: Und zweitens?

Marilyn: Das ist ein Geheimnis.

TC: Na, na! Heute gibt es keine Geheimnisse. Heute ist ein Tag der Trauer, und Trauernde vertrauen einander ihre verborgensten Gedanken an.

Marilyn: Na ja, es geht um einen Mann. Es gibt da was, das ich wissen möchte. Aber mehr sage ich nicht. Es bleibt *wirklich* ein Geheimnis.

(Ich dachte: Das glaubst du; ich werde es schon aus dir herauskitzeln.)

TC: Ich hätte jetzt nichts mehr dagegen, den Champagner zu trinken.

(Wir landeten in der Second Avenue in einem geschmacklos ausgestatteten, leeren chinesischen Restaurant. Aber es hatte eine gut sortierte Bar, und wir bestellten eine Flasche Mumm; der Champagner wurde uns ungekühlt und ohne Kübel serviert, wir tranken ihn aus Wassergläsern mit Eiswürfeln.)

Marilyn: Das macht Spaß. Das ist fast wie bei Außenaufnahmen – wenn man Außenaufnahmen mag. Ich ganz bestimmt nicht. »Niagara«. Dieser Mistfilm. Puh.

TC (schweigt).

Marilyn (schweigt).

TC (schweigt).

Marilyn (kichert).

TC (schweigt).

Marilyn: Du kennst so viele Frauen. Wer ist die attraktivste Frau, die du kennst?

TC: Keine Frage. Barbara Paley. Mit Abstand.

Marilyn (stirnrunzelnd): Ist das die, die »Babe« genannt wird? Die sieht für mich wahrhaftig nicht wie ein Baby aus. Ich hab' sie mal in der »Vogue« gesehen und so. Sie ist so elegant. Bezaubernd. Wenn ich mir ihre Bilder ansehe, komme ich mir vor wie der letzte Dreck.

TC: Wenn sie das hören könnte, würde sie sich sicher amüsieren. Sie ist sehr eifersüchtig auf dich.

Marilyn: Auf *mich*? Also, jetzt lachst du mich innerlich wieder aus.

TC: Durchaus nicht. Sie *ist* eifersüchtig.

Marilyn: Aber warum?

TC: Weil eine der Kolumnistinnen, die Kilgallen, glaube ich, eine Meldung gebracht hat, die ungefähr lautete: »Wie es heißt, hat Mrs. DiMaggio ein Rendezvous mit dem Obertycoon des Fernsehens gehabt, und zwar nicht, um geschäftliche Fragen zu klären.« Na ja, sie hat die Meldung gelesen und glaubt sie.

Marilyn: Was?

TC: Daß ihr Mann eine Affäre mit dir hat. William S. Paley. Der Obertycoon des Fernsehens. Er bevorzugt wohlgeformte Blondinen. Und Brünette.

Marilyn: Das ist doch idiotisch! Ich kenne den Kerl überhaupt nicht.
TC: Ach, komm! Zu mir kannst du ruhig ehrlich sein. Dieser geheimnisvolle Liebhaber – das ist doch William S. Paley, *n'est-ce pas?*
Marilyn: Nein! Ein Schriftsteller. Er ist Schriftsteller.
TC: Das ist schon besser. Jetzt kommen wir der Sache näher. Dein Liebhaber ist also Schriftsteller. Muß ja ein jämmerlicher Schreiberling sein, sonst würdest du dich nicht schämen, mir seinen Namen zu nennen.
Marilyn (wütend, erregt): Was hat dieses S zu bedeuten?
TC: S? Welches S?
Marilyn: Das S in William S. Paley.
TC: Ach so, *das* S. Das hat gar nichts zu bedeuten. Das hat er nur reingenommen, weil's besser klingt.
Marilyn: Ein Buchstabe ohne einen Namen dahinter? Großer Gott. Mr. Paley ist wohl ein bißchen unsicher.
TC: Zuckungen hat er schon oft. Aber kommen wir auf unseren geheimnisvollen Schreiberling zurück.
Marilyn: Hör auf! Du hast ja keine Ahnung. Ich habe so viel zu verlieren.
TC: Kellner, bringen Sie uns bitte noch eine Flasche Mumm.
Marilyn: Willst du meine Zunge lockern?
TC: Genau. Ich will dir was sagen. Wir machen ein Geschäft. Ich erzähle dir eine Geschichte, und wenn du sie interessant findest, können wir vielleicht über deinen Schriftstellerfreund reden.
Marilyn (in Versuchung geführt, aber zögernd): Was für eine Geschichte?
TC: Von Errol Flynn.
Marilyn (schweigt).
TC (schweigt).
Marilyn (wütend auf sich selbst): Also los, erzähl schon.
TC: Weißt du noch, was du von Errol gesagt hast? Wie eingebildet er war auf seinen Schwanz? Das kann ich dir bestätigen. Wir haben einmal einen gemütlichen Abend zusammen verbracht. Wenn du mir folgen kannst.

Marilyn: Das denkst du dir aus. Du willst mich reinlegen.
TC: Großes Pfadfinderehrenwort. Ich spiele nicht mit gezinkten Karten. (Schweigen; aber ich merke, daß sie angebissen hat, und nachdem ich mir eine Zigarette angesteckt habe ...) Also, das war, als ich achtzehn war. Neunzehn. Während des Krieges. Im Winter 1943. An jenem Abend gab Carol Marcus, oder vielleicht war sie schon Carol Saroyan, eine Party für ihre beste Freundin Gloria Vanderbilt. In der Wohnung ihrer Mutter in der Park Avenue. Eine große Party. Ungefähr fünfzig Personen. Gegen Mitternacht kommt Errol Flynn mit seinem *alter ego,* einem Angeber und Playboy namens Freddie McEvoy, hereingerauscht. Sie hatten beide ziemlich geladen. Jedenfalls fing Errol an, sich mit mir zu unterhalten, er war gescheit, einer brachte den anderen zum Lachen, und plötzlich sagte er zu mir, er wolle jetzt ins El Morocco, und ob ich nicht mitkommen wolle, mit ihm und seinem Freund McEvoy. Ich sagte okay, aber dann wollte McEvoy noch auf der Party bei den vielen jungen Mädchen bleiben, also gingen Errol und ich schließlich allein. Aber wir gingen nicht ins El Morocco. Wir nahmen ein Taxi zum Gramercy Park, wo ich ein kleines Einzimmerappartement hatte. Er blieb bis zum nächsten Mittag.
Marilyn: Und wie würdest du ihn einstufen? Auf einer Skala von eins bis zehn?
TC: Offen gestanden, wenn es nicht Errol Flynn gewesen wäre, hätte ich das Ganze wahrscheinlich längst vergessen.
Marilyn: Das ist aber keine großartige Story. Nicht so viel wert wie meine – lange nicht.
TC: Kellner, wo bleibt der Champagner? Hier sitzen zwei durstige Leute.
Marilyn: Und was Neues hast du mir damit auch nicht erzählt. Ich wußte schon immer, daß Errol querbeet geht. Ich habe einen Masseur, der ist praktisch meine Schwester, und der war Tyrone Powers Masseur, und der hat mir alles erzählt über das, was zwischen Errol und Ty Power lief. Nein, da mußt du mir schon etwas Besseres bieten.
TC: Du bist ein zäher Verhandlungspartner.

Marilyn: Ich warte. Gib mal dein schönstes Erlebnis zum besten. In dieser Richtung.
TC: Das schönste? Das unvergeßlichste? Ich schlage vor, du fängst damit an.
Marilyn: Und *ich* soll ein zäher Verhandlungspartner sein! Ha! (Trinkt ihren Champagner aus.) Joe ist nicht schlecht. Er kann beim Baseball *home runs* schlagen. Wenn das reichen würde, wären wir heute noch verheiratet. Ich liebe ihn aber immer noch. Er ist aufrichtig.
TC: Ehemänner zählen nicht. Nicht in diesem Spiel.
Marilyn (kaut auf dem Daumennagel; denkt angestrengt nach): Also, ich habe da einen Mann kennengelernt, der ist irgendwie mit Gary Cooper verwandt. Börsenmakler, und keine besondere Schönheit – fünfundsechzig, trägt eine wahnsinnig dicke Brille. Fett wie 'ne Qualle. Ich kann nicht sagen, was es war, aber ...
TC: Du kannst aufhören. Über den weiß ich alles von anderen Mädchen. Dieser alte Haudegen kommt wirklich rum. Sein Name ist Paul Shields. Er ist Rocky Coopers Stiefvater. Er muß einfach sensationell sein.
Marilyn: Ist er auch. Okay, Klugscheißer. Jetzt bist du dran.
TC: Laß nur. Ich brauch' dir wirklich nichts zu erzählen. Weil ich weiß, wer dein maskierter Wunderknabe ist: Arthur Miller. (Sie zieht ihre dunkle Brille ein Stückchen herunter: O Mann, wenn Blicke töten könnten!) Das wußte ich sofort, als du gesagt hast, er sei Schriftsteller.
Marilyn (stotternd): Aber woher? Ich meine, kein Mensch ... Ich meine, kaum jemand ...
TC: Mindestens vor drei, vielleicht auch vier Jahren hat Irving Drutman ...
Marilyn: Irving *wer*?
TC: Drutman. Journalist bei der »Herald Tribune«. Er hat mir erzählt, du hättest was mit Arthur Miller. Hättest eine Schwäche für ihn. Ich war zu sehr Gentleman, um bisher davon zu sprechen.
Marilyn: Gentleman! Du Bastard. (Stottert wieder, aber die Sonnenbrille ist an Ort und Stelle.) Du hast ja keine Ahnung. Das

ist so lange her. Das ist vorbei. Aber dies hier ist neu. Jetzt ist alles ganz anders, und . . .

TC: Vergiß bloß nicht, mich zur Hochzeit einzuladen.

Marilyn: Wenn du ein Wort darüber verlierst, bring ich dich um. Ich laß dich umlegen. Ich kenne ein paar Männer, die mir gern den Gefallen tun würden.

TC: Daran zweifle ich keine Sekunde.

(Endlich erscheint der Kellner mit der zweiten Flasche.)

Marilyn: Sag ihm, er soll sie wieder mitnehmen. Ich will keinen mehr. Ich will hier raus, zum Teufel noch mal.

TC: Tut mir leid, wenn ich dich verärgert habe.

Marilyn: Ich bin nicht verärgert.

(Aber sie war es. Während ich die Rechnung beglich, ging sie sich die Nase pudern, und ich wünschte, ich hätte ein Buch mitgebracht: Ihre Besuche auf der Damentoilette dauerten zuweilen so lange wie die Schwangerschaft einer Elefantenkuh. Während die Zeit verging, fragte ich mich, ob sie Aufputsch- oder Beruhigungsmittel nahm. Zweifellos Beruhigungsmittel. Auf der Bartheke lag eine Zeitung; ich nahm sie zur Hand – sie war chinesisch. Als zwanzig Minuten vergangen waren, beschloß ich nachzusehen. Vielleicht hatte sie eine tödliche Dosis geschluckt oder sich sogar die Pulsadern aufgeschnitten. Vor der Damentoilette klopfte ich an die Tür. »Herein«, sagte sie. Drinnen stand sie vor einem mattbeleuchteten Spiegel. »Was machst du da?« erkundigte ich mich. »Ich bin in *ihren* Anblick versunken«, antwortete sie. Dabei färbte sie ihre Lippen mit einem rubinroten Lippenstift. Außerdem hatte sie das düstere Kopftuch abgenommen und sich das glänzende, zuckerwattefeine Haar ausgekämmt.)

Marilyn: Hoffentlich haben wir noch genug Geld.

TC: Kommt drauf an. Nicht genug, um Perlen zu kaufen, wenn das deine Vorstellung von Wiedergutmachung ist.

Marilyn (kichert; ihre gute Laune ist wiederhergestellt. Ich beschloß, Arthur Miller nicht mehr zu erwähnen): Nein. Nur genug für eine lange Taxifahrt.

TC: Wohin willst du – nach Hollywood?
Marilyn: Teufel nein. Zu einem Platz, den ich sehr mag. Du wirst schon sehen, wenn wir dort sind.

(So lange brauchte ich gar nicht zu warten, denn als wir ein Taxi herangewinkt hatten, hörte ich, wie sie den Fahrer anwies, uns zur South Street Pier zu bringen, und dachte: Geht da nicht die Fähre nach Staten Island? Und meine nächste Vermutung war: Sie hat auf den Champagner Pillen geschluckt und ist plemplem.)

TC: Hoffentlich fahren wir nicht mit dem Boot. Ich hab kein Dramamine dabei.
Marilyn (kichert glücklich): Nur bis zur Pier.
TC: Darf ich fragen, warum?
Marilyn: Weil es mir da gefällt. Es riecht so ausländisch, und ich kann die Möwen füttern.
TC: Womit denn? Du hast doch gar nichts zum Füttern dabei.
Marilyn: Doch. Meine Handtasche ist voll von Glücksplätzchen. Die hab ich im Restaurant geklaut.
TC (neckend): Hm-hm. Während du auf dem Klo warst, hab' ich eins aufgemacht. Der Zettel darin enthielt einen schmutzigen Witz.
Marilyn: Himmel! Schmutzige Glücksplätzchen?
TC: Den Möwen macht das bestimmt nichts aus.

(Der Weg führte uns durch die Bowery. Winzige Leihhäuser, Blutspendestationen, Übernachtungsquartiere mit Pritschen für fünfzig Cent, winzige, finstere Hotels mit Betten für einen Dollar und Bars für Weiße, Bars für Schwarze, überall Penner, junge, alles andere als junge, uralte, Penner, die auf dem Randstein hockten, inmitten von Glasscherben und widerlichem Abfall hockten, Penner, die in Hauseingängen lehnten und wie Pinguine an Straßenecken lungerten. Einmal, als wir bei Rotlicht halten mußten, kam eine Vogelscheuche mit Purpurnase herangetorkelt und begann, die Windschutzscheibe des Taxis mit einem nassen Lumpen in der zitternden Hand abzuwischen. Unser Fahrer fluchte laut protestierend auf italienisch.

Marilyn: Was ist denn? Was ist los?
TC: Er will ein Trinkgeld für das Putzen der Scheibe.
Marilyn (versteckt ihr Gesicht hinter der Handtasche): Wie gräßlich! Ich kann's nicht ertragen. Gib ihm was. Schnell. Bitte!
(Aber das Taxi war schon wieder angefahren, hätte den alten Säufer fast mitgerissen. Marilyn weinte.)
Marilyn: Mir ist schlecht.
TC: Willst du nach Hause?
Marilyn: Jetzt ist alles verdorben.
TC: Ich bringe dich nach Hause.
Marilyn: Laß mir eine Minute Zeit. Dann bin ich wieder okay.
(So fuhren wir weiter Richtung South Street, und tatsächlich, der Anblick der festgemachten Fähre mit der Skyline von Brooklyn jenseits des Wassers, die gleitenden, segelnden Möwen, weiß vor dem marineblauen Himmel, der mit dünnen, wolligen Wölkchen getupft war, Wölkchen, so zart wie Spitzen – dies alles wirkte schon bald tröstend auf ihre Seele. Als wir aus dem Taxi stiegen, sahen wir einen Mann mit einem Chow-Chow an der Leine, vielleicht ein Passagier, der zur Fähre ging, und als wir an ihm vorbeikamen, blieb meine Begleiterin stehen, um dem Hund den Kopf zu tätscheln.)
Der Mann (energisch, aber nicht unfreundlich): Sie sollten keinen fremden Hund anfassen. Vor allem keinen Chow. Er könnte Sie beißen.
Marilyn: Mich beißen keine Hunde. Nur Menschen. Wie heißt er?
Der Mann: Fu Manchu.
Marilyn (kichernd): Ach, genau wie der Film. Das ist toll.
Der Mann: Wie heißen Sie?
Marilyn: Ich? Marilyn.
Der Mann: Das hatte ich mir gedacht. Meine Frau wird mir das nie glauben. Würden Sie mir ein Autogramm geben?
(Er zog eine Visitenkarte und einen Kugelschreiber heraus; mit ihrer Handtasche als Unterlage schrieb sie: *Gott schütze Sie – Marilyn Monroe.)*
Marilyn: Danke schön.

Der Mann: Ich danke *Ihnen.* Wenn ich das morgen im Büro rumzeige!

(Wir gingen weiter die Pier entlang und lauschten auf die Wellen, die an die Steine klatschten.)

Marilyn: Ich habe mir früher auch Autogramme geben lassen. Das tue ich manchmal heute noch. Letztes Jahr saß Clark Gable im Chasen's neben mir, und da habe ich ihn gebeten, seinen Namen auf meine Serviette zu schreiben.

(An einen Poller gelehnt, bot sie mir ihr Profil: Galatea, in uneroberte Weiten spähend. Die Brise bewegte ihr Haar, und sie wandte mir das Gesicht mit einer so ätherisch leichten Bewegung zu, als habe der Wind ihren Kopf gedreht.)

TC: Wann füttern wir denn nun die Vögel? Ich habe auch Hunger. Es ist schon spät, und wir haben nicht zu Mittag gegessen.

Marilyn: Weißt du noch? Ich habe vorhin gesagt, wenn du jemals gefragt würdest, wie ich sei, wie Marylin Monroe *wirklich* sei – also, was würdest du dann antworten? (Ihr Ton war spöttisch, kokett, aber auch ernst: Sie wollte eine ehrliche Antwort.) Ich möchte wetten, du würdest sagen, ich wäre eine Schlampe. Ein Bananen-Split.

TC: Was denn sonst. Aber ich würde auch sagen . . .

(Das Licht schwand. Sie schien gleichzeitig zu verblassen, mit dem Himmel und den Wolken zu verschmelzen, hinter sie zurückzuweichen. Ich wollte mit meiner Stimme die Schreie der Möwen übertönen und sie zurückrufen: Marilyn! Marilyn, warum muß immer alles so kommen? Warum muß das Leben so scheiß-ekelhaft sein?)

TC: Ich würde sagen . . .

Marilyn: Ich kann nichts verstehen.

TC: Ich würde sagen, du bist ein wunderschönes Kind.

Nächtliche Unruhe
oder Wie siamesische Zwillinge Sex machen

TC: Mist! Hellwach. Herrgottsdonner, ich hab' ja kaum 'ne Minute gepennt. Wie lange ham wir denn jetzt gepennt, Schätzchen?

TC: Jetzt ist es zwei. Gegen Mitternacht haben wir einzuschlafen versucht, aber wir waren zu nervös. Darum hast du gesagt, komm, wir holen uns einen runter, und ich habe gesagt, ja, das müßte uns entspannen, das tut es sonst auch immer, also haben wir uns einen runtergeholt und sind sofort eingeschlafen. Manchmal frage ich mich: Was täten wir wohl ohne Mutter Faust und ihre fünf Töchter? Die sind uns weiß Gott gute Freunde gewesen in all den Jahren. Richtige Tröster.

TC: Lausige zwei Stunden. Un' Gott allein weiß, wann wir wieder 'n Auge zumachen. Un' nix kann man dagegen machen. Nich mal 'n klitzeklein' Schluck von irgendwas nehm, denn das is' du-du!

TC: Also komm! Hör auf mit diesem albernen Amos'n'Andy-Gequatsche. Ich bin heute nicht in der Stimmung.

TC: Du bist nie in der Stimmung. Du wolltest dir ja nicht mal einen runterholen.

TC: Bitte, sei fair. Hab' ich dich je daran gehindert? Wenn du dir einen runterholen willst, leg' ich mich immer hin und laß' dich machen.

TC: Weil dir nix anneres nich übrigbleibt, darum.

TC: Ich ziehe die einsame Selbstbefriedigung den Versagern vor, die du mir schon aufgezwungen hast.

TC: Wenn's nach dir ginge, hätten wir nie mit 'nem anderen Sex als mit uns selbst.

TC: Ja, und überleg mal, wieviel Kummer uns *das* wohl erspart hätte.
TC: Aber dann hätten wir uns auch nie in einen anderen verliebt als in uns selbst.
TC: Ha ha ha ha ha. Ho ho ho ho ho. »*Is it an earthquake, or only a shock? Is it the real turtle soup, or merely the mock? Is it the Lido I see, or Asbury Park?*« Oder ist es letztendlich Scheiße?
TC: Du hast noch nie richtig singen können. Nicht mal in der Badewanne.
TC: Du bist heute nacht aber wirklich biestig. Vielleicht könnten wir uns die Zeit ein bißchen damit vertreiben, daß wir an unserer Scheißerliste arbeiten.
TC: Ich würde sie nicht als Scheißerliste bezeichnen. Eher als so was wie eine Starke-Abneigungs-Liste.
TC: Also, gegen wen hegen wir heute nacht eine starke Abneigung? Aber lebende Personen. Wenn sie schon tot sind, ist es uninteressant.
TC: Billy Graham
Prinzessin Margaret
Billy Graham
Prinzessin Anne
The Reverend Ike
Ralph Nader
Oberster Bundesrichter Byron »Whizzer« White
Prinzessin Z.
Werner Erhard
Die Kronprinzessin
Billy Graham
Madame Gandhi
Masters and Johnson
Prinzessin Z.
Billy Graham
Sammy Davis jr.
Jerry Brown, Esq.
Billy Graham
Prinzessin Z.

J. Edgar Hoover
Werner Erhard
TC: Einen Moment! J. Edgar Hoover ist tot.
TC: Nein, ist er nicht. Sie haben den alten Johnny geklont, und jetzt ist er überall. Clyde Tolson haben sie auch geklont, einfach, damit sie weiterhin zusammen sein können. Kardinal Spellman, die geklonte Ausgabe, gesellt sich gelegentlich auf 'nen Dreier zu ihnen.
TC: Warum auf Billy Graham rumhacken?
TC: Billy Graham, Werner Erhard, Masters and Johnson, Prinzessin Z. – die sind doch alle bis obenhin voll Pferdemist. Aber Reverend Billy ist einfach übervoll davon.
TC: Am vollsten von allen bisher?
TC: Nein, Prinzessin Z. ist noch voller.
TC: Wieso?
TC: Na ja, schließlich und endlich *ist* sie ein Pferd. Ist doch natürlich, daß ein Pferd mehr Pferdemist in sich hat als ein Mensch, so groß seine Kapazität auch sein mag. Erinnerst du dich an Prinzessin Z., das Stutfohlen, das in Belmont im fünften lief? Wir haben auf sie gewettet und einen schönen Batzen verloren, praktisch unseren letzten Dollar. Und du hast gesagt: »Genau wie Onkel Bud uns immer sagte – ›Setz dein Geld nie auf ein Pferd, das Prinzessin heißt.‹«
TC: Onkel Bud war ein weiser Mann. Zwar nicht so weise wie unsere Cousine Sook, aber weise. Doch sag mal, für wen hegen wir denn eine starke Zuneigung? Jedenfalls heute nacht.
TC: Für niemanden. Die sind alle tot. Manche seit kurzem, manche seit Jahrhunderten. Viele von ihnen liegen auf dem Père-Lachaise. Rimbaud liegt nicht dort; aber es ist wirklich erstaunlich, wer alles dort liegt: Gertrude und Alice. Proust. Sarah Bernhardt. Oscar Wilde. Ich möchte wissen, wo Agatha Christie begraben ist . . .
TC: Tut mir leid, daß ich dich unterbreche, aber es muß doch einen lebenden Menschen geben, für den wir eine starke Zuneigung hegen.
TC: Sehr schwierig. Wirklich eine harte Nuß. Okay. Mrs.

Richard Nixon. Die persische Kaiserin. Mr. William »Billy« Carter. Drei Opfer, drei Heilige. Wenn Billy Graham Billy Carter wäre, dann wäre Billy Graham Billy Graham.
TC: Das erinnert mich an eine Dame, neben der ich neulich abends beim Dinner saß. Sie sagte: »In Los Angeles kann man wunderbar leben – wenn man Mexikaner ist.«
TC: Hast du in letzter Zeit noch andere gute Witze gehört?
TC: Das war kein Witz. Das war eine exakte sozialkritische Beobachtung. Die Mexikaner in Los Angeles haben ihre eigene Kultur, und zwar eine echte; alle anderen haben nichts. Eine Stadt voll sonnengebräunter Uriah Heeps. Aber neulich hat mir *doch* jemand etwas erzählt, vorüber ich lachen mußte. Was D. D. Ryan zu Greta Garbo gesagt hat.
TC: Ach ja. Die wohnen ja im selben Haus.
TC: Und das seit über zwanzig Jahren. Zu schade, daß sie nicht befreundet sind, sie würden sich mögen. Sie haben beide Humor und Überzeugungskraft, aber sie tauschen nur en passant höfliche Floskeln aus, mehr nicht. Vor ein paar Wochen betrat nun D. D. den Lift und stand allein der Garbo gegenüber. D. D. war wie immer phantastisch angezogen, und die Garbo sagte, als hätte sie sie bisher noch nie bemerkt: »Also, Mrs. Ryan, Sie sind *wunderschön.*« Und D. D., belustigt, aber ehrlich gerührt, antwortete: »*Sie* müssen gerade reden.«
TC: Ist das alles?
TC: *C'est tout.*
TC: Scheint mir irgendwie witzlos zu sein.
TC: Laß nur. Ist ja auch unwichtig. Machen wir Licht und holen wir uns Bleistift und Papier! Fangen wir mit dem Artikel für diese Zeitschrift an. Sinnlos, hier rumzuliegen und mit einem Einfaltspinsel wie dir zu quasseln. Sollten lieber versuchen, ein paar Pennies zu verdienen.
TC: Meinst du diesen Artikel mit dem Eigen-Interview, wo du dich angeblich selbst interviewst? Dir selbst Fragen stellst und sie beantwortest?
TC: Hm-hm. Aber bleib ruhig liegen und laß mich das machen. Ich brauche Erholung von deiner schlimmen Oberflächlichkeit.

TC: Okay, du Drecksack.
TC: Also, los geht's.

Frage: Wovor fürchtest du dich?
Antwort: Vor richtigen Kröten in Phantasiegärten.
Frage: Nein, im wirklichen Leben ...
Antwort: Ich spreche vom wirklichen Leben.
Frage: Ich will es anders ausdrücken. Welches waren deine schrecklichsten Erlebnisse?
Antwort: Betrogen zu werden. Verlassen zu werden.
Oder möchtest du Genaueres hören? Also, meine früheste Kindheitserinnerung war recht beängstigend. Ich war vermutlich drei Jahre alt, vielleicht auch ein bißchen jünger, und besuchte in Begleitung einer großen Schwarzen, die meine Mutter dafür engagiert hatte, den Zoo von St. Louis. Plötzlich brach ein Pandämonium aus. Kinder, Frauen, erwachsene Männer schrien und liefen in alle Richtungen davon. Zwei Löwen waren aus ihrem Käfig ausgebrochen! Zwei blutgierige Bestien durchstreiften den Park. Mein Kindermädchen geriet in Panik. Sie machte auf dem Absatz kehrt und rannte davon, ließ mich mitten auf dem Weg allein. An das Weitere erinnere ich mich nicht mehr.
Als ich neun Jahre alt war, wurde ich von einer Wassermokassinschlange gebissen. Zusammen mit ein paar Cousins war ich auf einem Streifzug durch einen einsamen Wald, ungefähr sechs Meilen von dem Alabama-Landstädtchen entfernt, in dem wir wohnten. Durch diesen Wald floß ein kleiner, seichter, kristallklarer Bach. Ein riesiger umgestürzter Baumstamm verband wie eine Brücke ein Ufer mit dem anderen. Meine Cousins balancierten im Laufschritt hinüber, ich aber wollte durch den Bach waten. Als ich das andere Ufer fast erreicht hatte, sah ich eine riesige Wassermokassin sich über die schattige Wasserfläche schlängelnd auf mich zuschwimmen. Mein Mund wurde trokken wie Watte; ich war gelähmt, benommen, als hätte man mir Novocain in den ganzen Körper gespritzt. Die Schlange glitt, wand sich immer näher. Als sie nur noch Zentimeter von mir

entfernt war, drehte ich mich schnell um und rutschte auf den glitschigen Bachkieseln aus. Die Mokassin biß mich ins Knie. Aufregung. Meine Cousins trugen mich abwechselnd Huckepack, bis wir zu einem Farmhaus kamen. Während der Farmer seinen Maultierkarren anspannte, sein einziges Transportmittel, fing seine Frau eine Anzahl Hühner ein, riß die noch lebenden Tiere mitten durch und legte mir die warmen, blutenden Vögel aufs Knie. »Das zieht das Gift heraus«, erklärte sie mir, und das Fleisch der Hühner färbte sich tatsächlich grün. Auf dem Weg in die Stadt töteten meine Cousins ständig frische Hühner, um sie mir auf die Wunde zu drücken. Als wir zu Hause waren, telefonierten meine Familienangehörigen mit einem Krankenhaus in Montgomery, das einhundert Meilen weit entfernt war, und fünf Stunden später kam ein Arzt mit dem Schlangenserum. Ich war sehr krank, und das einzige Gute daran war, daß ich zwei Monate nicht zur Schule brauchte.

Einmal, auf dem Weg nach Japan, übernachtete ich in Hawaii bei Doris Duke in diesem ungewöhnlichen, irgendwie persisch anmutenden Palast, den sie sich auf einem Felsenriff bei Diamond Head gebaut hat. Es war kaum hell, als ich aufwachte und beschloß, auf Entdeckung aus zu gehen. Das Zimmer, in dem ich schlief, hatte große Fenstertüren, die in einen Garten mit Blick aufs Meer führten. Ich war ungefähr eine halbe Minute im Garten, als aus dem Nichts ein einschüchterndes Rudel Dobermänner auftauchte; sie umzingelten mich und hielten mich in dem knurrenden Kreis, den sie bildeten, gefangen. Niemand hatte mir gesagt, daß diese mörderischen Köter jeden Abend, wenn sich Miss Duke und ihre Gäste zur Ruhe begeben hatten, losgelassen wurden, um ungebetene Eindringlinge abzuschrekken und womöglich auch übel zuzurichten.

Die Hunde machten keinen Versuch, mich zu beißen, sie standen einfach da, starrten mich mit kalten Blicken an und zitterten vor unterdrückter Wut. Ich wagte kaum zu atmen; ich hatte das Gefühl, wenn ich meinen Fuß um einen Millimeter bewegte, würden die Biester mich anspringen und zerfleischen. Meine Hände bebten; meine Beine ebenfalls. Meine Haare waren so

naß, als wäre ich eben aus dem Wasser gestiegen. Es gibt nichts Anstrengenderes, als absolut stillzustehen, und dennoch schaffte ich es länger als eine Stunde. Die Rettung erschien in Gestalt eines Gärtners, der nur kurz pfiff, als er sah, was da vorging, in die Hände klatschte – und schon rannten all diese rasenden Hunde zu ihm hinüber, um ihn mit freundlichem Schwanzwedeln zu begrüßen.

Das sind Beispiele für definierbaren Schrecken. Unsere wirklichen Ängste jedoch sind das Geräusch von Schritten in den Korridoren unseres Verstandes und die Beklemmungen, die hereinbrechenden Wahngebilde, die es hervorruft.

Frage: Nenne mir einige Dinge, die du kannst.

Antwort: Ich kann Schlittschuhlaufen. Ich kann Ski fahren. Ich kann verkehrt herum lesen. Ich kann Skateboard fahren. Ich kann mit einem .38er Revolver eine in die Luft geworfene Blechbüchse treffen. Ich habe einen Maserati mit 275 Stundenkilometer gefahren (bei Tagesanbruch, auf einer ebenen, verlassenen Straße in Texas). Ich kann ein Soufflé Fürstenberg machen. (Sehr effektvoll: Es handelt sich um eine Käse-Spinat-Kombination, bei der man vor dem Backen sechs verlorene Eier in die Masse versenkt; das Kunststück besteht darin, daß die Eidotter noch weich sind, wenn das Soufflé serviert wird.) Ich kann Step tanzen. Ich kann sechzig Wörter in der Minute tippen.

Frage: Und nun nenne mir einige Dinge, die du nicht kannst.

Antwort: Ich kann das Alphabet nicht aufsagen, wenigstens nicht korrekt oder in einem Stück von vorn bis hinten (nicht einmal unter Hypnose; das ist ein Defekt, der schon mehrere Psychotherapeuten fasziniert hat). In Mathematik bin ich ein völliger Idiot: Ich kann in etwa addieren, aber ich kann nicht subtrahieren, und in Algebra bin ich im ersten Jahr dreimal durchgefallen, trotz privater Nachhilfestunden. Ich kann ohne Brille lesen, aber nicht ohne Brille Auto fahren. Ich kann nicht italienisch reden, obwohl ich insgesamt neun Jahre in Italien gelebt habe. Ich kann keine vorbereitete Rede halten – das muß spontan kommen, »locker vom Hocker«.

Frage: Hast du einen Wahlspruch?

Antwort: In etwa. Ich habe ihn mir als Schuljunge in ein Tagebuch notiert. *Ich strebe*. Ich weiß nicht, warum ich ausgerechnet diesen Ausdruck gewählt habe; er ist ungewöhnlich, aber ich liebe die Zweideutigkeit – wohin strebe ich, nach dem Himmel oder nach der Hölle? Wie auch immer, die Formulierung klingt unbestreitbar edel.

Im letzten Winter ging ich auf einem Friedhof an der Küste bei Mendocino spazieren – einem New-England-Dorf oben im Norden von Kalifornien; ein unwirtlicher Ort, wo das Wasser zu kalt zum Schwimmen ist und die Wale vorüberziehen. Es war ein hübscher, kleiner Friedhof, und die Daten auf den meeresgrüngrauen Grabsteinen waren meist aus dem neunzehnten Jahrhundert; fast jeder trug irgendeine Inschrift, ein paar Worte, die Rückschlüsse auf die Lebensphilosophie des Verstorbenen zuließen. Eine Inschrift lautete: *Kein Kommentar*.

Also begann ich zu überlegen, was ich auf meinen Grabstein schreiben lassen könnte – nur daß es für mich keinen geben wird, weil zwei sehr tüchtige Wahrsagerinnen, eine Haitianerin und eine indische Revolutionärin, die in Moskau lebt, mir vorausgesagt haben, ich werde auf hoher See umkommen, nur weiß ich nicht, ob durch Unfall oder aus freiem Willen (*comme ça*, Hart Crane).

Jedenfalls lautete die erste Inschrift, die mir einfiel: *Wider besseres Wissen*. Dann fiel mir etwas weit Charakteristischeres ein. Eine Rechtfertigung, ein Satz, den ich bei nahezu jeder Verpflichtung anwende: *Ich habe versucht, mich davor zu drücken, aber es war nicht möglich*.

Frage: Vor einiger Zeit hattest du dein Debüt als Filmschauspieler (in »Eine Leiche zum Dessert«). Und?

Antwort: Ich bin kein Schauspieler; ich habe auch nicht den Wunsch, einer zu werden. Ich habe das nur aus Jux gemacht; ich dachte, es würde ganz lustig sein, und es machte auch mehr oder weniger Spaß, aber es war trotzdem harte Arbeit: um sechs Uhr aufstehen und nie vor sieben, acht Uhr aus dem Atelier. Die Mehrzahl der Kritiker verliehen mir ein Knoblauchbouquet. Aber das hatte ich erwartet, das hatten wir alle erwartet – es war

das, was man eine Zwangsreaktion bezeichnen könnte. In Wahrheit war ich durchaus adäquat.
Frage: Wie stehst du zu deinem »Bekanntheitsgrad«?
Antwort: Der stört mich kein bißchen und ist sehr nützlich, wenn man an einem fremden Ort einen Scheck einlösen will. Außerdem kann er gelegentlich amüsante Folgen haben. Ich saß zum Beispiel eines Abends mit Freunden am Tisch einer überfüllten Bar in Key West. An einem Nachbartisch saß eine leicht angetrunkene Frau mit ihrem stockbetrunkenen Ehemann. Plötzlich kam die Frau zu mir und bat mich, ihr auf einer Papierserviette ein Autogramm zu geben. Das schien ihren Mann zu ärgern; torkelnd kam er an unseren Tisch, öffnete den Reißverschluß seiner Hose, holte seinen Apparat heraus und sagte: »Da Sie gerade Autogramme geben, geben Sie mir doch hier eins drauf.« An den Tischen ringsum wurde es still, und viele Leute konnten hören, was ich antwortete: »Ich weiß nicht, meine Unterschrift ist wohl zu lang, aber vielleicht geht mein Monogramm drauf.«
Normalerweise macht es mir nichts aus, Autogramme zu geben. Eines jedoch bringt mich auf die Palme: Alle erwachsenen Männer, ohne Ausnahme, die mich in einem Restaurant oder Flugzeug um ein Autogramm bitten, behaupten stets, es sei für ihre Ehefrau, ihre Tochter oder ihre Freundin, nie jedoch, *niemals* sagen sie, es sei für sie selbst.
Ich habe einen Freund, mit dem ich oft lange Spaziergänge durch die Stadt mache. Häufig überholt uns irgendein Passant, zögert, setzt eine Ist-er-es-oder-ist-er-es-nicht-Miene auf, hält mich dann an und fragt: »Sind Sie nicht Truman Capote?« Und ich antworte: »Ja, ich bin Truman Capote.« Woraufhin mein Freund finster dreinblickt, mich schüttelt und schreit: »Verdammt noch mal, George – wann hörst du endlich mit diesem Unsinn auf? Eines Tages kriegst du noch mal großen Ärger!«
Frage: Hältst du die Konversation für eine Kunst?
Antwort: Für eine aussterbende, ja. Die meisten berühmten Konversationsgenies – Samuel Johnson, Oscar Wilde, Whistler, Jean Cocteau, Lady Astor, Lady Cunard, Alice Roosevelt

Longworth – sind eigentlich Monologisierer, keine Konversationsgenies. Eine Konversation ist ein Dialog, kein Monolog. Deswegen gibt es so selten eine gute Konversation: weil sie so rar sind, kommen nur selten zwei intelligente Gesprächspartner zusammen. Von der eben genannten Liste sind mir nur zwei persönlich begegnet: Jean Cocteau und Mrs. Longworth. (Was die betrifft, nehme ich alles zurück: Sie ist keine Solistin; sie lädt andere zum Duett ein.)

Zu den hervorragendsten Konversationsgenies, mit denen ich je gesprochen habe, gehören Gore Vidal (solange man nicht das Opfer seines sanften, zuweilen auch unsanften Esprits wird) und Cecil Beaton (der sich, was gar nicht verwundert, beinahe ausschließlich in visuellen Bildern ausdrückt – einige davon wunderschön, andere eben hinreißend boshaft). Das verstorbene dänische Genie, Baronesse Blixen, die auch unter dem Pseudonym Isak Dinesen schrieb, war trotz ihrer welken, aber distinguierten Erscheinung eine wahre Verführerin, eine *konversationelle* Verführerin. Ah, wie faszinierend sie war, wenn sie in ihrem schönen Haus in einem dänischen Dorf am Meer vor dem Kamin saß, ununterbrochen schwarze Zigaretten mit Silbermundstück rauchte, ihre geübte Zunge mit großen Schlucken Champagner kühlte und den Zuhörer von einem Thema zum anderen lockte: ihre Jahre als Farmerin in Afrika (lesen Sie, falls Sie es noch nicht getan haben, unbedingt ihr autobiographisches »Afrika, dunkel lockende Welt«, eines der schönsten Bücher dieses Jahrhunderts), das Leben unter den Nazis im besetzten Dänemark (»Sie haben mich verehrt. Wir diskutierten, aber es war ihnen egal, was ich sagte; es war ihnen überhaupt egal, was eine Frau sagte – sie stellten eine hundertprozentige Männergesellschaft dar. Außerdem hatten sie keine Ahnung, daß ich in meinem Keller Juden versteckt hatte.«)

Einfach der Reihe nach, wie sie mir einfallen, wären als weitere von mir hochgeschätzte Konversationsgenies zu nennen: Christopher Isherwood (unübertrefflich in seinem absoluten und doch so behutsam ausgedrückten Freimut) und die katzenhafte Colette. Marilyn Monroe war sehr amüsant, wenn sie sich

hinreichend entspannt fühlte und genug getrunken hatte. Das gleiche könnte man von dem vielbetrauerten Drehbuchautor Harry Kurnitz sagen, einem unauffälligen Gentleman, der aber mit seinen verbalen Höhenflügen Männer, Frauen und Kinder aller Volksschichten eroberte. Diana Vreeland, die exzentrische Äbtissin der Haute Couture und ehemalige langjährige Chefredakteurin der »Vogue«, ist eine bezaubernde Gesprächspartnerin, eine Schlangenbeschwörerin.

Als ich achtzehn Jahre alt war, begegnete ich jenem Menschen, dessen Konversation mich am tiefsten beeindruckt hat, vielleicht deshalb, weil ich von diesem ganzen Menschen am tiefsten beeindruckt war. Es geschah folgendermaßen:

In New York, in der East Seventy-ninth Street, gibt es eine überaus angenehme Zufluchtsstätte, bekannt als die New York Society Library. Hier verbrachte ich 1942 so manchen Nachmittag mit Recherchen für ein Buch, das ich schreiben wollte, aber nie schrieb. Zuweilen sah ich dort eine Dame, deren äußere Erscheinung mich magisch anzog – vor allem ihre Augen: blau, das helle, strahlend-wolkenlose Blau des Präriehimmels. Doch selbst ohne dieses einzigartige Charakteristikum war ihr Gesicht interessant – ein entschlossenes Kinn, gutaussehend, ein bißchen androgyn, graumeliertes, in der Mitte gescheiteltes Haar; so etwa fünfundsechzig. Lesbisch? Nun ja.

An einem Januartag trat ich von der Bibliothek in die Abenddämmerung hinaus und mußte feststellen, daß dichter Schnee fiel. Die Dame mit den blauen Augen, in einem gutgeschnittenen schwarzen Mantel mit Zobelkragen, wartete am Bordstein. Sie hatte eine behandschuhte, ein Taxi herbeiwinkende Hand erhoben, aber es kamen keine Taxis. Sie sah mich an, lächelte und sagte: »Was meinen Sie – würde uns jetzt eine Tasse heiße Schokolade guttun? Um die Ecke gibt es ein Longchamps.«

Sie bestellte sich heißte Schokolade; ich bat um einen *sehr* trockenen Martini. Halb im Scherz fragte sie: »Sind Sie dazu denn schon alt genug?«

»Ich trinke schon seit meinem vierzehnten Geburtstag. Und rauche.«

»Für mich sehen Sie jetzt noch aus wie vierzehn.«
»Ich werde nächsten September neunzehn.« Dann erzählte ich ihr einiges von mir: daß ich aus New Orleans sei, daß ich verschiedene Kurzgeschichten veröffentlicht hätte, daß ich Schriftsteller werden wolle und an einem Roman arbeitete. Und sie wollte wissen, welche amerikanischen Autoren mir gefielen. »Hawthorne, Henry James, Emily Dickinson ...« – »Nein, lebende.« Ach, na ja, hmm, sehen wir mal: Wie schwierig war es doch in Anbetracht des Rivalitätsfaktors für einen zeitgenössischen Autor oder Möchtegern-Autor, Bewunderung für einen anderen einzugestehen! Schließlich sagte ich: »Hemingway nicht – ein wirklich unredlicher Mann, versteckt alles vor einem, Thomas Wolfe auch nicht – all das glanzvolle Geschleime; aber der lebt natürlich auch nicht mehr. Faulkner manchmal: ›Licht im August‹. Fitzgerald manchmal: ›Diamond as Big as the Ritz‹ und ›Zärtlich ist die Nacht‹. Wirklich gern mag ich Willa Cather. Haben Sie ›My Mortal Enemy‹ gelesen?«
Ohne eine Miene zu verziehen, antwortete sie: »Ich hab's geschrieben.«
Ich hatte Fotos von Willa Cather gesehen – alte Fotos, die etwa Anfang der zwanziger Jahre aufgenommen worden waren. Darauf wirkte sie weicher, biederer, weniger elegant als meine Begleiterin. Dennoch wußte ich sofort, daß sie Willa Cather *war*, und das war einer der *frissons* in meinem Leben. Wie ein Schuljunge begann ich über ihre Bücher zu plappern – meine Lieblinge: »Die Frau, die sich verlor«, »The Professor's House« »Meine Antonia«. Nicht, daß ich als Schriftsteller irgend etwas mit ihr gemeinsam hatte. Ich hätte mir niemals ihre Art Themen ausgesucht oder versucht, ihren Stil zu kopieren. Ich hielt sie schlicht und einfach für eine große Künstlerin. Für ebenso gut wie Flaubert.
Wir wurden Freunde: Sie las meine Arbeiten und war mir stets eine faire und hilfreiche Kritikerin. Sie steckte voller Überraschungen. So lebte sie mit ihrer lebenslangen Freundin Miss Lewis in einer geräumigen, bezaubernd eingerichteten Wohnung an der Park Avenue – irgendwie schien die Vorstellung,

daß Miss Cather in einer Park-Avenue-Wohnung lebte, nicht zu ihrer Herkunft aus Nebraska zu passen und zu dem schlichten, eher schwermütigen Charakter ihrer Romane. Und dann galt ihr Hauptinteresse nicht der Literatur, sondern der Musik. Sie ging ständig in Konzerte, und ihre besten Freunde waren fast durchweg Persönlichkeiten aus dem Musikleben, allen voran Yehudi Menuhin und seine Schwester Hepzibah.

Wie jedes echte Konversationsgenie war sie eine ausgezeichnete Zuhörerin, wenn sie aber sprach, war sie niemals geschwätzig, sondern klar und pointiert. Einmal sagte sie zu mir, ich sei überempfindlich gegenüber der Kritik. Dabei reagierte sie auf kränkende Kritiken empfindlicher als ich; jede herabsetzende Äußerung über ihre Arbeit löste einen Stimmungsabfall aus. Als ich sie darauf aufmerksam machte, antwortete sie: »Ja, aber suchen wir denn nicht immer unsere eigenen Fehler bei den anderen und machen ihnen deswegen Vorwürfe? Ich bin auch nur ein Mensch. Ich stehe auf tönernen Füßen. Ganz eindeutig.«

Frage: Gibt es etwas, was du dir besonders gern ansiehst?

Antwort: Feuerwerk. Myriadenfarbige Funkenregen in flüchtigen Mustern, die am nächtlichen Himmel glitzern. Mit Abstand das Beste, was ich auf diesem Gebiet jemals gesehen habe, war in Japan – diese japanischen Meister können wilde Kreaturen in die Luft zaubern, züngelnde Drachen, explodierende Katzen, Gesichter von heidnischen Gottheiten. Die Italiener, vor allem die Venezianer, lassen wahre Meisterwerke über dem Canal Grande explodieren.

Frage: Hast du oft sexuelle Phantasievorstellungen?

Antwort: Wenn ich sexuelle Phantasievorstellungen habe, versuche ich sie gewöhnlich in die Tat umzusetzen – zuweilen erfolgreich. Oft jedoch ertappe ich mich dabei, daß ich in erotische Tagträume versinke, die dann auch genau das bleiben: Tagträume.

Ich erinnere mich, daß ich mich einmal mit dem verstorbenen E. M. Forster – meiner Ansicht nach der beste englische Romancier des Jahrhunderts – über dieses Thema unterhalten habe. Er sagte, als Schuljunge sei er vollkommen von sexuellen

Ideen beherrscht gewesen. Er sagte: »Ich hatte das Gefühl, mit zunehmendem Alter würde dieses Fieber nachlassen, ja ganz verschwinden. Doch das trat keineswegs ein; es tobte in meinen Zwanzigern weiter, und ich dachte: Na ja, wenn ich erst vierzig bin, werde ich sicher von dieser Qual, dieser ständigen Suche nach dem perfekten Liebesobjekt erlöst werden. Aber es sollte nicht sein; in meinen ganzen Vierzigerjahren lauerte ständig die Wollust in meinem Kopf. Und dann war ich fünfzig, und dann war ich sechzig – und nichts hatte sich verändert: sexuelle Bilder kreisten weiterhin durch mein Gehirn wie Figuren auf einem Karussell. Jetzt bin ich in den *Siebzigern* und immer noch Gefangener meiner sexuellen Phantasie. Ich bin damit geschlagen, und das in einem Alter, in dem ich nichts mehr damit anfangen kann.«

Frage: Hast du schon mal an Selbstmord gedacht?

Antwort: Aber sicher. Genau wie jeder andere, bis auf den Dorftrottel vielleicht. Kurz nach dem Selbstmord des geachteten japanischen Schriftstellers Yukio Mishima, den ich gut kannte, wurde eine Biographie über ihn veröffentlicht, und zu meinem Schrecken läßt ihn der Autor sagen: »O ja, ich denke oft an Selbstmord. Und ich kenne eine Anzahl Menschen, von denen ich sicher bin, daß sie sich umbringen werden. Truman Capote zum Beispiel.« Ich konnte mir nicht vorstellen, wie er zu dieser Annahme gekommen war. Meine Besuche bei Mishima verliefen immer sehr fröhlich, sehr herzlich. Aber Mishima war ein sensibler, extrem intuitiver Mensch, jemand, den man nicht leichtnehmen durfte. In diesem Zusammenhang jedoch hat ihn seine Intuition, glaube ich, im Stich gelassen; ich hätte niemals den Mut, das zu tun, was er getan hat (er ließ sich von einem Freund mit dem Schwert den Kopf abschlagen). Jedenfalls, wie ich schon einmal gesagt habe: Die meisten Menschen, die sich das Leben nehmen, tun das, weil sie in Wirklichkeit einen anderen umbringen wollen – einen ehebrecherischen Gatten, einen ungetreuen Liebhaber, einen verräterischen Freund –, nur haben sie nicht die Courage dazu, also begehen sie statt dessen Selbstmord. Aber ich nicht; jemand, der mich in eine derartige

Lage brächte, würde den Lauf einer Schrotflinte auf sich gerichtet sehen.
Frage: Glaubst du an Gott oder jedenfalls an eine höhere Macht?
Antwort: Ich glaube an ein Leben nach dem Tode. Das heißt, ich sympathisiere mit der Vorstellung der Reinkarnation.
Frage: In deinem Leben nach dem Tod, als was möchtest du da wiedergeboren werden?
Antwort: Als Vogel – möglichst als Bussard. Ein Bussard braucht sich keine Sorgen um sein Aussehen zu machen, um seine Fähigkeit, zu bezaubern und zu gefallen; er braucht sich nicht in Szene zu setzen. Es mag ihn ohnehin niemand; er ist häßlich, unerwünscht, überall unwillkommen. Diese Art Freiheit, die das mit sich bringt, hat viel für sich. Andererseits hätte ich nichts dagegen, eine Seeschildkröte zu sein. Die können an Land umherwandern und kennen die Geheimnisse der Meerestiefe. Außerdem leben sie lange, und hinter ihrer Nickhaut sammelt sich große Weisheit an.
Frage: Wenn du einen Wunsch frei hättest, was würdest du dir wünschen?
Antwort: Eines Morgens aufzuwachen und das Gefühl zu haben, endlich reif zu sein, frei von Ressentiments, Rachegedanken und anderen überflüssigen, kindischen Emotionen. Mit anderen Worten, erwachsen zu sein.

TC: Bist du noch wach?
TC: Etwas gelangweilt, aber noch wach. Wie kann ich schlafen, wenn du nicht schläfst?
TC: Und was hältst du von dem, was ich geschrieben habe? Bisher?
TC: Na jaaaa . . . da du mich *fragst*. Ich würde sagen, dieser Billy-Graham-Keks ist nicht der einzige, der sich mit Pferdemist auskennt.
TC: Meckern, meckern, meckern. Stöhnen und meckern. Das ist alles, was du kannst. Nie auch nur ein einziges, freundliches Wort.
TC: Oh, ich will nicht behaupten, daß *alles* nicht stimmt. Nur

ein paar Kleinigkeiten hier und da. Ich meine, vielleicht bist du nicht ganz so aufrichtig, wie du's mir vormachen willst.
TC: Ich mach' dir nicht vor, aufrichtig zu sein. Ich *bin* aufrichtig.
TC: Verzeihung. Ich wollte nicht furzen. Das war kein Kommentar, sondern ein Versehen.
TC: Es war ein Ablenkungsmanöver. Du nennst mich unaufrichtig, vergleichst mich mit Billy Graham, Herrgott im Himmel, und nun versuchst du dich da rauszuwinden. Sprich's doch aus. Was ist unaufrichtig an dem, was ich geschrieben habe?
TC: Gar nichts. Bagatellen. Wie diese Sache mit dem Film. Aus Jux willst du das getan haben? Wegen dem Moos hast du's getan – und um dem Clown in dir Zucker zu geben, der immer so enervierend ist. Sieh zu, daß du den Kerl los wirst. Der ist mies.
TC: Ach, ich weiß nicht. Er ist unberechenbar, aber ich hab' eine Schwäche für ihn. Er ist ein Teil von mir – genau wie du. Und was sind die anderen Bagatellen?
TC: Die nächste ... na ja, das ist eigentlich keine Bagatelle. Deine Antwort auf die Frage: Glaubst du an Gott? Davor hast du dich glatt gedrückt. Hast irgendwas über das Leben nach dem Tode gefaselt, über die Reinkarnation, als Bussard wiedergeboren werden. Ich will dir mal was sagen, mein Freund, wenn du wie ein Bussard behandelt werden willst, brauchst du nicht auf die Wiedergeburt zu warten; eine Menge Menschen tun das jetzt schon. Aber das ist es nicht, was an deiner Antwort so unecht wirkt. Es ist vielmehr die Tatsache, daß du nicht rundheraus gesagt hast, du glaubst an Gott. Ich habe dich kalt lächelnd Dinge gestehen hören, bei denen ein Pavian dunkelrot geworden wäre, aber daß du an Gott glaubst, das willst du nicht zugeben. Was soll das? Fürchtest du, als »Wiedergeborener Christ« eingestuft zu werden, als Jesus Freak?
TC: So einfach ist die Sache nicht. Ich habe an Gott geglaubt. Und dann habe ich nicht mehr an Ihn geglaubt. Weißt du noch, als wir ganz klein waren und mit unserem Hund Queenie und der alten Cousine Sook oft in den Wald gegangen sind? Wir haben Blumen gesucht, wilden Asparagus. Wir haben Schmetterlinge gefangen und sie wieder fliegen lassen. Wir haben Fische

gefangen und wieder in den Bach geworfen. Manchmal fanden wir Riesenpilze, und Sook erklärte uns, da wohnten die Elfen, unter den schönen, großen Pilzschirmen. Sie erzählte uns auch, Gott habe es so eingerichtet, daß sie dort wohnten, genau wie Er alles andere, was wir sahen, eingerichtet habe. Das Gute und das Böse. Die Ameisen und die Mücken und die Klapperschlangen, jedes einzelne Blatt, die Sonne am Himmel, den zunehmenden Mond und den abnehmenden Mond, die Regentage. Und wir haben ihr geglaubt.

Aber dann ereigneten sich Dinge, die diesen Glauben ins Wanken brachten. Zuerst war es die Kirche und das Kribbeln am ganzen Körper, wenn wir einen dummen, weißen Prediger salbadern hörten; dann waren es die vielen Internate und der Gang in die Kapelle an jedem, aber auch jedem verdammten Morgen. Und schon die Bibel – keiner, der einigermaßen vernunftbegabt ist, könnte glauben, was einem da zu glauben abverlangt wurde. Wo waren die Pilze? Wo waren die Monde? Und schließlich raubte uns das Leben, schlicht und einfach das Leben selbst, die Erinnerung an das, was vom Glauben noch übriggeblieben war. Ich bin nicht der schlechteste Mensch, der mir über den Weg gelaufen ist, bei weitem nicht, aber ich habe einige schwere Sünden begangen, unter anderem bin ich absichtlich grausam gewesen; und das hat mich kein bißchen gestört, ich habe keinen Gedanken daran verschwendet. Bis es nicht mehr zu umgehen war. Als es dann angefangen hatte zu regnen, da war es ein schwerer, schwarzer Regen, und der wollte und wollte nicht aufhören. Da begann ich wieder über Gott nachzudenken.

Ich dachte an den heiligen Julian. An Flauberts Erzählung »St. Julian, L'Hospitalier«. Es war schon lange her, daß ich diese Erzählung gelesen hatte, und dort, wo ich gerade war, in einem Sanatorium weitab von jeder Bibliothek, konnte ich sie nicht auftreiben. Aber ich erinnerte mich (wenigsten glaubte ich, daß die Geschichte mehr oder weniger so verlief), daß Julian als Kind gern in den Wald gegangen war und alle Tiere und lebenden Dinge liebte. Er lebte auf einem großen Besitz, und seine Eltern

vergötterten ihn; sie wollten, daß er alles hatte, was es nur gab. Der Vater schenkte ihm die besten Pferde, Bogen und Pfeile, und lehrte ihn das Jagen. Die Tiere zu töten, die er so geliebt hatte. Und das war schlimm, denn Julian entdeckte, daß ihm das Töten Freude machte. Er fühlte sich nur nach einem Tag blutiger Schlächterei glücklich. Tiere und Vögel zu morden, wurde zu einer Manie, und seine Nachbarn, die seine Geschicklichkeit zunächst bewundert hatten, verabscheuten seine Blutgier.

Nun kommt ein Abschnitt der Erzählung, den ich nur vage im Kopf hatte. Irgendwie jedenfalls brachte Julian seine Eltern um. Ein Jagdunfall? So etwas Ähnliches, etwas Entsetzliches. Er wurde zum Paria und Büßer. Barfuß, in Lumpen zog er in der Welt umher, suchte Vergebung. Er wurde alt und krank. In einer kalten Nacht wartete er an einem Fluß auf einen Fährmann, der ihn hinüberbringen sollte. Ob es der Styx war? Denn Julian lag im Sterben. Während er wartete, erschien ein widerwärtiger alter Mann. Ein Aussätziger, dessen Auge eiternde Schwären waren, dessen Mund faulte und stank. Julian wußte es nicht, doch dieser abstoßende alte Mann war Gott. Und Gott stellte Julian auf die Probe, um zu sehen, ob die vielen Leiden sein böses Herz tatsächlich geläutert hatten. Er sagte zu Julian, Ihm sei kalt, und bat ihn, seine Decke teilen zu dürfen, und Julian teilte sie mit Ihm; dann wollte der Aussätzige, daß Julian den Arm um Ihn legte, und Julian umarmte Ihn; dann äußerte Er die letzte Bitte: Er forderte Julian auf, Seine kranken, fauligen Lippen zu küssen. Julian tat es. Daraufhin fuhren Julian und der alte Aussätzige, der sich plötzlich in eine strahlende, leuchtende Erscheinung verwandelte, miteinander gen Himmel. Und so kam es, daß aus Julian der heilige Julian wurde.

Ich stand also im Regen, und je heftiger er fiel, desto mehr dachte ich über Julian nach. Ich betete um die Gnade, einen Aussätzigen im Arm halten zu dürfen. Und da begann ich wieder an Gott zu glauben und begriff, daß Sook recht gehabt hatte: daß alles Sein Plan war, der abnehmende Mond und der zunehmende Mond, der starke Regen, und daß Er, wenn ich Ihn nur um Hilfe bäte, mir tatsächlich helfen würde.

TC: Und hat Er geholfen?
TC: Ja. Immer mehr. Aber noch bin ich kein Heiliger. Ich bin Alkoholiker. Ich bin rauschgiftsüchtig. Ich bin homosexuell. Ich bin ein Genie. Natürlich brauchten mich diese zweifelhaften Dinge nicht daran zu hindern, ein Heiliger zu sein. Aber ich bin nu mal kein Heiliger nich, das is nich drin.
TC: Nun ja, Rom wurde auch nicht an einem Tag erbaut. Und jetzt sollten wir aufhören und lieber versuchen, 'ne Mütze voll Schlaf zu kriegen.
TC: Aber zuerst wollen wir beten. Unser *altes* Gebet. Das wir immer aufgesagt haben, als wir noch ganz klein waren und mit Sook und Queenie in einem Bett schliefen, unter einem Berg Steppdecken, weil das Haus so groß und kalt war.
TC: Unser altes Gebet? Okay.
TC und TC: *Now I lay me down to sleep, I pray the Lord my soul to keep. And if I should die before I wake, I pray the Lord my soul to take. Amen.*
TC: Gute Nacht.
TC: Gute Nacht.
TC: Ich liebe dich.
TC: Ich liebe dich auch.
TC: Das solltest du auch. Denn wenn man es recht bedenkt, hat jeder von uns doch nur den anderen. Allein. Bis zum Grab. Und das ist die Tragödie, nicht wahr?
TC: Du vergißt etwas. Wir haben auch Gott.
TC: Ja. Wir haben Gott.
TC: Zzzzzzz.
TC: Zzzzzzzzz.
TC und TC: Zzzzzzzzzzz.

Über den Autor:

Truman Capote wurde 1924 in New Orleans geboren. Er verbrachte die Kindheit vor allem im Süden der Vereinigten Staaten und besuchte verschiedene Schulen an der Ostküste. Nach der Veröffentlichung einzelner Kurzgeschichten trat er 1948 mit dem aufsehenerregenden Roman *Andere Stimmen, andere Räume* ins literarische Rampenlicht. Er starb 1984 in New York.

Knaur